유튜버 화박사 전혜승의 합격 보장 찐 모의고사

2024
| 최신 경향 완벽대비 |

맞춤형화장품 조제관리사

700문항

찐 ✓ **스포일러 필수문제집**

단원별 문제 / 실전 모의고사 수록

전혜승 저자

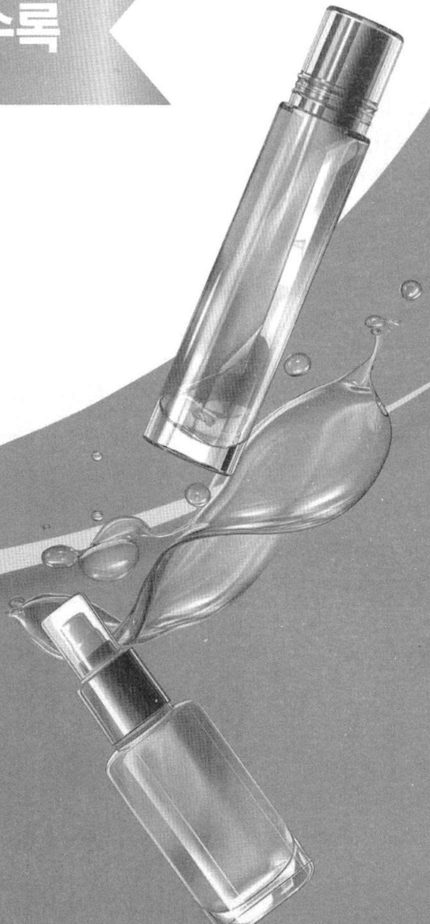

화장품법의 이해

화장품 제조 및 품질 관리

유통 화장품 안전관리

맞춤형 화장품의 이해

CONTENTS

맞춤형화장품 조제관리사 700문항 스포일러문제집

PART 1 모의고사 문제

PART 2 정답 및 해설

MEMO

맞춤형화장품조제관리사

PART 01

화장품법의 이해

화장품법의 이해

001

「화장품법」 제2조의2(영업의 종류)와 제3조(영업의 등록)은 화장품 영업의 종류 및 등록에 대한 내용을 고시하고 있다. 다음의 설명 중 옳은 것을 모두 고르시오.

〈보기〉

ㄱ. 화장품법에 따른 영업의 세부 종류와 그 범위는 총리령으로 정한다.
ㄴ. 맞춤형화장품판매업 또는 화장품책임판매업을 하는 자가 소재지를 변경할 때는 이전한 지역 관할 지방식품의약품안전청장에게 변경신고를 해야 한다.
ㄷ. 화장품제조업을 등록하려는 자는 대통령령으로 정하는 시설기준을 갖추어야 한다.
ㄹ. 식품의약품안전처장은 화장품의 제조 등에 사용할 수 없는 원료를 지정하여 고시하여야 한다.
ㅁ. 맞춤형화장품판매업을 하려는 자는 대통령령으로 정하는 바에 따라 식품의약품안전처장에게 신고하여야 한다.
ㅂ. 둘 이상의 장소에서 화장품제조업, 화장품판매업 또는 맞춤형 화장품판매업을 할 수 있다.

① ㄱ, ㄴ
② ㄱ, ㄷ
③ ㄴ, ㄷ
④ ㄴ, ㄹ, ㅂ
⑤ ㄷ, ㄹ, ㅁ

002

다음은 「화장품법」에 따라 화장품의 정의와 화장품법의 목적을 서술한 문장이다. 다음의 내용에서 빈칸 ㉠, ㉡, ㉢에 들어갈 말로 올바른 것을 고르시오.

화장품이란 인체를 청결·미화하여 매력을 더하고 용모를 밝게 변화시키거나 피부·(㉠)의 건강을 유지 또는 증진하기 위하여 인체에 바르고 문지르거나 뿌리는 등 이와 유사한 방법으로 사용되는 물품으로서 인체에 대한 작용이 경미한 것을 말한다. 다만, (㉡)에 해당하는 물품은 제외한다.
화장품 법은 화장품의 제조·수입·판매 및 수출 등에 관한 사항을 규정함으로써 (㉢)과 화장품 산업의 발전에 기여함을 목적으로 한다.

	㉠	㉡	㉢
①	인체	공산품	국민위생향상
②	모발	의약품	국민위생향상
③	두피	공산품	국민보건향상
④	모발	의약품	국민보건향상
⑤	인체	의약품	국민위생향상

003

「화장품법」 제2조 등에 따른 화장품에 대한 정의로서 틀린 것은?

① 화장품은 인체를 청결하게 하고 미화하여 매력을 더한다.
② 천연화장품은 동식물 및 그 유래 원료 등을 함유한 화장품을 말한다.
③ 화장품 제조업이란 화장품의 1차 포장만 하는 영업도 해당된다.
④ 한방화장품은 내용량 100g 중 한방성분은 1mg 이상 함유한 제품을 말한다.
⑤ 유기농화장품은 유기농원료의 그 함량이 전체 제품에서 95% 이상 함유된 화장품을 말한다.

004

다음 중 「화장품법」에 관한 설명으로 틀린 것을 고르시오.

① 화장품법은 1999년 9월 약사법에서 분리되었으며, 2000년 7월에 시행되었고 현재 화장품법은 식품의약품안전처가 관리, 감독하고 있다.
② 기능성화장품은 효능, 효과에 대한 심사 및 보고를 완료한 제품으로 총리령으로 지정 고시한 일부 화장품만 해당된다.
③ 천연화장품은 동식물 및 그 유래 원료 등을 함유한 화장품으로서 식품의약품안전처장이 정하는 기준에 맞는 화장품을 말하며, 유기농화장품은 중량 기준으로 유기농 함량이 전체 제품에서 10% 이상, 유기농 함량을 포함한 천연함량이 전체 제품의 95% 이상이어야 한다.
④ 맞춤형화장품은 내용물에 내용물을 또는 식품의약품안전처장이 정하는 원료를 추가하여 혼합한 화장품이며 제조 및 수입된 소비자용 대용량 유통화장품의 내용물을 소분한 제품도 해당된다.
⑤ 영유아, 어린이화장품이란 영유아(3세 이하), 어린이(4세 이상~13세 이하)가 사용할 수 있는 화장품이며 영유아 또는 어린이가 사용할 수 있는 화장품임을 표시·광고하기 위해서는 안전성 자료를 작성하여야 한다.

005

「화장품법 시행규칙」 제2조(기능성화장품의 범위)에 따라 기능성화장품에 대하여 옳은 설명을 하는 사람은?

① 지영 - 피부에 멜라닌 색소가 침착하는 것을 방지하여 기미, 주근깨 등의 생성을 억제하거나, 침착된 멜라닌 색소를 없애주어 피부의 미백에 도움을 주는 기능을 가진 크림
② 서은 - 강한 햇볕을 방지하여 피부를 곱게 태워주는 기능을 가진 태닝오일
③ 미란 - 모발의 색상을 일시적으로 변화시키는 기능을 가진 컬러스프레이 화장품
④ 영민 - 체모를 제거하는 기능을 가진 물리적 왁싱 제품
⑤ 수진 - 탈모 증상의 완화에 도움을 주는 화장품으로 물리적으로 모발을 굵게 보이게 하는 제품

006

다음은 화장품 관련 용어에 대한 설명이다. 옳은 설명에 해당하는 것은?

① 안전용기·포장이란 3세 미만의 영유아가 개봉하기 어렵게 설계·고안된 용기나 포장을 말한다.
② 사용기한이란 화장품이 제조된 날부터 적절한 보관 상태에서 제품이 고유의 특성을 간직한 채 소비자가 안정적으로 사용할 수 있는 최대한의 기한을 말한다.
③ 2차 포장이란 1차 포장을 수용하는 1개 또는 그 이상의 포장과 보호재 및 표시의 목적으로 한 포장(첨부문서 등을 포함한다)을 말한다.
④ 표시란 라디오·텔레비전·신문·잡지·음성·음향·영상·인터넷·인쇄물·간판, 그 밖의 방법에 의하여 화장품에 대한 정보를 나타내거나 알리는 행위를 말한다.
⑤ 화장품제조업이란 화장품의 전부 또는 일부를 제조(2차 포장 또는 표시만의 공정 포함)하는 영업을 말한다.

007

화장품제조업에 대한 설명으로 틀린 것을 고르시오.

① 화장품을 직접 제조하는 영업
② 화장품을 위탁받아 제조하는 영업
③ 화장품 충진을 위탁받아 제조하는 영업
④ 화장품의 2차 포장을 위탁받아 제조하는 영업
⑤ 수입된 벌크 화장품의 1차 포장을 위탁받아 제조하는 영업

008

화장품 영업의 종류 중 화장품제조업에 대한 설명이다. 관련 설명으로 틀린 것은?

① 화장품제조업을 등록하려는 자는 총리령으로 정하는 시설기준을 갖추어야 한다. 단, 화장품의 일부 공정만을 제조하는 경우에는 시설의 일부를 갖추지 않을 수 있다.

② 화장품의 전부 또는 일부를 제조하는 영업으로 2차 포장 또는 표시만의 공정은 제외된다.

③ 화장품을 직접 제조하거나 제조를 위탁받아 제조하는 영업이 해당되며 1차 포장만 할 경우는 제외된다.

④ 화장품 제조업 등록을 하려는 자는 등록신청서 및 첨부서류를 소재지 관할 지방식품의약품안전청장에게 제출해야 한다.

⑤ 법인의 경우 화장품 제조업 등록 시 필수 제출 서류는 등록신청서, 대표자의 의사진단서, 사업자 등록증 사본, 등기사항증명서(법인), 시설명세서, 건축물관리대장 등이 있다.

009

지민은 맞춤형화장품판매업을 준비 중이다. 맞춤형화장품판매업 관련 설명으로 옳지 못한 것을 모두 고르시오.

〈보기〉

ㄱ. 맞춤형화장품판매업을 위해서는 식품의약품안전처의 '맞춤형화장품판매업 가이드라인'에 따른 혼합·소분에 필요한 적절한 시설을 갖추어 맞춤형화장품판매업으로 신고해야 한다.

ㄴ. 맞춤형화장품판매장에서 소비자 개개인의 피부 진단, 선호도 등을 파악하여 맞춤형으로 처방 및 조제 및 소비자에게 맞춤형화장품을 판매를 할 수 있으며 맞춤형화장품조제관리사의 관리하에 소비자가 직접 혼합할 수 있다.

ㄷ. 제조 또는 수입된 화장품의 내용물에 다른 화장품의 내용물이나 식품의약품안전처장이 정하는 원료를 추가하여 혼합한 화장품을 판매하는 영업이다.

ㄹ. 제조 또는 수입된 화장품의 내용물을 소분한 화장품을 판매하는 영업으로 고형비누 등 화장품의 내용물을 단순 소분한 화장품도 해당된다.

ㅁ. 맞춤형화장품조제관리사 자격증사본 제출 시 맞춤형화장품조제관리사가 2명 이상일 경우 대표 1명만 제출해도 된다.

✍

010

「화장품법」 제3조의2(맞춤형화장품판매업의 신고)에 따라 맞춤형화장품판매업을 하려는 자는 총리령으로 정하는 바에 따라 식품의약품안전처장에게 신고하여야 한다. 신고가 요건을 갖춘 경우 지방식품의약품안전청장이 맞춤형화장품판매업 신고대장에 기재해야 할 내용으로 옳지 못한 것은?

① 맞춤형화장품판매업소의 소재지
② 맞춤형화장품판매업의 사업계획서
③ 맞춤형화장품조제관리사의 자격증 번호
④ 맞춤형화장품조제관리사의 성명 및 주민등록번호
⑤ 맞춤형화장품판매업자의 성명과 주민등록번호

011

「화장품법 시행규칙」 제8조에 따른 화장품 책임판매관리자의 자격기준에 해당되지 않는 것을 고르시오.

① 이공계학, 향장학, 화장품과학, 한의학, 한약학과 등을 전공하고 학사이상의 학위를 취득한 사람
② 식품의약품안전처장이 정하여 고시하는 전문 교육과정을 이수한 사람(식품의약품안전처장이 고시한 품목만 해당)
③ 전문대학에서 간호학과, 간호과학과, 건강간호학과를 전공하고 화장품제조나 품질관리 업무에 1년 이상 종사한 자
④ 전문대학에서 화장품 관련 분야를 전공 후 화장품 판매업무에 1년 이상 종사한 자
⑤ 간호학과, 간호과학과, 건강간호학과를 전공하고 학사이상의 학위를 취득한 자

012

「화장품법」 제2조(정의)에 따르면 화장품은 인체를 청결·미화하여 매력을 더하고 용모를 밝게 변화시키거나 피부·모발의 건강을 유지 또는 증진하기 위하여 사용되는 물품으로서 정의되고 있다. 다음의 화장품 유형에 관한 설명으로 틀린 것을 모두 고르시오.

〈보기〉

ㄱ. 3세 이하 영유아가 사용하는 화장품 유형에는 영유아용 샴푸, 영유아용 린스, 영유아용 바디클렌저, 영유아용 오일, 영유아용 목욕용 제품이 있다.
ㄴ. 폼클렌저, 버블배스, 바디클렌저, 목욕용 소금류 등은 목욕용 제품류에 속한다.
ㄷ. 마스카라, 볼연지, 메이크업 베이스, 립글로스 등은 색조화장용 제품류에 속한다.
ㄹ. 헤어틴트, 헤어컬러스프레이, 염모제 등은 두발용 제품류에 속한다.
ㅁ. 클렌징 오일과 팩은 기초화장용 제품류에 속한다.

013~18

다음 〈보기〉는 「화장품법 시행규칙」 [별표 3]에 따른 화장품의 유형과 제품종류에 대한 것이다. 빈 괄호 안에 알맞은 내용을 작성하시오.

013

〈보기〉

[영유아용 제품류]

- (㉠)세 이하가 사용하는 제품

- 영유아용 샴푸, 린스
- 영유아 인체 세정용 제품
- 영유아용 로션, 크림
- 영유아용 (㉢) 제품
- 영유아용 (㉡)

014

〈보기〉

[목욕용 제품류]

- 목욕용 오일, 정제, 캡슐
- (㉡)
- 목욕용 (㉠)
- 그 밖의 목욕용 제품류

015

〈보기〉

[(㉠)용 제품류]

- 폼 클렌저
- 외음부세정제
- (㉡)
- 물휴지
- 액체비누 및 (㉢)
- 그 밖의 인체 세정용 제품류

016

〈보기〉

[색조화장용 제품류]

- 볼연지(볼터치)
- 립스틱, 립라이너
- 페이스 파우더
- 립글로스, 립밤
- 리퀴드·크림·케이크 파운데이션
- (㉠), (㉡), (㉢)용 제품
- 메이크업 베이스
- 그 밖의 색조 화장용 제품류
- 메이크업 픽서티브

017

〈보기〉

[두발염색용 제품류]

- 헤어틴트
- (㉠)
- 염모제
- 탈염·탈색용제품
- 그 밖의 두발염색용 제품류

018

〈보기〉

[면도용 제품류]

- (㉠)
- 프리셰이브 로션
- 셰이빙 크림
- 셰이빙 폼
- 그 밖의 면도용 제품류

019

다음 보기의 괄호 안에 들어갈 알맞은 제품을 보기에서 고르시오.

식품의약품안전처는 (㉠), (㉡), (㉢) 3가지 품목을 2018년 공산품에서 화장품으로 변경하는 화장품법을 개정하고 2019년부터 시행한다고 밝혔다.

〈보기〉

헤어컬러스프레이, 흑채, 속눈썹, 스티커형 네일, 틴트, 화장비누, 가발, 제모왁스

020

화장품 유형 중 인체세정용 제품류에 속하는 제품이 아닌 것을 모두 고르시오.

〈보기〉

- 폼 클렌저
- 버블배스
- 클렌징워터
- 샴푸, 린스
- 외음부 세정제

021

기초화장용 제품류에 속하는 제품이 아닌 것을 모두 고르시오.

〈보기〉

- 클렌징워터
- 클렌징오일
- 아이 메이크업 리무버
- 클렌징로션
- 폼 클렌저

022

〈보기〉의 제품에 맞는 화장품 유형을 차례대로 작성하시오.

〈보기〉

- (㉠) - 흑채
- (㉡) - 제모제
- (㉢) - 손, 발의 피부연화제품

023

「화장품법 시행규칙」 [별표 3]에 따라 화장품 유형 중 방향용 제품류에 속하지 않는 제품을 모두 고르시오.

〈보기〉

- 향수
- 분말향
- 디퓨져
- 향낭
- 콜롱
- 룸스프레이

024

다음은 「화장품법 시행규칙」 [별표 3]에 따른 화장품의 유형에 대한 설명이다. 옳은 것은 ○, 틀린 것은 X를 하시오.

1) 어린이용 제품류에는 로션, 크림, 오일, 샴푸, 린스 등이 있다. (　　)
2) 바디클렌저는 목욕용 제품류에 속한다. (　　)
3) 외음부세정제와 물휴지는 인체 세정용 제품류에 속한다. (　　)
4) 고형화장비누는 인체세정용 제품류에 속한다. (　　)
5) 아이섀도는 색조화장품 제품류에 속한다. (　　)
6) 헤어컬러스프레이는 일반화장품에 속하며 두발 염색용 제품에 해당된다. (　　)
7) 입술용화장용 제품류에는 립스틱, 립라이너, 립 글로즈가 해당된다. (　　)
8) 페이스페인팅, 분장용제품은 화장품이 아닌 공산품에 해당된다. (　　)
9) 샴푸와 린스는 인체세정용 제품류에 속한다. (　　)
10) 흑채는 두발용제품류에 속한다. (　　)
11) 메이크업 리무버는 색조화장용제품류에 속한다. (　　)
12) 액취방지제는 화장품유형에 속한다. (　　)
13) 제모왁스는 기능성화장품이다. (　　)

025

다음은 「화장품법」에 따른 화장품 영업의 구분과 영업자의 의무에 대한 설명이다. 옳은 설명으로 짝지어진 것은?

〈보기〉

ㄱ. 화장품법에 따라 화장품 영업의 종류는 화장품 제조업, 화장품판매업, 맞춤형화장품판매업이 있으며 등록필증을 득해야 영업 자격이 주어진다.

ㄴ. 화장품제조업은 화장품의 전부 또는 일부를 제조하는 영업으로 2차 포장 또는 표시만의 공정도 이에 해당된다.

ㄷ. 화장품책임판매업자는 품질관리 및 안전확보에 대한 의무가 있으며 책임판매관리자가 이를 총괄한다.

ㄹ. 화장품제조업자는 원자재의 입고부터 출고에 이르기까지 필요한 시험과 검사를 진행하며 화장품책임판매업자를 관리 및 감독할 의무가 있다.

ㅁ. 책임판매업자는 생산·수입실적을 연 1회, 안전성 보고를 연 2회 보고하고, 유통판매 전에 원료목록을 반드시 보고해야 하며, 맞춤형화장품판매업소에서 판매되는 맞춤형화장품은 연1회 판매 후 원료목록보고를 해야 한다.

① ㄱ, ㄴ
② ㄴ, ㄷ
③ ㄴ, ㄹ
④ ㄷ, ㅁ
⑤ ㄹ, ㅁ

026

다음은 화장품 책임판매관리자의 업무에 대한 내용이다. 책임판매관리자의 업무는 품질관리 기준에 따른 품질관리 업무와 책임판매 후 안전관리 기준에 따른 안전확보 업무로 나뉜다. 아래 설명 중 틀린 것을 모두 고르시오.

〈보기〉

ㄱ. 품질관리 업무 수행에 필요한 내용은 화장품책임판매업자에게 문서로 보고한다.

ㄴ. 품질관리 업무 시 화장품제조업자, 맞춤형화장품 판매업자, 그 밖의 관계자에게 문서로 연락 또는 지시한다.

ㄷ. 품질관리에 관한 기록 및 화장품제조업자의 관리에 관한 기록을 작성하고 이를 해당 제품의 제조일(수입의 경우 수입통관일)로부터 2년간 보관한다.

ㄹ. 안전확보 업무의 원활한 수행에 대해 확인하여 기록 및 보관한다.

ㅁ. 품질관련 모든 문서와 절차를 검토, 승인하고 품질검사가 규정대로 진행되는지 확인한다.

027

〈보기〉의 의무를 가진 영업자가 누구인지 빈칸에 들어갈 용어를 쓰시오.

〈보기〉

(　　　)는 화장품의 품질관리기준, 책임판매 후 안전관리기준을 재정한다.

028

다음 중 화장품책임판매관리자의 직무가 아닌 것은?

① 품질관리 기준에 따른 품질관리업무
② 책임판매 후 안전관리 기준 총괄
③ 원료 및 자재 입고에 따른 필요한 시험 검사
④ 입고에서 완제품 출고에 따른 시험검사에 대해 제조업자를 관리 감독하는 업무
⑤ 제품표준서 및 품질관리기록서 관리

029

다음 〈보기〉가 설명하는 것은 화장품의 품질요소 중 어떤 것에 해당되는지 쓰시오.

〈보기〉
유화 안정화제인 점증제의 함량이 부족하여 내용물이 분리되어 변질된 경우

030

다음은 화장품의 품질요소와 그에 대한 설명이다. 화장품의 품질요소에 대한 설명으로 적절하지 않은 것을 고르시오.

① 안전성 : 장기간 피부에 사용하는 제품이므로 사용으로 인한 자극, 알레르기, 독성과 같은 부작용이 있어서는 안 된다.

② 안정성 : 보관 시 변질. 변색, 변취, 미생물 오염이 없어야 한다.

③ 안정성 : 화학적 변화로 변질, 변색, 변취, 결정 석출, 겔화가 있다.

④ 사용성 : 사용하기 쉽고 흡수가 잘되어야 한다.

⑤ 유효성 : 화장품을 피부에 사용함으로써 물리적, 화학적, 생물학적, 미적, 심리적으로 나타나는 효과로 피부에 대한 보습, 노화억제, 미백, 자외선차단, 세정, 색채효과 등을 부여한다. 유효성은 안전성보다 우선될 수는 없다.

031

다음은 화장품의 품질관리를 위한 용어이다. 괄호에 들어가는 공통 용어는?

열(　　)	유통 과정상 발생할 수 있는 조건의 다양한 온도 변화 조건에도 화장품 성분이 일정한 상태를 유지하는 성질
광(　　)	햇빛, 자외선, 형광등 불빛 등 다양한 광 조건에서 화장품 성분이 일정한 상태를 유지하는 성질
산소(　　)	산소 및 화학성분과의 산화 반응이 발생되지 않고 화장품 성분이 일정한 상태를 유지하는 성질

① 안전성
② 유통안전
③ 안정성
④ 안전관리
⑤ 유통관리

032

화장품의 안정성 시험 항목 중 물리적 시험 항목이 아닌 것은?

① 비중
② PH
③ 유화상태
④ 점도
⑤ 증발잔류물

033

다음은 화장품 품질보증책임자의 업무사항에 대한 설명이다. 화장품 품질보증책임자의 업무사항으로 옳지 않은 것은?

① 품질검사가 규정대로 진행되는지 확인하는 업무
② 고객의 불만처리 및 제품회수를 주관하는 업무
③ 원자재 적합판정과 제품출고여부를 결정하는 업무
④ 안전확보 업무의 원활한 수행에 대해 확인하여 기록 및 보관하는 업무
⑤ 품질관련 모든 문서와 절차를 검토, 승인하는 업무

034

「화장품법」 제18조의2, 「화장품법 시행규칙」 제26조의2, 「소비자화장품안전관리감시원 운영 규정」에 따라 다음 중 소비자화장품안전관리감시원의 업무와 자격에 관한 설명으로 적절하지 않은 것을 고르시오.

ㄱ. 제17조에 따라 설립된 단체 또는 「소비자기본법」 제29조에 따라 등록한 소비자단체의 임직원 중 해당 단체의 장이 추천한 사람을 위촉할 수 있다.
ㄴ. 소비자화장품감시원은 전 지역을 대상으로 직무수행을 하는 것이 원칙이다.
ㄷ. 의사, 약사, 화장품책임판매관리자는 소비자화장품안전관리감시원의 자격 조건을 충족하며 2년 임기로 연임도 가능하다.
ㄹ. 소비자화장품감시원으로 위촉받고자 하는 자는 교육과정을 최소 8시간 이상 이수하여야 한다.
ㅁ. 소비자화장품감시원의 교육과정은 반기마다 교육을 실시하여 화장품 관계 법령 및 위해화장품 식별에 관한 교육을 실시한다.

① ㄱ, ㄴ
② ㄱ, ㄷ
③ ㄴ, ㄹ
④ ㄱ, ㄷ, ㄹ
⑤ ㄱ, ㄷ, ㅁ

035

「화장품법 시행규칙」 제26조의2에 따라 소비자 화장품 안전관리감시원의 자격 및 이에 대한 설명으로 틀린 것을 모두 고르시오.

A. 소비자기본법에 의해 등록된 소비자단체의 임직원 중 해당 단체장이 추천한 사람
B. 의사 또는 약사
C. 맞춤형화장품판매업자
D. 식품의약품안전처장이 정하여 고시하는 교육과정을 마친 사람
E. 공동의 이익과 보건을 위해 설립된 화장품 관련 단체 임직원 중 해당 단체의 장이 추천한 사람
F. 지자체 도지사 및 시장이 추천한 사람
G. 화장품책임판매관리자 자격에 해당하는 사람
H. 임기는 3년이며 연임이 가능하다.

✍

036

행정청이 어떠한 처분을 하기 전에 당사자 등의 의견을 직접 듣고 증거를 조사하는 절차가 있다. 이러한 행정절차법에 따라 지방식품의약품안전청장은 처분사전통지서와 의견제출서를 행정처분 대상 화장품영업자에게 보내어 작성 제출하도록 하는 제도를 무엇이라고 하는가?

✍

037

다음 중 청문을 하는 경우가 아닌 것은?

① 유기농화장품 인증취소

② 책임판매업의 취소

③ 화장품 수입의 금지

④ 맞춤형화장품조제관리사 자격의 취소

⑤ 인증기관 지정의 변경

038

식품의약품안전처장은 천연화장품 및 유기농화장품의 품질 제고를 유도하고 소비자에게 보다 정확한 제품정보가 제공될 수 있도록 기준에 적합한 천연화장품 및 유기농화장품에 대하여 인증할 수 있다. 천연화장품 및 유기농화장품에 대한 인증에 관련 설명으로 틀린 것을 고르시오.

ㄱ. 인증을 받으려는 화장품제조업자, 화장품책임판매업자 또는 총리령으로 정하는 대학·연구소 등은 식품의약품안전처장에게 인증을 신청하여야 한다.

ㄴ. 식품의약품안전처장은 거짓이나 그 밖의 부정한 방법으로 인증을 받은 경우 그 인증을 취소하여야 한다.

ㄷ. 인증업무를 효과적으로 수행하기 위하여 필요한 전문 인력과 시설을 갖춘 기관 또는 단체를 인증기관으로 지정하여 인증업무를 위탁할 수 있다.

ㄹ. 인증절차, 인증기관의 지정기준, 그 밖에 인증제도 운영에 필요한 사항은 대통령령으로 정한다.

ㅁ. 인증의 유효기간을 연장 받으려는 자는 유효기간 만료 60일 전에 총리령으로 정하는 바에 따라 연장신청을 하여야 한다.

① ㄱ, ㄴ

② ㄹ, ㅁ

③ ㄴ, ㄹ

④ ㄴ, ㄹ, ㅁ

⑤ ㄱ, ㄴ, ㄹ, ㅁ

039

다음은 「화장품법」에 따른 화장품영업자의 의무에 대한 설명이다. 화장품영업자의 설명으로 적절하지 않은 것을 모두 고르시오.

ㄱ. 책임판매관리자와 맞춤형화장품조제관리사가 매년 1회 화장품 안전성 확보와 품질관리에 관한 교육을 받지 않을 경우 과태료 50만 원을 내야 한다.

ㄴ. 둘 이상의 장소에서 화장품 제조업, 화장품 판매업 또는 맞춤형화장품판매업을 하는 경우에는 종업원 중에서 품질관리 업무를 담당하는 자를 책임자로 지정하여 교육을 받게 할 수 있다.

ㄷ. 화장품제조업과 화장품책임판매업을 등록하기 위해 대표자가 정신질환이나 마약, 유독물질 중독자가 아님을 증명하는 서류를 제출해야 한다.

ㄹ. 10인 이하의 사업장은 대표를 제외한 직원 중 1인의 책임판매관리자를 따로 두어야 하며 대표자가 겸직할 수 없다.

ㅁ. 행정구역 개편에 따라 소재지가 변경될 경우 90일 이내 변경등록 신청서를 새로운 소재지 관할 지방식품의약품안전청장에게 제출해야 한다.

① ㄱ, ㄷ

② ㄴ, ㄷ

③ ㄴ, ㅁ

④ ㄷ, ㄹ

⑤ ㄷ, ㄹ, ㅁ

040

화장품책임판매업자는 품질관리 기준 준수, 책임판매 후 안전관리 기준 준수를 해야 하고 제조번호별 품질검사를 철저히 한 후 유통을 해야 하는 의무가 있다. 제품의 제조번호별 품질검사를 하지 않았을 때 내려지는 행정 처분으로 옳지 않은 것을 고르시오.

① 1차 위반 : 시정명령
② 2차 위반 : 판매 또는 해당 품목 판매업무 정지 2개월
③ 3차 위반 : 판매 또는 해당 품목 판매업무 정지 3개월
④ 4차 위반 : 판매 또는 해당 품목 판매업무 정지 6개월
⑤ 4차 이상 위반 : 판매 또는 해당 품목 판매업무 정지 6개월

041

다음 <보기>의 빈칸에 들어갈 알맞은 용어를 쓰시오.

> <보기>
> 화장품책임판매업자는 영유아 또는 어린이가 사용할 수 있는 화장품임을 표시·광고하려는 경우에는 제품별로 안전과 품질을 입증할 수 있는 다음의 자료를 작성 및 보관하여야 한다.
> 1. 제품 및 제조방법에 대한 설명 자료
> 2. 화장품의 (㉠) 평가자료
> 3. 제품의 효능·효과에 대한 증명 자료

✍

042

화장품 영업자는 영유아 또는 어린이가 사용할 수 있는 화장품으로 표시, 광고하려는 경우 안전성 자료를 작성 및 보관해야 한다. 영유아 및 어린이화장품에 대한 제품별 안전성 자료를 작성 또는 보관하지 않은 경우 처해지는 행정처분으로 옳지 않은 것을 모두 고르시오.

① 1차 위반 : 판매 또는 해당품목 판매업무 정지 15일
② 2차 위반 : 판매 또는 해당품목판매업무 정지 3개월
③ 3차 위반 : 판매 또는 해당 품목 판매업무 정지 6개월
④ 4차 위반 : 판매 또는 해당 품목 판매업무 정지 12개월
⑤ 5차 위반 : 강제폐업

043

안전용기 포장에 대한 위반으로 인한 회수 대상 화장품을 회수하지 아니하거나 회수에 필요한 조치를 하지 않은 경우 처해지는 행정처분으로 틀린 것은?

① 1차위반 : 시정조치
② 2차위반 : 판매 또는 제조업무 정지 3개월
③ 3차위반 : 판매 또는 제조업무 정지 6개월
④ 4차위반 : 등록취소
⑤ 1차위반 : 판매 또는 제조업무 정지 1개월

044

<보기>는 제조업자 A와 B의 대화 내용이다. 「화장품법 시행규칙」 [별표 7]에 따라 A와 B가 받게 될 행정처분은 무엇인가? 괄호 안에 들어갈 알맞은 숫자를 순서대로 쓰시오.(1차위반 기준)

> **<보기>**
>
> A:3년 전에 내가 화장품 내용물을 충진하는 공장을 시작했던 것 기억하지?
>
> B:응, 기억나지. 3년 전에 너가 사업 시작할 때 나한테 괜찮은 포장재가 필요하다고 파는 곳 소개해달라고 그랬었잖아.
>
> A:맞아, 여하튼 그 사업이 잘 돼서 돈을 많이 벌었어. 충진하는 공장은 팔고 6개월 전부터 화장품 제조를 위탁받아 제조하는 사업을 시작하게 되었거든? 그런데 제조 유형 변경 등록을 하지 않고 영업을 했거든. 괜찮으려나 모르겠네.
>
> B:빨리 제조 유형 변경을 신청해. 걸리면 제조업무 정지 (㉠)개월의 행정처분 받게 될 거야. 에휴, 그나저나 그거 알아? 나는 한 달 전에 사용상의 제한이 필요한 원료의 사용한도를 초과해서 사용했었거든. 그게 걸려서 해당품목 제조 또는 판매업무 정지 (㉡)개월의 행정처분을 받았어.

✍

045

화장품 제조업자 A씨는 미백 기능성 화장품에 "기미 제거에 효과가 있음"이라는 문구를 표시하였다. 「화장품법 시행규칙」 [별표 7]에 따라 A씨가 받을 행정처분은? (1차위반 시)

① 시정명령
② 해당 품목 판매업무정지 15일
③ 해당 품목 판매업무정지 1개월
④ 해당 품목 판매업무정지 2개월
⑤ 해당 품목 판매업무정지 3개월

046

<보기>의 빈칸에 들어갈 알맞은 행정처분을 쓰시오.

> **<보기>**
>
> 화장품책임판매업자는 「실험동물에 관한 법률」 제2조제1호에 따른 동물실험을 실시한 화장품 또는 동물실험을 실시한 화장품 원료를 사용하여 제조 또는 수입한 화장품을 유통·판매를 금지하고 있다. 이에 동물실험을 실시한 화장품 원료를 사용하여 화장품을 제조한 경우 과태료 (㉠)만 원에 해당하며 판매가격을 표시하지 않은 경우 과태료 (㉡)만 원의 행정처분을 받게 된다.

✍

047

「화장품법」에 따라 다음 중 과태료 부과 대상인 경우를 고르시오.

① 맞춤형화장품조제관리사를 두지 않고 영업한 자
② 표시·광고 중 사실과 관련한 사항에 대하여 식품의약품안전처장의 실증자료 제출을 요청받고도 15일 기간 내 이를 제출하지 않고 계속하여 표시·광고를 하고 실증자료를 제출할 때까지 그 표시·광고 행위의 중지명령을 따르지 아니한 자
③ 의약품으로 잘못 인식할 우려가 있는 표시 또는 광고를 한 경우
④ 기능성화장품의 품목별로 안전성 및 유효성에 관해 제출한 보고서나 심사받은 사항 변경 시 변경심사를 받지 않은 경우
⑤ 판매의 목적이 아닌 제품의 홍보·판매촉진 등을 위하여 미리 소비자가 시험·사용하도록 제조 또는 수입된 화장품을 판매한 경우

048

3년 이하의 징역 또는 3천만 원 이하의 벌금 처분이 내려지는 경우를 모두 고르시오.

① 코뿔소 뿔 또는 호랑이 뼈와 그 추출물을 사용한 화장품을 판매한 경우
② 맞춤형화장품조제관리사를 두지 않고 영업한 경우
③ 맞춤형화장품조제관리사 자격증을 대여하여 영업한 경우
④ 병원미생물에 오염된 화장품을 판매한 경우
⑤ 의약품으로 잘못 인식할 우려가 있는 표시 또는 광고를 한 경우

049

「화장품법」 제10조(화장품의 기재사항)따라 견본품이나 비매품 또는 소용량(10ml 이하 또는 10g 이하) 제품의 1차 포장 또는 2차 포장에는 아래 사항들만 기재·표시하는 것이 가능하다. 괄호 안의 ㉠, ㉡에 알맞은 용어를 작성하시오.

〈보기〉

- (㉠)
- 화장품책임판매업자 및 맞춤형화장품판매업자의 상호
- 가격
- (㉡)
- 사용기한 또는 개봉 후 사용기간(개봉 후 사용기간을 기재할 경우에는 제조연월일을 병행 표기)

✍

050

「화장품법」 제10조(화장품의 기재사항)에는 화장품의 1차 포장 또는 2차 포장에 기재·표시해야 하는 사항을 정하고 있다. 다음 중 틀린 설명을 고르시오.

① 해당 화장품 제조에 사용된 모든 성분(보존제에 함유된 인체에 무해한 소량 함유 성분 등 총리령으로 정하는 성분 포함)을 기재·표시하여야 한다.

② 기능성화장품의 경우 "기능성화장품"이라는 글자 또는 기능성화장품을 나타내는 도안으로서 식품의약품안전처장이 정하는 도안을 사용한다.

③ 기재사항을 화장품의 용기 또는 포장에 표시할 때 제품의 명칭, 영업자의 상호는 시각 장애인을 위한 점자 표시를 병행할 수 있다.

④ 기재·표시는 다른 문자 또는 문장보다 쉽게 볼 수 있는 곳에 하여야 하며, 총리령으로 정하는 바에 따라 읽기 쉽고 이해하기 쉬운 한글로 정확히 기재·표시하여야 하되, 한자 또는 외국어를 함께 기재할 수 있다.

⑤ 고객에게 무료로 제공되는 소량의 화장품에는 견본품 또는 비매품이라 기재해야 한다.

051

다음은 화장품의 품질요소 중 안전성과 안정성 관련 용어 및 내용이다. 관련 내용으로 틀린 것을 고르시오.

① 화장품 책임판매업자는 신속보고 되지 아니한 화장품의 안전성 정보를 매 반기 종료 후 1월 이내에 식품의약품안전처 홈페이지를 통해 보고하거나 우편, 팩스, 정보통신망 등의 방법으로 보고할 수 있다.

② '유해사례'는 화장품의 사용 중 발생한 바람직하지 않고 의도되지 않은 증상 또는 질병을 말하며, 반드시 화장품과 인과관계를 가져야만 유해사례로 판단할 수 있다.

③ '위해사례'는 화장품 사용 후 안전성 관련 문제가 보고된 사례를 말한다.

④ '중대한 유해사례'는 사망을 초래하거나 입원 또는 입원기간의 연장이 필요한 경우를 말한다.

⑤ '실마리 정보'는 인과관계가 알려지지 않았거나 입증자료가 불충분하나 인과관계의 가능성이 있다고 보고된 정보이다.

052

다음 중 중대한 유해사례에 해당되지 않는 것은?

① 입원기간의 연장이 필요한 경우

② 사망을 초래하거나 생명을 위협하는 경우

③ 중대한 불구나 기능저하를 초래하는 경우

④ 화장품의 병원균으로부터 피부에 전염된 경우

⑤ 선천적 기형 또는 이상을 초래하는 경우

053

다음 중 화장품의 안전성 정보에 대한 설명으로 옳지 않은 것은?

① 화장품 안전성 정보는 보고, 수집, 평가, 행정처분 등 관리체계로 되어있다.

② 의사·약사·간호사·판매자·소비자 또는 관련 단체 등의 장은 화장품의 사용 중 발생하였거나 알게 된 유해사례 등 안전성 정보에 대하여 식품의약품안전처장 또는 화장품 책임판매업자에게 보고할 수 있다.

③ 화장품 책임판매업자는 중대한 유해사례 또는 판매중지나 회수에 준하는 외국정부의 조치 또는 식품의약품안전처장이 보고를 지시한 경우, 화장품 안전성 정보를 알게 된 날로부터 15일 이내에 식품의약품안전처장에게 신속보고 하여야 한다.

④ 화장품 책임판매업자는 신속보고 되지 아니한 화장품의 안전성 정보를 매 반기 종료 후 1개월 이내에 식품의약품안전처장에게 정기보고 하여야 한다.

⑤ 식품의약품안전처장은 수집된 안전성 정보, 평가결과 또는 후속조치 등에 대하여 필요한 경우 국제기구나 관련국 정부 등에 통보하는 등 국제적 정보교환체계를 활성화하고 상호협력 관계를 긴밀하게 유지함으로써 화장품으로 인한 범국가적 위해의 방지에 적극 노력하여야 한다.

054

안전용기포장 및 안전성 자료와 관련된 내용으로 옳은 것을 모두 고르시오.

ㄱ. 아세톤을 함유하는 네일 리무버는 모든 영유아 및 어린이가 개봉하기 어렵도록 안전용기를 사용해야 한다.
ㄴ. 화장품책임판매업자가 화장품의 안전용기 포장에 관한 기준을 2차 위반할 시 해당 품목 판매업무 정지 3개월의 행정처분을 받는다.
ㄷ. 안전용기·포장의 개봉하기 어려운 정도의 구체적인 기준 및 시험방법은 식품의약품안전처장이 정하여 고시하는 바에 따른다.
ㄹ. 영유아 또는 어린이가 사용할 수 있는 화장품임을 표시 및 광고를 하기 위해서는 안전성 자료를 반드시 작성 및 보관해야 한다.
ㅁ. 영유아 또는 어린이 화장품의 제품별 안전성 자료를 작성 및 보관하지 않은 경우 2차 위반 시 판매 또는 해당품목 판매업무정지 3개월의 행정처분을 받는다.

① ㄱ, ㄹ
② ㄴ, ㄷ
③ ㄴ, ㄹ
④ ㄷ, ㅁ
⑤ ㄹ, ㅁ

055

「화장품법」 제9조(안전용기 · 포장 등)는 화장품책임판매업자 및 맞춤형화장품판매업자가 화장품을 판매할 때에는 어린이가 화장품을 잘못 사용하여 인체에 위해를 끼치는 사고가 발생하지 아니하도록 안전용기 · 포장을 사용하여야 한다고 명시하고 있다. 「화장품법 시행규칙」 제18조에 따라 안전용기 · 포장을 해야 하는 품목을 모두 고르시오.

〈보기〉

ㄱ. 에탄올을 함유하는 네일 에나멜 리무버 및 네일 폴리시 리무버
ㄴ. 개별 포장 당 탄화수소류 5.0% 함유하고 있는 어린이용 오일
ㄷ. 개별 포장 당 메틸 살리실레이트를 10.0% 함유하고 있는 에센스
ㄹ. 용기 입구 부분이 펌프 또는 방아쇠로 작동되는 분무용기 제품
ㅁ. 미네랄오일 20%를 함유한 에어로졸 헤어스프레이 제품

056

다음 중 「화장품법 시행규칙」 제18조에 따라 안전용기 · 포장을 사용하여야 하는 품목에 해당되는 것을 모두 고르시오.

〈보기〉

ㄱ. 아세톤을 함유하는 네일 폴리시 리무버
ㄴ. 개별 포장당 탄화수소류를 120000ppm 함유하는 크림
ㄷ. 개별 포장당 메틸 살리실레이트를 6퍼센트 함유하는 토너
ㄹ. 용기 입구 부분이 펌프로 작동되는 화장품

① ㄱ, ㄴ
② ㄱ, ㄷ
③ ㄱ, ㄹ
④ ㄴ, ㄷ
⑤ ㄴ, ㄹ

057

「화장품법 시행규칙」 제17조의3(원료의 사용기준 지정 및 변경 신청 등)에 따라 화장품제조업자, 화장품책임판매업자는 지정 · 고시되지 않은 원료의 사용기준을 지정 · 고시하거나 지정 · 고시된 원료의 사용기준을 변경해 줄 것을 신청하려는 경우 식품의약품안전처장에게 다음의 서류를 제출해야 한다. 해당하는 서류가 아닌 것은?

① 제출자료 전체의 요약본
② 원료의 기원, 개발 경위, 국내 · 외 사용기준 및 사용현황 등에 관한 자료
③ 안전성 및 유효성에 관한 자료(유효성에 관한 자료는 해당하는 경우에만 제출한다)
④ 원료의 사용상 주의사항에 관한 자료
⑤ 원료의 기준 및 시험방법에 관한 시험성적서

058

화장품책임판매업을 하고 있는 A사는 미백기능성 크림을 제조·판매하려고 한다. 개별 포장 당 100g을 충진 한 후 박스 포장하여 판매하려고 할 때, 1차 포장에 반드시 표시해야 하는 것을 모두 고르시오.

ㄱ. 화장품의 명칭
ㄴ. 가격
ㄷ. 내용물의 용량 또는 중량
ㄹ. 영업자의 상호
ㅁ. 사용기한 또는 개봉 후 사용기간
ㅂ. 기능성화장품 도안 또는 글자
ㅅ. 제조번호
ㅇ. 사용할 때의 주의사항
ㅈ. 해당 화장품 제조에 사용된 모든 성분

✍

059

다음 문제의 괄호 안에 들어갈 알맞은 말을 보기에서 골라 쓰시오.

"(A) 정보"란 화장품의 품질, 안전성·유효성, 그 밖에 적정 사용을 위한 정보를 말한다.
"(B) 업무"란 화장품책임판매 후 안전관리 업무 중 정보 수집, 검토 및 그 결과에 따른 필요한 조치에 관한 업무를 말한다.

〈보기〉

안전성, 안정성, 안전관리, 안정관리, 안정성확보, 안전확보, 품질관리, 품질관리확보, 안전관리확보

✍

060

다음은 화장품의 품질관리 기준 및 책임판매 후 안전관리 기준에 관한 규정에 관련된 용어에 대한 설명이다. 용어에 대한 설명 중 옳은 것을 고르시오.

① 품질관리는 화장품제조업자가 화장품책임판매업자에 대한 감시를 비롯해 제품의 품질관리 및 확보하기 위해서 필요한 업무이다.

② 시장출하는 화장품책임판매업자가 제조(타인에게 위탁 제조 또는 검사하는 경우 포함, 수탁제조 또는 검사하는 것은 비포함)하거나 수입한 화장품의 판매를 위해 출하하는 것을 말한다.

③ 안전확보업무는 화장품 책임판매 전 안전관리 업무 중 정보수집, 검토 및 그 결과에 따른 필요한 조치에 관한 업무이다.

④ 화장품책임판매업자는 품질관리에 관한 기록을 작성하고 이를 해당 제조일로부터 1년간 보관해야 한다.

⑤ 화장품책임판매업자는 품질관리 업무절차에 따라 품질보증책임자에게 회수 업무를 수행하도록 해야 한다.

061

「화장품법」 제28조 및 「화장품법 시행령」 [별표 1], [별표 2]에 따른 과징금 및 과태료의 부과기준에 대한 설명이다. 관련 설명으로 틀린 것은?

① 관련 위반행위 시 법인의 대표자나 법인 또는 개인의 대리인, 종업원이 그 법인 또는 개인의 업무에 관하여 위반행위를 하면 그 행위자뿐만 아니라 그 법인 또는 개인에게도 해당 위반행위에 대한 벌금형을 과할 수 있는 양벌규정이 있다.

② 과징금은 일정한 행정법상의 의무를 위반한 자에게 부과하는 금전적 제재조치로 금액은 위반행위의 종류 및 정도를 고려하며 업무정지 기준에 따라 시행령 별표1의 기준을 적용하여 과징금의 총액은 10억 원을 초과해서는 안 된다.

③ 하나의 위반행위가 둘 이상의 과태료 부과기준에 해당되는 경우 과태료 금액을 더하여 부과한다.

④ 과징금 산정기준은 판매업무 또는 제조업무의 정지처분을 갈음하여 과징금처분을 하는 경우 처분일이 속한 연도의 전년도 모든 품목의 1년간 총생산금액 및 총수입금액을 기준으로 한다.

⑤ 둘 이상의 위반행위를 한 경우 과태료금액의 2분의 1의 범위에서 그 금액을 늘릴 수 있으며 과태료 100만 원 이하 금액의 상한을 초과할 수 없다.

062

다음은 화장품법 시행규칙 [별표 7]에 따른 행정처분의 개별 기준이다. 등록취소가 가능한 위반 내용이 아닌 것을 모두 고르시오.

〈보기〉

ㄱ. 제조소의 소재지 변경등록을 하지 않은 경우
ㄴ. 책임판매 후 안전관리기준을 준수하지 않은 경우
ㄷ. 심사를 받지 않거나 거짓으로 보고하고 기능성 화장품을 판매한 경우
ㄹ. 국민보건에 위해를 끼쳤거나 끼칠 우려가 있는 화장품을 제조·수입한 경우
ㅁ. 실제 내용량이 표시된 내용량의 90퍼센트 이상 97퍼센트 미만인 화장품
ㅂ. 품질관리 업무 절차서를 작성하지 않거나 거짓으로 작성한 경우

✍

063

체계적인 고객관리를 위해 고객관리 프로그램을 운용할 필요가 있다. 고객관리 프로그램에는 고객의 정보가 수집되어 사용되므로 개인정보보호법에 따른 관리가 이루어져야 한다. 고객관리 프로그램 운용 시 고려해야 할 사항으로 적절한 것은?

① 고객 정보 유출을 방지할 수 있는 해킹방어시스템이 갖춰져야 한다.
② 개인의 고유식별정보에는 주민등록번호, 여권번호, 운전면허의 면허번호, 외국인등록번호, 전화번호가 있다.
③ 개인정보를 정보주체에게 개인정보 수집동의를 받지 않고 수집한 경우 과태료 1천만 원 이하이다.
④ 개인정보보호책임자는 업무를 목적으로 개인정보파일을 운용하기 위하여 스스로 또는 다른 사람을 통하여 개인정보를 처리하는 법인, 개인을 말한다.
⑤ 개인정보 수집동의를 받을 경우 정보주체에게 동의를 거부할 권리가 있다는 사실을 고지해야 하며 동의거부 시 불이익이 있는 경우 그 불이익에 대한 내용은 고지 안 해도 된다.

064

개인정보처리자는 「개인정보보호법」에 근거하여 고객정보관리를 해야 한다. 개인정보 수집 및 개인정보 유출 관련 내용으로 옳은 것을 모두 고르시오.

① 개인정보를 익명 또는 가명으로 처리하여도 개인정보 수집목적을 달성할 수 있다면 익명처리가 가능한 경우에는 익명에 의하여, 익명처리로 목적을 달성할 수 없는 경우에는 가명에 의하여 처리한다.

② 개인정보가 1백 명 이상의 정보 유출 시에는 인터넷 홈페이지 7일 이상 게재(홈페이지가 없을 시 사업장 등의 보기 쉬운 장소로 대체)해야 한다.

③ 개인정보처리자는 개인정보의 처리에 대하여 정보주체의 동의를 서면으로 받을 때 글씨의 크기는 최소한 7포인트 이상으로 다른 내용보다 20% 이상 글씨를 크게 작성한다.

④ 관계법령에 따라 개인 정보를 보존해야 하는 경우, 개인정보를 전부 저장해도 무관하다.

⑤ 공공기관에서 법령 등에 의한 업무 수행을 위해서 정보 주체의 동의 없이 개인정보를 수집할 수 있다.

065

다음 개인정보 중 고유식별정보에 해당되지 않는 것은?

① 주민등록번호

② 범죄사실경력자료

③ 여권번호

④ 외국인등록번호

⑤ 운전면허번호

066

「개인정보 보호법」에 따라 A,B에게 부과될 행정처분을 순서대로 쓰시오.

〈보기〉

A:「개인정보 보호법」 제15조제1항에서 규정한 개인정보의 수집·이용이 가능한 범위를 위반하여 개인정보를 수집하여 제3자에게 개인정보를 제공한 경우에는 (㉠) 이하의 벌금형 또는 (㉡) 이하의 징역에 처해진다.

✍

067

다음은 「개인정보 보호법」 에 대한 설명이다 틀린 것을 고르시오.

① 1천 명 이상의 개인정보 유출 시 한국인터넷진흥원에 5일 이내 신고를 해야 한다.

② 16세 미만 아동의 개인정보처리를 위해 법정대리인의 동의를 받아야 한다.

③ 공공기관은 업무수행을 위해 정보주체의 동의 없이 개인정보를 수집할 수 있다.

④ 개인정보의 이용내역을 주기적으로 이용자에게 통보해야 한다.

⑤ 민감정보, 고유식별정보 등을 처리할 때 안전성 확보에 필요한 조치를 해야 한다.

068

개인정보의 처리 및 보호에 관한 사항을 정함으로써 개인의 자유와 권리를 보호하고 개인의 존엄과 가치를 구현함을 목적으로 하는 법을 개인정보보호법이라 한다. 다음은 개인정보보호법관련 용어에 대한 설명으로 해당하는 용어를 차례대로 작성하시오.

〈보기〉

- (㉠)는(은) 개인정보 처리에 관한 업무를 총괄해서 책임지거나 업무처리를 최종적으로 결정하는 자로 개인정보의 처리에 관한 업무를 총괄하는 책임자를 말한다.
- (㉡)는(은) 개인정보파일을 운용하기 위하여 스스로 또는 다른 사람을 통하여 개인정보를 처리하는 공공기관, 법인, 단체, 개인 등을 말한다.

✍

069

「개인정보보호법」에 따른 개인정보 파기에 대한 설명으로 틀린 것을 모두 고르시오.

ㄱ. 보유기간의 경과, 개인정보의 처리 목적 달성 등 그 개인정보가 불필요하게 되었을 때에는 지체 없이 15일 이내 그 개인정보를 파기해야 한다. 다만 다른 법령에 규정이 있으면 보존 가능하다.
ㄴ. 개인정보 파기시 복구·재생되지 않도록 조치한다.
ㄷ. 다른 법령에 따라 보존하여야 하는 경우, 다른 개인정보와 분리하여 저장·관리한다.
ㄹ. 전자적 파일 형태인 경우에는 복원이 불가능한 방법으로 삭제하고, 전자적파일 외의 기록물, 인쇄물, 서면, 그 밖의 기록매체인 경우에는 쓰레기로 분리배출하여 처리한다.
ㅁ. 개인정보 보호책임자가 개인정보의 파기에 관한 사항을 기록 및 관리하고 개인정보처리자가 개인정보파기 시행 후, 파기결과를 확인한다.

✍

070

〈보기〉는 「개인정보보호법」 제22조(동의를 받는 방법)의 본문 중 일부이다. 괄호 안에 공통으로 들어갈 용어를 정확하게 쓰시오.

> 개인정보처리자는 14세 미만 아동의 개인정보를 처리하기 위하여 이 법에 따른 동의를 받아야 할 때에는 그 (　　　)의 동의를 받아야 한다. 이 경우 (　　　)의 동의를 받기 위하여 필요한 최소한의 정보는 법정대리인의 동의 없이 해당 아동으로부터 직접 수집할 수 있다.

071

영상정보처리기기의 운영에 따른 안내판의 내용이다. 다음 중 (　　　)안에 들어갈 알맞은 항목을 적으시오.

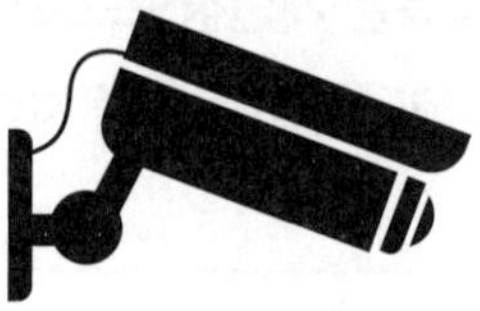

CCTV 녹화중

- (　㉠　) 및 목적:방범,화재예방/시설안전관리
- 촬영시간:24시간 연속촬영/녹화
- 설치대수 및 (　㉡　):4대 / 건물 내·외부
- 보관장소:○○상사 전산실
- 처리방법:30일 보관 후 자동폐기
- 관리책임자:홍길동 123-4567

072

맞춤형화장품판매업자가 소비자에게 유통 판매되는 화장품을 임의로 혼합 소분하여 판매한 경우에는 (　　　) 이하의 벌금형에 처해진다.

073 ~ 75

다음 설명 중 화장품 안정성 시험 항목을 찾아 넣으시오.

073

(　　)는(은) 보존기간 중 제품의 안정성이나 기능성에 영향을 주는 분해 과정 및 분해산물의 생성유무를 확인하는 시험으로 화장품의 운반, 보관, 진열, 사용과정에서 뜻하지 않게 일어날 가능성이 있는 가혹한 환경조건에서 품질변화를 검토하기 위해 실시하는 시험이다.

074

(　　)는(은) 화장품 사용 시에 일어날 수 있는 오염 등을 고려하여 사용기한을 설정하기 위하여 장기간에 걸쳐 물리적, 화학적, 미생물학적 안정성 및 용기 적합성을 확인하는 시험이다.

075

(　　)는(은) 온도 40±2℃/상대습도 75±5% 또는 온도 25±2℃/상대습도 60±5%의 조건에서 3롯트 이상의 완제품으로 6개월 이상의 기간 동안 물리적, 화학적, 미생물학적, 용기적합성 등의 시험을 실시하는 안정성 시험에 해당된다.

076

화장품법 시행규칙 제11조 11항에 의해 화장품책임판매업자는 다음 성분을 0.5% 이상 함유한 제품의 안정성시험 자료는 최종 제조된 제품의 사용기한이 만료되는 날로부터 1년간 보존해야 한다. 괄호에 알맞은 용어를 넣으시오.

㉠ 레티놀(비타민A) 및 그 유도체
㉡ 아스코빅애시드(비타민C) 및 그 유도체
㉢ 토코페롤(비타민E)
㉣ (　㉠　)
㉤ (　㉡　)

077

수입대행형거래(전자상거래)를 목적으로 하는 책임판매업자에 대한 설명으로 틀린 것을 고르시오.

① 시장출하에 관한 기록서를 작성한다.
② 책임판매관리자는 직원중 임의로 지정할 수 있다.
③ 제조번호별 품질검사를 실시하지 않아도 된다.
④ 품질관리에 관한 기록서를 제조일로부터 3년간 보관하지 않아도 된다.
⑤ 직원의 교육 훈련을 실시하지 않아도 된다.

078

다음에서 설명하는 업무를 수행하는 자가 누구인지 작성하시오.

- 교육 및 훈련업무에 관한 계획서를 작성한다.
- 품질관리업무를 총괄한다.
- 품질관리 업무 시 필요에 따라 화장품제조업자, 맞춤형화장품판매업자 등 그 밖의 관계자에게 문서로 연락하거나 지시한다.

079

천연화장품 또는 유기농화장품으로 표시·광고하여 제조, 수입 및 판매할 경우 이 고시에 적합함을 입증하는 자료를 구비하고, 제조일로부터 3년 또는 사용기한 경과 후 1년 중 긴 기간 동안 보존하여야 한다. 이때 제조일은 수입일 경우 (   )을(를) 기준으로 한다.

080

다음 괄호에 알맞은 용어를 적으시오.

맞춤형화장품판매장에서 혼합·소분 업무에 종사하는 자로서 국가자격시험에 합격한 자를 말한다.

081

맞춤형화장품조제관리사의 결격사유에 해당되지 않는 것은?

① 「정신건강증진 및 정신질환자 복지서비스 지원에 관한 법률」 제3조제1호에 따른 정신질환자
② 파산선고를 받고 복권되지 아니한 자
③ 「마약류 관리에 관한 법률」 제2조제1호에 따른 마약류의 중독자
④ 「보건범죄 단속에 관한 특별조치법」을 위반하여 금고 이상의 형을 선고받고 그 집행이 끝나지 아니하거나 그 집행을 받지 아니하기로 확정되지 아니한 자
⑤ 맞춤형화장품조제관리사의 자격이 취소된 날부터 3년이 지나지 아니한 자

082

다음 설명은 화장품법 제 22조에 의거한 내용이다. 괄호에 알맞은 법 용어를 적으시오.

> 식품의약품안전처장은 화장품제조업자가 갖추고 있는 시설이 법 제3조제2항에 따른 시설기준에 적합하지 아니하거나 노후 또는 오손되어 있어 그 시설로 화장품을 제조하면 화장품의 안전과 품질에 문제의 우려가 있다고 인정되는 경우에는 화장품제조업자에게 그 시설의 (㉠)를 명하거나 그 (㉠)가 끝날 때까지 해당 시설의 전부 또는 일부의 사용금지를 명할 수 있다.

✍

083

다음은 화장품법 제 26조의2 행정제재처분 효과의 승계에 대한 내용이다. 괄호에 알맞은 기간을 적으시오.

> 법 제26조에 따라 화장품 영업자의 지위를 승계한 경우에 종전의 영업자에 대한 제24조에 따른 행정제재처분의 효과는 그 처분 기간이 끝난 날부터 (　　)년간 해당 영업자의 지위를 승계한 자에게 승계되며, 행정제재처분의 절차가 진행 중일 때에는 해당 영업자의 지위를 승계한 자에 대하여 그 절차를 계속 진행할 수 있다. 다만, 영업자의 지위를 승계한 자가 지위를 승계할 때에 그 처분 또는 위반 사실을 알지 못하였음을 증명하는 경우에는 그러하지 아니하다.

✍

084

화장품법 제 28조의 2 위반사실의 공표에 대한 내용이다 괄호에 알맞은 용어를 적으시오.

> 식품의약품안전처장은 제22조, 제23조, 제23조의2, 제24조 또는 제28조에 따라 행정처분이 확정된 자에 대한 처분 사유, 처분 내용, 처분 대상자의 명칭·주소 및 대표자 성명, 해당 품목의 명칭 등 처분과 관련한 사항으로서 (　　)으로 정하는 사항을 공표할 수 있다.

✍

085

다음에서 설명하는 화장품법 규정은 무엇인지 적으시오.

> 법인의 대표자나 법인 또는 개인의 대리인, 사용인, 그 밖의 종업원이 그 법인 또는 개인의 업무에 관하여 제36조부터 제38조까지의 어느 하나에 해당하는 위반행위를 하면 그 행위자를 벌하는 외에 그 법인 또는 개인에게도 해당 조문의 벌금형을 과(科)한다. 다만, 법인 또는 개인이 그 위반행위를 방지하기 위하여 해당 업무에 관하여 상당한 주의와 감독을 게을리하지 아니한 경우에는 그러하지 아니하다.

✍

086

다음은 화장품법에 대한 설명이다 괄호에 알맞은 용어를 적으시오.

> 식품의약품안전처장은 화장품법을 지키지 아니하는 자에 대하여 필요하다고 인정하면 그 (㉠)을 명할 수 있다. 식품의약품안전처장은 영업자에 대하여 필요하다고 인정하면 취급한 화장품에 대하여 「식품·의약품분야 시험·검사 등에 관한 법률」 제6조제2항제5호에 따른 화장품 시험·검사기관의 (㉡)를 받을 것을 명할 수 있다.

✍

087

다음 괄호에 들어갈 알맞은 용어를 적으시오.

> 과징금의 산정기준은 위반행위의 종류, 정도 등을 고려하여 총리령으로 정하는 (㉠) 기준에 따라 시행령 별표1의 기준을 적용하여 산정하되, 과징금의 총액은 (㉡)을 초과하여서는 아니 된다. 또한 과태료의 경우 법 제40조 제1항에 따른 과태료 (㉢) 이하 금액의 상한을 초과할 수 없다.

✍

088

다음 중 화장품 영업양도에 대한 조치로 옳지 못한 것은?

① 정보주체에게 서면으로 통지할 수 없는 경우에는 영업양도자 등의 사업장 등의 보기 쉬운 장소에 30일 이상 게시할 수 있다.
② 정보주체에게 서면으로 통지할 수 없는 경우에는 영업양도자 등의 사업장 등이 있는 시·도 이상의 지역을 주된 보급지역으로 하는 일반일간신문·일반주간신문 또는 인터넷신문에 싣는 방법도 있다.
③ 정보주체에게 서면으로 통지할 수 없는 경우에는 인터넷 홈페이지에 30일 이상 게재하여야 한다.
④ 맞춤형화장품 판매업소 양수자는 마약류와 같은 중독자일 경우 영업 신청이 불가능하다.
⑤ 영업양도자가 이메일 또는 우편을 통해 양도에 따른 개인정보 이전을 개인정보 주체에게 각각 통지하는 것을 우선으로 해야 한다.

089

다음 중 화장품 영업등록의 취소에 해당되지 않는 것은?

① 화장품법 또는 「보건범죄 단속에 관한 특별조치법」을 위반하여 금고 이상의 형을 선고받고 그 집행이 끝나지 아니하거나 그 집행을 받지 아니하기로 확정되지 아니한 자
② 피성년후견인 또는 파산선고를 받고 복권되지 아니한 자
③ 회수계획서를 거짓으로 보고하여 3차 이상 위반한 경우
④ 책임판매업자가 품질관리업무절차서를 작성하지 않거나 거짓으로 작성하여 4차 이상 위반한 경우
⑤ 영업정지 기간에 영업을 한 경우

090

식품의약품안전처장(제14조에 따라 식품의약품안전처장의 권한을 위임받은 자 또는 법 제3조의4제3항에 따라 자격시험 업무를 위탁받은 자를 포함한다)은 화장품 영업등록 사무를 수행하기 위하여 불가피하게 처리할 수 있는 개인정보에 해당하지 않는 것은?

① 건강에 관한 정보
② 주민등록번호
③ 운전면허번호
④ 외국인등록번호
⑤ 범죄경력에 대한 정보

091

식품의약품안전처장(제14조에 따라 식품의약품안전처장의 권한을 위임받은 자 또는 법 제3조의4제3항에 따라 자격시험 업무를 위탁받은 자를 포함한다)은 사무를 수행하기 위하여 「개인정보 보호법」 제23조에 따른 민감정보와 고유식별정보를 불가피하게 처리할 수 있는 경우가 아닌 것은?

① 회수·폐기 등의 명령과 폐기 또는 그 밖에 필요한 처분에 관한 사무
② 등록필증 등의 재교부에 관한 사무
③ 기능성화장품의 심사 등에 관한 사무
④ 맞춤형화장품조제관리사 자격시험에 관한 사무
⑤ 유기농화장품 인증에 관한 사무

092

화장품의 세부적인 제품 유형과 그 특징으로 잘못 연결된 것은?

① 헤어그루밍에이드 - 두발의 유분, 광택, 매끄러움, 유연성, 정발 효과 등을 주기 위해 사용되며 헤어오일, 헤어왁스 등이 있으며 적절한 두발의 관리를 위해 사용된다.

② 수렴화장수 - 피부 각질층에 수분과 보습 성분을 공급할 뿐 아니라 피지나 발한을 억제하는 기능을 하는 원료를 추가로 넣어 준다.

③ 세정용화장수 - 세안용으로서 사용하거나 가벼운 색조화장을 지우는 데 사용하여 피부를 청결하게 하거나 오염을 제거해 준다. 보습제와 세정 효과를 향상하기 위해 계면활성제, 에탄올이 배합되기도 한다.

④ O/W형 크림 - 대표적인 유화타입의 크림으로 수성성분이 내상인 산뜻한 사용감을 느끼는 친유성 크림이다.

⑤ 에센스 - 피부 보습 기능 및 유연 기능을 동시에 가진다. 고급 오일과 기능성 성분 등 피부에 영양을 공급하기 위한 목적으로 농축하여 배합된다.

093

다음에서 설명하는 두발용 제품은 무엇인지 고르시오.

> 두피와 두발의 건강을 위해 청결하고 아름답게 유지하는 목적으로 사용되는 화장품으로 일반적인 두발 관리에 있어서 세정을 위한 샴푸와 린스를 사용하고 세정 후 정발 효과 및 두피와 두발에 영양 효과를 주기 위해 사용된다. 사용 방법에 따라 사용 후 씻어내는 제품과 사용 후 씻어내지 않는 제품으로 구별할 수 있다.

① 헤어트리트먼트

② 헤어컨디셔너

③ 헤어그루밍에이드

④ 헤어포마드

⑤ 헤어왁스

094

다음 괄호에 들어갈 알맞은 용어를 적으시오.

> 두발의 주요 구성 단백질은 (㉠)이며, 그 세부 결합 형태에 따라 두발의 형태가 달라진다. 두발 단백질 간의 공유 결합인 이황화결합(disulfide bond, -S-S-)을 환원제로 끊어 준 다음 원하는 두발의 모양을 틀을 이용하여 고정화하고, 산화제로 재결합시켜서 두발의 웨이브를 만들어 변형시키는 것을 (㉡)라고 함.

095

화장품용기의 안전성평가 항목이 아닌 것은?

① 강도시험
② 화학적시험
③ 유연성시험
④ 생물시험
⑤ 미생물시험

096

화장품의 안정성시험 중 가혹시험 항목에 해당되지 않는 것은?

① 동결 - 해동 시험
② 저온시험, 고온시험
③ 진동시험
④ 기계적 충격시험
⑤ 낙하시험

097

화장품 용기 적합성 시험법과 그 적용 범위에 대한 설명으로 옳지 못한 것은?

① 감압누설 시험 - 액상 내용물을 담는 용기의 마개, 펌프, 패킹 등의 밀폐성 측정
② 낙하 시험 - 플라스틱 용기, 조립 용기, 접착 용기에 대한 낙하에 따른 파손, 분리 및 작용 여부를 측정
③ 접착력 시험 - 화장품 용기에 표시된 인쇄문자, 코팅막, 라미네이팅의 밀착성을 측정
④ 크로스컷트 시험 - 화장품 용기 소재인 유리, 금속, 플라스틱의 유기 또는 무기 코팅막 또는 도금층의 밀착성 측정
⑤ 용기의 내열성 및 내한성 시험 - 내용물에 따른 인쇄문자, 핫스탬핑, 증착 또는 코팅막의 용기 표면과의 마찰을 측정

MEMO

맞춤형화장품조제관리사

PART 02

화장품 제조 및 품질 관리

화장품 제조 및 품질관리

001

다음은 화장품 제조에 사용되는 수성원료의 종류와 그 특성에 관한 설명이다. 다음 내용 중 틀린 것은?

① 정제수는 화장품 제조에 있어서 가장 중요한 원료 중 하나로 물에 함유되어있는 용해된 이온 고체입자, 미생물, 유기물 및 용해된 기체류 등의 모든 불순물을 이온교환수지를 통하여 여과한 물을 뜻한다.

② 에탄올(알코올)은 유기용매로 물에 녹지 않는 향료, 색소, 유기안료 등 비극성 물질을 녹이는 기능을 한다.

③ 세틸알코올은 에탄올과 같은 무색의 액체로 수렴제, 보존제, 기포방지제, 점도감소제 등으로 사용한다.

④ 보습제에 속하는 부틸렌글라이콜은 물에 녹으며 글리세린에 비해 끈적임이 적고 가벼운 사용감과 항균성을 가지고 있다.

⑤ 글리세린은 탄소수가 3이며 OH기를 3개 가지고 있는 3가 알코올이며 글리세롤이라고도 하며 대기 중의 수분을 흡수하는 성질이 있다.

002

다음은 화장품 제조에 사용되는 유성원료의 종류, 특성에 관한 설명이다. 내용 중 틀린 것은?

① 윗점오일은 식물성오일로 밀의 배아에서 추출했으며 비타민E와 필수지방산이 풍부해 노화피부, 튼살, 주름 등에 효과적이다.

② 미네랄오일은 광물성 오일로 유동파라핀으로도 불리며 쉽게 산화되지 않고 무색, 무취로 유화되기 쉬운 오일이다.

③ 실리콘 오일은 실록산 결합(-Si-O-Si)을 가지는 유기규소화합물의 총칭으로 그 종류로는 사이클메티콘, 다이메티콘, 사이클로테트라실록세인 등이 있다.

④ 왁스류는 고급지방산과 고급 1,2가 알코올이 결합된 에스테르로 제품의 안정성을 주며 그 종류로는 라놀린, 비즈왁스 등이 있으며 식물성 왁스이다.

⑤ R-COOH로 표시되는 고급지방산은 지방을 가수분해하여 얻어지며 탄소수가 12개 이상으로 라우릭애씨드, 미리스틱애씨드, 스테아릭애씨드 등이 있다.

003

한 분자 내에서 물을 좋아하는 친수기와 기름을 좋아하는 친유기를 함께 가지고 있어 표면의 장력을 낮춰주는 계면활성제는 화장품 제조에 있어 중요한 기능을 한다. 다음 계면활성제의 종류와 특징에 대한 설명 중 틀린 것은?

① 비이온성 계면활성제로는 세틸알코올, 스테아릴알코올 등이 있으며 피부자극이 적어 주로 기초화장품에 사용된다.

② 음이온성 계면활성제는 세정작용과 기포형성 작용이 우수하여 비누, 샴푸, 클렌징 폼에 주로 사용되며 그 종류로는 폴리쿼터늄-10, 폴리쿼터늄-18 등이 있다.

③ 양이온성 계면활성제는 살균, 소독작용을 하며 모발의 유연효과 정전기 방지효과가 있어 헤어린스, 헤어트리트먼트 섬유유연제 및 대전 방지제로 주로 사용된다.

④ 양쪽성 계면활성제는 피부 자극성과 독성이 낮고 정전기 방지기능이 있으며 베이비용 제품, 저자극 샴푸, 거품안정제, 기포 촉진 효과의 목적으로 사용된다.

⑤ 천연 계면활성제는 동·식물에서 추출하며 그 종류로는 리솔레시틴, 레시틴, 사포닌 등이 있다.

004

다음은 화장품 원료 중 유지(오일)에 대한 종류이다. 오일의 종류와 특성이 다른 하나는 무엇인가?

① 에뮤오일

② 스쿠알란

③ 난황오일

④ 밍크오일

⑤ 마유

005

다음 화장품원료 중 수성원료가 아닌 것을 고르시오.

① 정제수

② 에탄올

③ 글리세린

④ 디메치콘

⑤ 솔비톨

006

다음 화장품 원료 중 유지의 성격이 다른 것을 고르시오.

① 올리브오일

② 해바라기씨오일

③ 시어버터

④ 동백오일

⑤ 피마자씨오일

007

화장품의 유성원료 중 탄화수소는 탄소와 수소로 이루어진 화합물이며 무색, 무취로 유성감이 강하다. 다음 중 탄화수소와 그 설명으로 틀린 것은?

① 파라핀왁스 : 석유화학유래에서 얻은 고형 혼합물로 수분증발 차단제, 점증제로 사용한다.
② 마이크로크리스탈린왁스 : 석유화학유래에서 얻은 고형 혼합물로 주로 이소파라핀으로 되어 있다.
③ 이소헥사데칸 : 탄소 16개로 이루어진 지방족 탄화수소로 얇은 발림성이 있다.
④ 카나우바왁스 : 고체파라핀계 탄화수소로 피부보호 및 윤기를 공급한다.
⑤ 페트롤라툼 : 반고체상의 탄화수소 화합물로 정제도가 낮을 경우 트러블 유발 가능성이 있다.

008

왁스류는 유성오일의 한 종류로 고급지방산과 고급 1가, 2가 알코올이 결합된 에스텔이다. 왁스류는 피부 또는 모발에 광택을 부여하거나 제품의 안정성이나 기능성을 향상시킨다. 다음 중 식물에서 유래된 왁스류는?

① 비즈왁스
② 몬탄왁스
③ 미네랄 왁스
④ 카나우바 왁스
⑤ 마이크로크리스탈린왁스

009

왁스류 중 동물성 왁스로 녹는 온도가 60~67℃ 로 부드러운 감촉을 부여하며 피부 수분 증발 억제를 위해 사용하는 것은?

① 라놀린
② 카나우바 왁스
③ 페트롤라툼
④ 칸데릴라 왁스
⑤ 비즈왁스

010

다음 왁스 중 광물유래 왁스를 고르시오.

① 파라핀왁스
② 마이크로크리스탈린왁스
③ 라놀린
④ 오조케라이트
⑤ 경납

011

표면장력은 서로 같은 물질끼리 잡아당기는 힘으로 화장품에서 안정성에 문제가 발생하면 표면장력이 높은 물질들은 빠르게 분리가 일어난다. 20℃에서 물에 대한 표면장력은 72.8 dynes/cm이다. 물의 표면장력과 가장 가까운 물질은 무엇인지 고르시오.

① 에탄올
② 피마자오일
③ 호호바오일
④ 글리세린
⑤ 부틸렌글라이콜

012

다음은 계면활성제에 대한 설명이다. 설명에 맞는 계면활성제와 그 종류가 바르게 연결된 것은?

〈보기〉
pH에 따라 성격이 바뀌며 세정력, 살균력, 유연작용이 있으며 거품안정제, 기포 촉진 효과 목적으로도 사용된다. 독성이 낮아 베이비 전용제품에 많이 사용된다.

① 음이온성계면활성제 - 세트리모늄클로라이드
② 양이온성계면활성제 - 암모늄라우릴설페이트
③ 양쪽성계면활성제 - 라우라미도프로필베타인
④ 비이온성계면활성제 - 스테아릴알코올
⑤ 양쪽성계면활성제 - 레시틴

013

다음은 계면활성제의 친수성과 친유성의 비율을 수치화하여 상대적 세기를 나타내는 HLB(Hydrophile Lipophile Balance)에 대한 설명이다. 관련 설명으로 틀린 것은?

① HLB 값이 높을수록 친수성이며 HLB 값이 낮을수록 친유성을 띤다.
② HLB 값이 4~6이면 O/W(Oil in Water Type) 유화제로 쓰인다.
③ HLB 값이 15~18이면 가용화제로 쓰인다.
④ 유화제의 친수성 친유성의 균형을 HLB로 나타낸다.
⑤ HLB 값은 에멀전타입의 로션이나 크림을 제작할 때 사용되는 오일의 종류와 양에 따라 최적의 유화조건을 형성하기 위한 유화제의 선택과 사용 비율을 산출하기 위해 사용된다.

014

피부자극이 가장 적어 피부에 대한 안전성이 높아 기초화장품의 가용화제, 유화제, 분산제 등에 사용되는 계면활성제를 고르시오.

① 비이온성 계면활성제
② 음이온성 계면활성제
③ 양이온성 계면활성제
④ 양쪽성 계면활성제
⑤ 암모늄라우릴설페이트

015

다음 계면활성제 중 양쪽성계면활성제는 무엇인가?

① 소듐라우릴설페이트
② 폴리소르베이트80
③ 코카마이드MEA
④ 코코베타인
⑤ 레시틴

016

다음 빈칸에 알맞은 용어를 적으시오.

수용액 내에 계면활성제의 농도가 증가하면 분자 간 구형 집합체인 (㉠)을 형성한다. 이것이 형성되는 계면활성제의 농도를 (㉡)라고 하며 이 농도 이상에서는 계면활성제를 더 투입하더라도 표면장력은 변화하지 않는다.

017

다음 빈칸에 알맞은 용어를 〈보기〉에서 찾아 각각 적으시오.

> **〈보기〉**
> 계면활성제, 가용화, 분산, 콜로이드, 유화액(에멀젼), 응집

> (㉠)는(은) 용제에 약간의 난용성물질인 향, 약간의 오일 등을 용해 시키기 위한 목적으로 사용되며 투명한 형상을 갖게 한다. 토너, 미스트, 향수에 녹이기 위한 목적으로 가장 많이 사용된다.
> (㉡)는(은) 서로 혼합되지 않는 성격의 전혀 다른 두 액체 중 한 액체(분산상, 내상)가 다른 액체(연속상, 외상)에 섞여 있는 것처럼 골고루 균일하게 분산된 상태로 두 개의 상을 갖는다. 용질인 오일이 용매인 물에 골고루 분산되어 있는 상태이다. 이를 이용한 화장품은 유백색의 형상을 가지는 크림류, 로션류 등이 있다.

018

유화액의 안정성을 높이는 방법으로 옳지 못한 것은?

① 점증제를 사용하여 연속상의 점도를 높인다.
② 유화제, 왁스 등으로 내상의 점도를 높여 준다.
③ 입자 크기를 작게 하여 분산상과 연속상의 밀도 차이를 줄여 조절한다.
④ 교반기의 RPM 속도를 높여준다.
⑤ 원료의 투입순서를 바꾸어 내상과 외상의 상태를 바꾸어 준다.

019

보습제 및 용제로 사용되는 폴리올 종류 중 3개의 하이드록시기(-OH)를 가지는 3가 다가알코올은 어느 것인지 보기에서 찾으시오.

> **〈보기〉**
> 부틸렌글리콜, 솔비톨, 히아루론산, 프로필렌글리콜, 글리세린, 디프로필렌글리콜, 펜티톨

020

화장품 원료 중 보존제는 단독사용보다 두 가지 이상 혼합하여 사용할 경우 여러 가지 장점들이 있어 일반적으로 혼합하여 사용되고 있다. 혼합사용 시 장점에 해당되지 않는 것을 고르시오.

① 미생물의 생성억제, 사멸
② 다양한 저항성균에 대한 항균
③ 생화학적 항균 상승효과 발생
④ 보존제 총사용량의 감소
⑤ 피부자극 최소화

021

다음 〈보기〉에서 설명하는 원료는 무엇인지 고르시오.

〈보기〉
수용액에 함유된 금속이온의 작용을 억제하여 세정제의 기포를 안정화 시키고 화장품의 안정성을 높여주기 위해 사용된다. 대표적으로 EDTA를 많이 사용한다.

① 알칼리제
② 금속이온봉쇄제
③ 산화방지제
④ 보존제
⑤ 유화제

022

다음 화장품 내 미생물의 증식으로 일어나는 부패균 발육을 억제, 살균하는 작용을 하는 보존제는 화장품의 변질 방지 목적으로 사용된다. 「화장품 안전기준 등에 관한 규정」은 지정, 고시된 보존제 성분만 사용하도록 규정하고 있다. 다음 설명에 알맞은 보존제는?

(㉠)은(는) 사용상 제한이 필요한 원료 중 보존제로, 사용 후 씻어내는 제품에 사용가능하며 기타 제품에는 사용을 금지하고 있다. (㉠)은(는) 메칠이소치아졸리논과 3:1의 혼합물으로서 씻어내는 제품에 (㉡)%의 사용한도가 있다. 최근 가습기 살균제로서 논란이 있었으며 흡입 시 독성을 유발한다.

✍

023

괄호 안에 공통으로 들어갈 알맞은 보존제의 명칭을 쓰시오.

(㉠)는 보존제로 사용 시 1.0%의 사용한도가 있고, 두발염색용 제품류에 용제로 사용할 경우에는 10%의 사용한도가 있다. (㉠)는 피부에 자극을 가하여 피부를 건조하게 만드는 성분이다. 또한 식품의약품안전처에서 고시한 향료 첨가물 중 알레르기 유발물질로 지정되어 있으며 천연화장품과 유기농화장품에 사용가능한 보존제이다.

✍

024

괄호 안에 들어갈 알맞은 사용한도를 쓰시오.

아이오도프로피닐부틸카바메이트(IPBC)는 보존제로써 사용 후 씻어내는 제품에 배합할 경우 (㉠)%, 사용 후 씻어내지 않는 제품에 배합할 경우 (㉡)%의 사용한도가 있다. 다만, 데오드란트에 배합할 경우에는 (㉢)%의 사용한도가 있다. 아이오도프로피닐부틸카바메이트는 입술에 사용되는 제품, 에어로졸(스프레이에 한함)제품, 바디로션 및 바디크림에는 사용금지이고, 영유아용 제품류 또는 13세 이하 어린이가 사용할 수 있음을 특정하여 표시하는 제품에도 사용금지(목욕용제품, 샤워젤류 및 샴푸류는 제외)이다.

✍

025

다음은 화장품의 원료들에 대한 설명이다. 각 원료와 설명이 잘못된 것은?

① 산화방지제 - 화장품 유지의 산화를 방지하며 천연원료로 토코페롤이 있다.
② 보존제-화장품 품질을 일정하게 유지하기 위해 사용하며 종류로 BHT, BHA 등이 있다.
③ 보습제 - 피부를 부드럽고 촉촉하게 유지시켜주며 보존제의 보조역할도 한다.
④ 금속이온봉쇄제 - 킬레이트제라고도 부르며 종류로는 디소듐이디티에이, 소듐시트레이트가 있다.
⑤ 고분자화합물 - 주로 수용성물질로 미생물에 대한 오염도가 높으며 유화제품에 안정성을 높인다.

026

색소는 화장품이나 피부에 색을 부여하고 자외선 방어목적으로 사용하는 원료이다. 안전성이 확인된 품목만을 사용할 수 있으며 지정, 고시된 색소만을 사용해야 한다. 〈보기〉의 괄호 안에 들어갈 색소의 종류를 쓰시오.

〈보기〉

(㉠)는 화장품에 사용할 수 있는 색소 중 콜타르, 그 중간생성물에서 유래되었거나 유기 합성하여 얻어지는 색소 및 그 레이크, 염, 희석제와의 혼합물을 말한다. (㉠)의 나트륨, 칼륨, 알루미늄, 바륨, 칼슘, 스트론튬 또는 지르코늄염을 기질에 흡착, 공침 또는 단순한 혼합이 아닌 화학적 결합에 의하여 확산시킨 색소를 (㉡)라고 하며, 알루미늄에 결합하여 흡착시킨 색소를 (㉢)라고 한다.

✍

027

다음 설명에서 의미하는 착색안료는 무엇인지 〈보기〉에서 찾아서 적으시오?

( )은 색이 잘 변하지 않아 메이크업 화장품에 많이 사용되는 색소이다. 적색, 황색, 흑색 3가지의 기본색이 있으며, 색을 혼합하여 다양한 색상을 표현한다.

〈보기〉

카올린, 탈크, 산화아연, 레이크, 산화철, 타르색소, 마이카

✍

028

매끄러운 사용감과 흡수력이 좋아 베이비파우더, 투웨이케익 등 메이크업 제품에 많이 사용되며 활석이라고 불리우는 체질안료는?

① 레이크
② 타르색소
③ 탈크
④ 순색소
⑤ 마이카

029

다음 〈보기〉의 나열된 색소 중 사용제한이 있는 색소를 모두 고르시오.

〈보기〉

ㄱ. 녹색 3호	ㄴ. 녹색 202호
ㄷ. 적색 40호	ㄹ. 적색 223호
ㅁ. 등색 401호	ㅂ. 황색 202호
ㅅ. 황색 203호	ㅇ. 청색 205호

① ㄱ, ㄴ, ㄷ
② ㄴ, ㄷ, ㅁ
③ ㄷ, ㄹ, ㅂ
④ ㄹ, ㅁ, ㅅ
⑤ ㅂ, ㅅ, ㅇ

030

다음은 어떤 안료에 대한 설명이다. 설명에 맞는 안료의 종류와 그 성분이 옳게 연결된 것을 고르시오.

> 착색의 목적보다 제품의 제형을 유지하는 베이스로 주로 사용되며 색의 농도를 묽게 하거나 제품의 광택성, 사용성, 퍼짐성, 부착성, 흡수성 등에 사용되는 안료이다.

① 착색안료 - 산화철
② 체질안료 - 마이카, 탤크, 카올린
③ 백색안료 - 티타늄디옥사이드, 징크옥사이드
④ 진주광택안료 - 운모티탄
⑤ 유기안료 - 유색분말의 안료

031

다음은 색소의 분류 중 무기안료에 대한 설명이다. 무기안료에 대한 종류 및 설명으로 틀린 것은?

① 무기안료 대부분은 천연 광물에서 생산된다.
② 빛과 열에 강하며 유기용매에 녹지 않는 안료로 퍼짐성, 부착력이 우수하다.
③ 색상을 부여하며 색조를 조정해주는 역할을 하는 안료이다.
④ 유기합성색소에 비해 선명도가 떨어진다.
⑤ 무기안료 중 착색안료는 황색산화철, 회색산화철, 녹색산화철이 있다.

032

무기안료 중 색조의 착색력, 피복성을 좋게 하고 백색의 제품을 만들거나 자외선으로부터 피부를 보호하는 제품을 만들 때 사용되는 백색안료의 종류 한 가지와 이것을 기능성화장품에 자외선 차단제 성분으로서 배합할 경우 최대 사용할 수 있는 함량을 쓰시오.

✍

033

괄호 안에 공통으로 들어갈 알맞은 말을 쓰시오.

> 색소의 종류는 크게 염료와 안료가 있다. 이 중 하나인 (㉠)은(는) 물, 알코올, 오일 등에 용해되어 색상을 나타내며 착색이 되는 색소로, 틴트를 제외한 색조화장품에는 대부분 사용을 할 수 없다. 청색1호, 청색2호, 황색4호 등과 같은 색소를 (㉠)라고 한다.

✍

034

다음은 화장품이나 피부에 색을 부여하거나 자외선 방어목적으로 사용되는 색소에 대한 설명이다. 색소의 용어 대한 설명으로 옳은 것은?

① 기질은 중간체, 희석제 등을 포함하지 않은 순수한 색소를 말한다.
② 순색소는 색소를 용이하게 사용하기 위하여 혼합되는 성분이다.
③ 색소는 유기합성하여 얻어지며 레이크, 염, 희석제와의 혼합물이다.
④ 레이크는 타르색소를 기질에 흡착, 공침 또는 단순한 혼합이 아닌 화학적 결합에 의하여 확산시킨 색소이다.
⑤ 타르색소는 레이크 제조 시 순색소를 확산시키는 목적으로 사용되는 색소를 말한다.

035

식품의약품안전처고시 「화장품의 색소 종류와 기준 및 시험방법」에 따라 영유아용 제품류 또는 어린이가 사용할 수 있음을 특정하여 표시하는 제품에 사용할 수 없는 색소는?

① 적색 40호
② 적색 102호
③ 적색 401호
④ 적색 204호
⑤ 피그먼트 적색 5호

036

식품의약품안전처고시 「화장품의 색소 종류와 기준 및 시험방법」에 따라 눈 주위 및 입술에 사용할 수 없는 색소가 아닌 것은?

① 녹색 204호
② 등색 401호
③ 자색 401호
④ 적색 205호
⑤ 적색 206호

037

다음 색소 중 눈 주위에 사용할 수 없는 색소가 아닌 것을 모두 고르시오.

① 적색 2호
② 적색 223호
③ 황색 401호
④ 녹색 204호
⑤ 청색 204호

038

다음 색소 중 립스틱의 색소로 사용할 수 있는 색소는?

① 녹색 204호
② 황색 202호의 (2)
③ 적색 205호
④ 황색 203호
⑤ 황색 204호

039

화장품색소 중 황색 201호, 황색 202호의 (1)에 대한 설명으로 옳지 않은 것은?

① 타르 색소이다.
② 모든 화장품에 사용이 가능한 색소이다.
③ 6%의 사용한도가 있다.
④ 해당 색소의 바륨, 스트론튬, 지르코늄레이크는 화장품에 사용할 수 없다.
⑤ 영유아 및 어린이가 사용할 수 있음을 특정하여 표시하는 제품에는 사용할 수 없다.

040

다음 색소에 대한 설명으로 틀린 것은?

① 산화철의 기본 색은 흑색, 황색, 적색이 있다.
② 구리, 금, 은, 알루미늄 등은 화장품의 색소로 사용 할 수 있다.
③ 염기성갈색 16호와 산성적색 52호는 염모용 화장품에만 사용이 가능하다.
④ 등색 401호는 점막에 사용할 수 없다.
⑤ 녹색 3호는 눈 주위에 사용할 수 없다.

041

화장품에 사용되는 색소의 사용 기준에 따라 화장비누에만 사용이 가능하고 그 외의 화장품에는 사용이 불가능한 색소 3가지를 모두 쓰시오.

✍

042

다음 중 백색안료인 티타늄디옥사이드에 대한 설명으로 옳지 않은 것은?

① 백색분말로 백색제로 사용되며 이산화타이타늄이라고도 한다.
② 자외선을 산란시키는 자외선 차단성분으로 기능성화장품 심사시 자료제출이 생략되는 고시된 최대 사용함량은 25%이다.
③ 제조 방법에 따라 아나타제, 루타일이 있다.
④ 3.7g/㎤ 정도 밀도가 낮아 부피가 큰 원료이다.
⑤ 자연에서 채취한 TiO2는 불순물이 있어 계면활성제로 정제되어 사용되며, 자외선을 흡수시키는 화학적 작용을 하는 유기물질로 분류된다.

043

눈 화장용 제품류 및 색조 화장용 제품류의 종류와 그 기능에 대해 옳게 설명하면서 해당 제품 제조 시 사용되는 색소를 바르게 사용한 것은?

① 아이라이너는 눈의 윤곽을 강조하여 크고 또렷함을 살릴 수 있는 제품으로 색소 녹색 204호를 사용하였다.

② 아이섀도는 눈매에 음영 및 입체감을 부여하는 제품으로 등색 205호를 사용하였다.

③ 마스카라는 눈썹을 풍성하게 하여 눈매를 돋보이게 하는 제품으로 황색 203호를 사용하였다.

④ 립스틱은 입술에 색을 입혀 얼굴에 생기 부여하는 제품으로 적색 205호를 사용하였다.

⑤ 립글로스는 입술에 색을 부여하며 촉촉함을 부여하는 제품으로 적색 202호를 사용하였다.

044

다음은 식품의약품안전처고시 「천연화장품 및 유기농화장품의 기준에 관한 규정」 제2조에 따른 유기농 유래 원료 및 유기농 원료에 대한 설명이다. 관련 설명으로 옳지 않은 것은?

① 유기농 원료를 고시에서 허용하는 화학적 공정에 따라 가공한 원료는 유기농 유래 원료로 본다.

② 유기농 원료를 고시에서 허용하는 생물학적 공정에 따라 가공한 원료는 유기농 유래 원료로 본다.

③ 「친환경농어법 육성 및 유기식품 등의 관리·지원에 관한 법률」에 따른 유기농 수산물 또는 이를 고시에서 허용하는 물리적 공정에 따라 가공한 것은 유기농 원료에 포함된다.

④ 세계유기농업운동연맹에 등록된 인증기관으로부터 유기농 원료로 인증받거나 이를 고시에서 허용하는 물리적 공정에 따라 가공한 것은 유기농 원료에 포함된다.

⑤ 외국 정부(미국, 일본, 유럽연합 등)에서 정한 기준에 따른 인증기관으로부터 유기농수산물로 인정받거나 이를 고시에 허용하는 화학적 공정에 따라 가공한 것은 유기농 원료에 포함된다.

045

〈보기〉는 식품의약품안전처고시 「천연화장품 및 유기농화장품의 기준에 관한 규정」 제2조의 본문 중 일부이다. 괄호 안에 들어갈 말을 순서대로 작성하시오.

〈보기〉

(㉠)은(는) 지질학적 작용에 의해 자연적으로 생성된 물질을 가지고 이 고시에서 허용하는 물리적 공정에 따라 가공한 화장품 원료를 말한다. 다만, 화석연료로부터 기원한 물질은 제외된다. (㉡)(이)란 (㉠)를 가지고 이 고시에서 허용하는 화학적 공정 또는 생물학적 공정에 따라 가공한 원료를 말한다.

✍

046

다음 빈칸에 들어갈 알맞은 유성원료를 적으시오.

화장품에 사용되는 유성원료는 식물성오일, 동물성오일, ( )오일이 있다. ( )오일은 석유 원유를 분별증류하여 얻은 포화탄화수소의 비극성화합물이다. 변질이 잘 되지 않고 무색무취로 유화가 잘 되어 유성원료로 많이 사용되지만 유성감이 강하여 피부의 호흡을 막고 폐색막을 형성하므로 주로 식물성오일이나 다른오일과 혼합하여 사용된다. 이러한 오일에는 미네랄오일과 페트롤라툼 등이 있다.

✍

047

다음 중 설명하는 화장품 원료는 합성오일 중 무엇을 의미하는지 적으시오.

규소와 산소의 결합인 실록산 결합을 가지는 합성오일이다. 무색투명하고 냄새가 없으며 표면장력이 낮아 퍼짐성이 우수하고 가벼운 오일이다. 피부 유연성 및 사용감을 향상시키고 소포기능이 우수하여 기초화장품의 유성원료로 많이 사용된다. 색조 화장품 및 모발제품의 사용성을 높여주는 필수원료로 사이클로메치콘, 페닐트리메치콘, 메틸페닐폴리실록산 등이 있다.

✍

048

식품의약품안전처고시 「천연화장품 및 유기농화장품의 기준에 관한 규정」 제3조에 따른 천연화장품 및 유기농 화장품에 대한 설명이다. 괄호 안에 들어갈 알맞은 숫자를 쓰시오.

천연화장품 및 유기농화장품에는 합성 원료를 사용할 수 없다. 다만, 천연화장품 또는 유기농화장품의 품질 또는 안전을 위해 필요하나 따로 자연에서 대체하기 곤란한 허용 기타원료 및 허용 합성원료는 (㉠)% 이내에서 사용할 수 있다. 이 경우에도 석유화학 부분은 (㉡)%를 초과할 수 없다.

✍

049

식품의약품안전처고시 「천연화장품 및 유기농화장품의 기준에 관한 규정」에 따라 천연화장품 및 유기농화장품에 사용할 수 없는 원료를 모두 고르시오.

ㄱ. 에스텔화된 천연원료
ㄴ. 니트로스아민류 배합원료
ㄷ. 이온교환된 천연원료
ㄹ. 오존분해한 천연원료
ㅁ. GMO 콩으로 만든 오일
ㅂ. 방향족 탄화수소류 배합원료
ㅅ. 수은화합물로 처리한 원료

050

식품의약품안전처고시 「천연화장품 및 유기농화장품의 기준에 관한 규정」에 따라 유기농화장품 및 천연화장품을 생산하는 제조시설에서 사용하는 세척제에 사용가능한 원료가 아닌 것을 모두 고르시오.

ㄱ. 과산화수소	ㄴ. 포타슘하이드록사이드
ㄷ. 석회장석유	ㄹ. 계면활성제
ㅁ. 염산	ㅂ. 소듐카보네이트
ㅅ. 프로필렌옥사이드	ㅇ. 무기산과 알칼리

051

다음은 「천연화장품 및 유기농화장품의 기준에 관한 규정」에 따른 천연화장품 및 유기농화장품에 관한 설명으로 옳지 않은 것은?

① 천연화장품과 유기농화장품의 용기와 포장에 폴리염화비닐, 폴리스티렌폼을 사용할 수 없다.
② 책임판매업자는 천연 및 유기농화장품에 사용된 원료의 적합성을 입증하는 자료는 제조일로부터 3년간 또는 사용기한 경과 후 1년 중 긴 기간 동안 보존해야 한다.
③ 물, 미네랄 또는 미네랄유래 원료는 유기농 함량 비율 계산에 포함하지 않는다. 물은 유기농 제품에 직접 함유 또는 혼합원료의 구성요소일 수 없다.
④ 유기농 원물만 사용하여 추출한 경우 해당 원료의 유기농 함량 비율은 100%로 계산한다.
⑤ 용매는 최종 추출물에 존재하는 양으로 계산하며 물은 용매로 계산하지 않고, 동일한 식물의 유기농과 비유기농이 혼합되어 있는 경우 이 혼합물은 유기농으로 간주하지 않는다.

052

건조한 유기농 살구 20g과 용매제로 물 1kg을 이용하여 추출물 700g을 얻었다. 유기농 함량 비율은?

① 14%
② 25%
③ 30%
④ 34%
⑤ 72%

053

건조한 유기농 감초뿌리 50g과 용매제로 물 300g, 유기농 부틸렌글라이콜 700g을 이용하여 추출물 850g을 얻었다. 유기농 함량 비율은?(소수점 이하 버림)

① 75%

② 30%

③ 70%

④ 85%

⑤ 96%

054

건조한 유기농 오렌지 50g과 용매제로 호호바오일 100g, 유기농 해바라기씨오일 750g을 이용하여 추출물 650g을 얻었다. 유기농 함량 비율은?(소수점 이하 버림)

① 50%

② 75%

③ 80%

④ 88%

⑤ 92%

055

다음은 「화장품법」 제14조의4제1항, 「화장품법 시행규칙」 제23조의2제5항에 따른 천연화장품 및 유기농화장품의 인증표시이다. 괄호 안에 들어갈 알맞은 용어를 순서대로 쓰시오.

> 유기농화장품 및 천연화장품의 인증과 유사한 인증표시 또는 불법표시한 자는 (㉠) 이하의 징역 또는 (㉡) 이하의 벌금형에 처해지며, 인증의 유효기간인 (㉢)을 경과한 화장품에 대하여 인증표시를 한 자는 (㉣) 이하의 벌금형에 처해지므로 반드시 인증의 유효기간이 만료되기 (㉤)일 전에 연장 신청을 하여야 한다.

✍

056

다음은 화장품의 제형에 관한 설명이다. 괄호 안에 알맞은 내용을 작성하시오.

> 화장품은 성분의 배합에 따라 다양한 제형이 가능하다. 화장품의 제형 중 (㉠)는 유화제 등을 넣어 유성성분과 수성성분을 균질화하여 점액상으로 만든 것이며, (㉡)는 다양한 화장품의 제형을 부직포 등의 지지체에 침적하여 만든 것이다. (㉢)는 액체를 침투시킨 분자량이 큰 유기분자로 이루어진 반고형상이다.

✍

057

다음 화장품의 제형과 그 내용에 대한 설명이다. 괄호 안에 들어갈 알맞은 말을 순서대로 작성하시오.

> 화장품의 제형 중 (㉠)제는 원액을 같은 용기 또는 다른 용기에 충전한 분사제의 압력을 이용하여 안개모양, 포말상 등으로 분출하도록 만든 것이다. 고압가스를 사용하는 (㉠) 제품을 사용 시 같은 부위에 연속해서 (㉡)초 이상 분사하지 말아야 하며 자외선 차단제의 경우 얼굴에 직접 분사하지 말고 손에 덜어서 사용해야 한다. 사용 후 남은 가스가 없도록 해야 하며 불속에 버리지 말아야 한다. 섭씨 40도 이상의 장소 또는 (㉢)에서 보관하지 않아야 한다.

✍

058

포장재란 화장품의 포장에 사용되는 모든 재료를 말하며 운송을 위해 사용되는 외부 포장재는 제외한다. 화장품의 포장용기 종류 중 (㉠)용기는 광선의 투과를 방지하는 용기 또는 투과를 방지하는 포장을 한 용기이며 (㉡)용기는 액상 또는 고형의 이물 또는 수분이 침입하지 않고 내용물을 손실, 풍화, 조해 또는 증발로부터 보호할 수 있는 용기이다.

✍

059

다음은 화장품 사용할 때의 주의사항 및 알레르기 유발 성분 표시 등에 관한 규정이다. 내용 중 틀린 것은?

① 적은 용량의 화장품일지라도 표시 면적이 충분할 경우에는 해당 알레르기 유발 성분을 표시해야 한다.
② 책임판매업자 홈페이지, 온라인 판매처 사이트에서도 전성분 표시사항에 향료 중 알레르기 유발성분을 표시해야 한다.
③ 착향제는 "향료"로 표기가 가능하나 착향제 구성 성분 중 식품의약품안전처장이 고시한 알레르기 유발 성분의 경우 "향료"로 표시할 수 없고 해당 성분의 명칭을 기재하여야 한다.
④ 사용 후 씻어내는 제품에는 0.01% 초과, 사용 후 씻어내지 않는 제품에는 0.001% 초과 함유하는 경우에만 알레르기 유발성분을 표시한다.
⑤ 내용량이 50mL(g) 초과인 화장품은 표시·기재의 면적이 부족할 경우 생략 가능하다. 단, 홈페이지 등에서 확인할 수 있도록 해야 한다.

060

다음의 알맞은 내용을 순서대로 작성하시오.

「화장품법」 제4조(기능성화장품의 심사 등) 및 「화장품법 시행규칙」 제9조제1항에 따라 기능성화장품 심사를 받기 위한 자료제출을 위해 시행되는 화장품의 시험 또는 저장할 때의 온도의 구체적인 수치를 기재하고 있다. 화장품의 시험 또는 저장 시 표준온도는 (㉠)℃, (㉡)은(는) 1~30℃을 뜻하며 미온탕은 30~40℃, 열탕은 약 (㉢)℃의 물을 말한다.

✍

061

다음은 「화장품법」 제4조(기능성화장품의 심사 등) 제1항 및 「화장품법 시행규칙」 제9조제1항에 따라 기능성화장품 심사를 받기 위한 자료에는 화장품의 pH범위를 표기해야 한다. 괄호 안에 알맞은 내용을 순서대로 작성하시오.

액성을 미산성, 약산성, 강산성, 미알칼리성, 약알칼리성, 강알칼리성 등으로 기재한 것은 산성 또는 알칼리성의 정도의 개략을 뜻한다. 미산성의 pH 범위는 약 (㉠)~(㉡)이며 (㉢)의 pH 범위는 약 9~11이다.

✍

062

다음은 화장품 제형의 정의에 대한 설명이다. 괄호 안에 들어갈 알맞은 내용을 순서대로 작성하시오.

- (㉠)란 화장품에 사용되는 성분을 용제 등에 녹여서 액상으로 만든 것을 말한다.
- 로션제란 유화제 등을 넣어 유성성분과 수성성분을 (㉡)하여 점액상으로 만든 것을 말한다.
- 크림제란 유화제 등을 넣어 유성성분과 수성성분을 균질화하여 (㉢)으로 만든 것을 말한다.

✍

063

맞춤형화장품판매업자는 맞춤형화장품의 내용물 및 원료의 입고 시 품질관리 여부를 확인하고 책임판매업자가 제공하는 품질성적서를 구비해야 한다. 품질성적서에 대한 설명으로 옳지 않은 것은?

① MSDS는 물질안전보건자료로 화학제품의 안전한 사용을 위한 설명서이다.
② 원료의 품질성적서는 COA를 의미하고 MSDS가 해당되며 GHS는 포함되지 않는다.
③ MSDS에 표기된 환경에 미치는 영향, 유해성, 위험성, 폭발성 등을 그림문자, 신호어로 원료 및 반제품에 표시해야 한다.
④ MSDS는 각각의 원료에 대한 화학물질의 유해위험성, 응급조치 요령, 취급 방법 등을 설명해주는 자료이다.
⑤ 제품시험성적서에는 원자재 공급자가 정한 제품명, 원자재 공급자명, 수령일자, 제조번호, 주의사항을 표시한다.
⑥ MSDS에 응급사항 시 대응방법이 기재되어 있다.

064

다음은 화장품 원료에 대한 품질검사성적서에 대한 설명이다. 괄호 안에 알맞은 내용을 작성하시오.

> • (㉠)는 화학 물질 분류, 표시에 대한 국제적으로 통일된 분류 기준으로 표기되며 화학 물질의 분류 기준에 따라 유해 위험성을 분류하고 통일된 형태의 경고 표지 및 MSDS로 정보를 전달하는 방법을 말한다. 화학물질의 중복시험 및 평가를 방지하고 국제교역의 편리를 도모하며 경고표지의 방식 차이로 인한 안전과 건강의 위험을 방지하기 위한 자료이다.
> • (㉡)는 원료 규격에 따른 시험 결과를 기록한 것으로 성상, 색상, 냄새, pH, 중금속, 미생물 등 품질에 관련된 시험 항목과 그 시험방법이 기재되어 있으며 보관 조건, 유통기한, 포장 단위, INCI명 등의 정보가 함께 기재되거나 또는 별도의 라벨로 제공된다.

✍

065

「화장품법 시행규칙」[별표 3] 화장품 사용할 때의 주의사항(제19조제3항 관련)에 따른 화장품 사용할 때의 주의사항으로서 공통사항에 해당하는 것이 아닌 것은?

① 상처가 있는 부위 등에는 사용을 자제할 것
② 정해진 용법과 용량을 준수할 것
③ 어린이의 손이 닿지 않는 곳에 보관할 것
④ 화장품 사용 시 또는 사용 후 직사광선에 의하여 사용부위가 붉은 반점, 부어오름 또는 가려움증 등의 이상 증상이나 부작용이 있는 경우 전문의 등과 상담할 것
⑤ 직사광선을 피해서 보관할 것

066

「화장품법 시행규칙」[별표 3]에 따라 화장품의 포장에 표시하여야 하는 사용할 때의 주의사항으로 옳은 것은?

① 팩 : 눈에 들어갔을 때에는 즉시 씻어낼 것
② 체취방지용 제품 : 3세 이하의 영·유아에게는 사용하지 말 것
③ 헤어퍼머넌트웨이브 제품 : 밀폐된 실내에서 사용할 때에는 반드시 환기할 것
④ 외음부 세정제 : 정해진 용법과 용량을 잘 지켜 사용할 것
⑤ 두발염색용 제품 : 눈, 코, 입 등에 닿지 않도록 주의하여 사용할 것

067

「화장품 안전 기준 등에 관한 규정」[별표1]은 화장품 제조에 사용할 수 없는 원료를 고시하고 있다. 다음 중 화장품에 사용할 수 있는 원료로 짝지어진 것은?

① 벤조페논-3, 니트로메탄
② 히드로퀴논, 글리사이클아미드
③ 엠디엠하이단토인, 클로로펜
④ 천수국꽃 추출물 또는 오일, 무기 나이트라이트
⑤ 목향뿌리오일, 디클로로펜

068

식품의약품안전처고시 「화장품 안전 기준 등에 관한 규정」[별표2]는 사용상의 제한이 필요한 원료를 고시하고 있다. 다음의 성분과 그 사용한도의 연결로 옳지 않은 것은?

① 메칠이소치아졸리논 : 사용 후 씻어내는 제품 0.0015%
② 벤조익애씨드, 그 염류 및 에스텔류 : 산으로서 0.5%
③ 쿼터늄-15 : 2%
④ 트리클로카반 : 0.2%
⑤ 이미다졸리디닐우레아 : 0.6%

069

식품의약품안전처고시 「화장품 안전 기준 등에 관한 규정」[별표2]는 사용상의 제한이 필요한 원료를 고시하고 있다. 다음의 성분과 그 사용 한도의 연결로 옳지 않은 것은?

	원료명	사용한도
①	테트라브로모- -크레졸	0.3%
②	클로로자이레놀	0.5%
③	소듐라우로일사코시네이트	0.2%
④	에칠라우로일알지네이트 하이드로클로라이드	0.4%
⑤	p-클로로-m-크레졸	0.04%

070

식품의약품안전처고시 「화장품 안전 기준 등에 관한 규정」[별표2]는 사용상의 제한이 필요한 원료를 고시하고 있다. 다음의 성분과 그 사용한도의 연결로 옳지 않은 것은?

① 원료명 : 소합향나무 발삼오일 및 추출물
사용한도 : 0.6%
② 원료명 : 페릴알데하이드
사용한도 : 0.01%
③ 원료명 : 알에이치 올리고펩타이드-1(상피세포성장인자)
사용한도 : 0.001%
④ 원료명 : 암모니아
사용한도 : 6%
⑤ 원료명 : 리튬하이드록사이드
사용한도 :
- 헤어스트레이트너 제품에 4.5%
- 제모제에서 pH조정 목적으로 사용되는 경우 최종 제품의 pH는 12.7 이하

071

다음 〈보기〉는 어느 크림 제품의 전성분이다. 사용상의 제한이 필요한 원료를 최대 사용한도를 사용하여 제조하였다. 전성분 표시를 통해 추측할 수 있는 인삼추출물의 함량의 범위는 얼마인가?

〈보기〉

정제수, 마카다미아넛오일, 페닐트라이메티콘, 사이클로헥사실록세인, 세틸알코올, 베헤닐알코올, 비타민E, 글리세린, 카프릴릭/카프릭트라이글리세라이드, 트레할로오스, 판테놀, 인삼추출물, 소듐하이알루로네이트, 포타슘소르베이트, 다이소듐이디티에이, 1,2-헥산다이올

① 0.01%~0.5%
② 0.02%~0.1%
③ 0.6%~20%
④ 0.2%~1%
⑤ 0.5%~2%

072

식품의약품안전처고시 「화장품 안전 기준 등에 관한 규정」 [별표 1]은 사용할 수 없는 원료를 고시하고 있다. 다음 중 화장품에 배합할 수 없는 원료가 아닌 것은?

① 프로피오닉애씨드
② 메칠렌글라이콜
③ 벤조일퍼옥사이드
④ 페닐살리실레이트
⑤ 붕산

073

다음은 「화장품 안전 기준 등에 관한 규정」에서 고시하고 있는 사용상의 제한이 필요한 원료인 살리실릭애씨드에 대한 설명으로 옳지 않은 것은?

① 영유아용 제품류 또는 13세 이하 어린이가 사용할 수 있음을 특정하여 표시한 샴푸에는 살리실릭애씨드를 사용할 수 없다.
② 인체세정용 제품류에 살리실릭애씨드로서 2%까지 사용 가능하다.
③ 보존제로 사용 시 살리실릭애씨드 및 그 염류는 0.5%까지 사용 가능하다.
④ 기타성분으로 살리실릭애씨드 및 그 염류로 두발용 제품류에는 3%까지 사용 가능하다.
⑤ 기능성화장품의 유효성분으로 사용하는 경우에 한하며 기타 제품에는 사용금지한다.

074

다음은 「화장품 안전 기준 등에 관한 규정」에서 고시하고 있는 사용상의 제한이 필요한 원료인 과산화수소의 사용한도를 쓰시오.

두발용 제품류에 과산화수소로서 (㉠), 손톱경화용 제품에 과산화수소로서 (㉡) 의 사용한도가 있다.

✍

075

다음 중 원료의 사용법에 대한 설명으로 옳은 것을 고르시오.

① 셀룰라이트 관리를 위한 바디오일에 건강틴크와 고추틴크를 각각 1% 사용하였다.
② 크림에 땅콩단백질 0.6ppm의 땅콩오일을 사용하였다.
③ 만수국꽃 오일을 태닝 제품에 0.01% 사용하였다.
④ 향료원액을 10% 함유한 향수는 머스크자일렌 성분 0.4% 사용한도가 있다.
⑤ 비타민E(토코페롤)은 20%, 우레아는 10%, 암모니아 6%의 사용한도가 있다.

076

맞춤형화장품조제관리사 은진씨는 만수국아재비꽃 추출물 또는 오일을 사용하여 화장품을 조제하려고 한다. 각 제품에 맞는 사용한도를 순서대로 작성하시오.

ㄱ. 폼 클렌저	ㄴ. 로션
ㄷ. 에센스	ㄹ. 바디 클렌저

077

식품의약품안전처고시 「화장품 안전기준 등에 관한 규정」은 화장품의 제조 등에 사용할 수 없는 원료 및 사용상의 제한이 필요한 원료와 그 사용기준을 정하고 있다. 다음은 사용상의 제한이 필요한 화장품 원료에 대한 설명이다. 관련 내용으로 옳지 않은 것은?

① 메칠이소치아졸리논은 사용 후 씻어내는 제품에 0.0015%까지 사용 가능하다.
② 메칠클로로이소치아졸리논과 메칠이소치아졸리논 혼합물은 사용 후 씻어내는 제품의 보존제로서 메칠이소치아졸리논과 병행 사용이 가능하다.
③ 벤질알코올은 유기농화장품에 보존제로 1.0%까지 사용 가능하다.
④ 징크피리치온은 고시된 기능성 성분이며, 보존제로 사용 시 사용 후 씻어내는 제품에 0.5%, 기타성분으로 사용 시 비듬 및 가려움을 덜어주는 샴푸에 총 징크피리치온으로서 1.0%의 한도로 배합가능하다.
⑤ 트리클로산은 외음부세정제에 보존제로 0.3%까지 사용가능하며 항균 기능성성분으로 사용 후 씻어내는 제품류에만 0.3%까지 사용 가능하다.

078

염이란 산과 염기가 결합된 것을 말한다. 산과 칼슘, 나트륨, 마그네슘 등 염기가 결합된 것이며 수없이 많은 그 결합물들을 통틀어 염류라고 한다. 염류의 예로 소듐, 포타슘, 칼슘, 마그네슘, 암모늄, 에탄올아민은 (㉠)이라 하고, 클로라이드, 브로마이드, 설페이트, 아세테이트 등은 (㉡)이라고 한다.

✍

079

카르복시산이나 알코올이 천연적으로 존재하는 경우 자주 에스테르로 되어 존재한다. 비교적 저위의 지방산 또는 방향족 카르복시산과 저위의 알코올의 에스테르는 일반적으로 방향이 있으며 천연 식물 정유 중에 포함되어 있는 것이 있다. 에스텔류를 2가지 이상 작성하시오.

✍

080

다음은 기능성화장품의 고시성분으로 피부를 곱게 태워주거나 자외선으로부터 피부를 보호하는데 도움을 주는 기능성 성분이다. 각 성분의 사용할 수 있는 최대함량을 순서대로 작성하시오.

- 드로메트리졸트리실록산 : (㉠)%
- 호모살레이트 : (㉡)%
- 벤조페논-8 : (㉢)%
- 벤조페논-3 : (㉣)%
- 에칠헥실메톡시신나메이트 : (㉤)%

✍

081

기능성화장품 고시 성분 중 피부 미백에 도움을 주는 제품의 성분에 대한 내용이다. 아래 빈 괄호 안에 알맞은 내용을 작성하시오.

> 피부 미백에 도움을 주는 성분으로 유용성 감초추출물, 알파-비사보롤, 닥나무 추출물, 알부틴은 (㉠)의 활성을 억제하며 나이아신아마이드는 (㉡)이 각질형성세포로 이동하는 것을 억제하는 기능이 있다.

✍

082

맞춤형화장품조제관리사 지윤과 매장에 방문한 고객은 다음과 같은 대화를 나누었다. 지윤이 고객에게 추천할 제품으로 옳은 것은?

고객 : 최근에 화장품을 바꿨는데 화장품 탓인지 날씨가 건조해서 그런지 피부상태가 엉망이에요.
지윤 : 피부상태가 육안으로 봤을 때 건조하고 뾰루지가 생긴 상태이네요. 피부상태를 측정해드릴까요?
고객 : 네. 측정해보고 싶네요.
지윤 : 피부 설문지 작성해주시면 피부 측정을 해드리겠습니다. (피부 측정 후) 현재 색소침착이 높은 편이고 피부 탄력도도 떨어져 있는 상태이네요. 고객님 피부상태에 맞는 제품 추천해 드릴까요?
고객 : 네, 걱정했던 대로네요. ㉠ 수용성 기능성 원료를 사용한 미백 제품과 ㉡ 지용성 기능성원료를 사용한 주름개선 제품으로 혼합해서 만들어주세요.
지윤 : 네, 알겠습니다.

〈보기〉

ㄱ. 레티닐팔미테이트 함유 제품
ㄴ. 유용성감초추출물 함유 제품
ㄷ. 아데노신 함유 제품
ㄹ. 징크옥사이드 함유 제품
ㅁ. 나이아신아마이드 함유 제품
ㅂ. 알파-비사보롤 함유 제품

① ㉠ : 레티닐팔미테이트
　㉡ : 유용성감초추출물
② ㉠ : 아스코빌테트라이소팔미테이트
　㉡ : 레티닐팔미테이트
③ ㉠ : 아데노신
　㉡ : 나이아신아마이드
④ ㉠ : 알부틴
　㉡ : 알파-비사보롤
⑤ ㉠ : 아스코빌글루코사이드
　㉡ : 레티놀

083

「화장품 안전 기준에 관한 규정」에 따라 사용상의 제한이 필요한 원료인 치오글라이콜릭애씨드, 그 염류 및 에스텔류에 대한 사용 설명으로 옳지 않은 것은?

① 헤어퍼머넌트웨이브용 및 헤어스트레이트너 제품에 치오글라이콜릭애씨드로서 11%의 사용한도가 있다.
② 가온 2욕식 헤어스트레이트너 제품의 경우에는 치오글라이콜릭애씨드로서 5%, 치오글라이콜릭애씨드 및 그 염류를 주성분으로 하고 제1제 사용 시 조제하는 발열 2욕식 헤어퍼머넌트웨이브용 제품의 경우 치오글라이콜릭애씨드로서 19%의 사용한도가 있다.
③ 제모용 제품에 치오글라이콜릭애씨드로서 5%의 사용한도가 있으며 치오글라이콜릭애씨드 80%를 3~4.5% 배합한 경우에는 기능성화장품 보고 시 안전성, 유효성 또는 기능을 입증하는 자료 제출이 생략된다.
④ 염모제에 치오글라이콜릭애씨드로서 1%의 사용한도가 있다.
⑤ 사용 후 씻어내는 두발용 제품류에 1%의 사용한도가 있다.

084

다음은 「화장품 안전기준 등에 관한 규정」 [별표 4] (인체 세포·조직 배양액 안전기준)에 관한 용어에 대한 정의이다. 제시된 정의 중 옳지 않은 것은?

① "인체 세포·조직 배양액"은 인체에서 유래된 세포 또는 조직을 배양한 세포와 조직을 말한다.

② "공여자"란 배양액에 사용되는 세포 또는 조직을 제공하는 사람을 말한다.

③ "공여자 적격성검사"란 공여자에 대하여 문진, 검사 등에 의한 진단을 실시하여 해당 공여자가 세포배양액에 사용되는 세포 또는 조직을 제공하는 것에 대해 적격성이 있는지를 판정하는 것을 말한다.

④ "윈도우 피리어드(window period)"란 감염 초기에 세균, 진균, 바이러스 및 그 항원·항체·유전자 등을 검출할 수 없는 기간을 말한다.

⑤ "청정등급"이란 부유입자 및 미생물이 유입되거나 잔류하는 것을 통제하여 일정 수준 이하로 유지되도록 관리하는 구역의 관리수준을 정한 등급을 말한다.

085

「화장품 안전기준 등에 관한 규정」 [별표 4] (인체 세포·조직 배양액 안전기준)에 따라 옳지 않은 것을 〈보기〉에서 모두 고르시오.

〈보기〉

ㄱ. 누구든지 세포나 조직을 주고받으면서 금전 또는 재산상의 이익을 취할 수 없다.

ㄴ. 특정인의 세포 또는 조직을 사용하였다는 내용의 광고를 할 수 있다.

ㄷ. 인체 세포·조직 배양액을 제조하는데 필요한 세포·조직은 채취 혹은 보존에 필요한 위생상의 관리가 가능한 의료기관에서 채취된 것만을 사용한다.

ㄹ. 세포·조직을 채취하는 의료기관 및 인체 세포·조직 배양액을 제조하는 자는 업무수행에 필요한 문서화된 절차를 수립하고 유지하여야 하며 그에 따른 기록을 보존하여야 한다.

ㅁ. 화장품 제조업자는 세포·조직의 채취, 검사, 배양액 제조 등을 실시한 기관에 대하여 안전하고 품질이 균일한 인체 세포·조직 배양액이 제조될 수 있도록 관리·감독을 철저히 하여야 한다.

✍

086

다음에서 설명하는 원료는 무엇인가?

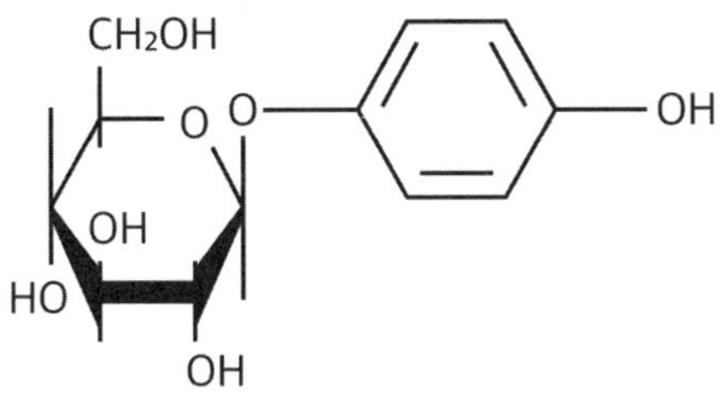

화학구조:$C_{12}H_{16}O_7$
CAS No.497-76-7
월귤나무에서 추출한 백색~미황색분말의 수용성 원료로 히드로퀴논에 글리커실기를 반응시켜 얻은 물질이다. 티로시나아제를 억제하여 멜라닌의 형성을 억제하는 미백 기능성 성분이지만 다시 히드로퀴논으로 변형되는 안정성의 논란이 많은 성분이다. 기준 및 시험방법 고시에서 히드로퀴논 1ppm 이하 검출을 허용하고 있다. 히드로퀴논은 의약품 성분으로 화장품에는 사용할 수 없는 원료이다.

087

「화장품 안전기준 등에 관한 규정」[별표 4] (인체 세포·조직 배양액 안전기준)에 따라 배양액 제조에 사용하는 세포·조직에 대한 품질 및 안전성 확보를 위해 필요한 정보를 확인할 수 있도록 '인체 세포·조직 배양액'의 기록서에 포함되어야 할 사항이 아닌 것을 고르시오.

① 채취한 기관명칭
② 채취 연월일
③ 배지의 조성
④ 세포 또는 조직의 처리 취급 과정
⑤ 공여자 식별 번호

088

「화장품 안전기준 등에 관한 규정」[별표 4] (인체 세포·조직 배양액 안전기준)에 따른 배양시설 및 환경의 관리규정으로 옳은 것을 고르시오.

① 온도 범위 : 15.8 ~ 18.7℃
② 습도 범위 : 35 ± 20 %
③ 압력 : 30 Pa
④ 시간 당 환기횟수 : 20 ~ 30
⑤ 인체 세포 조직 배양액을 제조하는 배양시설은 청정등급 1A 이상의 구역에 설치하여야 한다.

089

맞춤형화장품조제관리사가 수렴화장수 250g을 만들었다. 여기에 향료를 0.2% 배합하였다. 다음은 그 향료의 조성목록이다. 향료로 표기하지 않고 따로 알레르기 유발물질로서 기재해야 하는 것을 모두 고른 것은?

- 파네솔 - 10%
- 아니스알코올 - 5%
- 시트랄 - 0.1%
- 유제놀 - 0.5%
- 아밀신남알 - 0.2%

① 파네솔
② 파네솔, 아니스알코올
③ 파네솔, 아니스알코올, 유제놀
④ 파네솔, 아니스알코올, 유제놀, 아밀신남알
⑤ 파네솔, 아니스알코올, 유제놀, 아밀신남알, 시트랄

090

식품의약품안전처고시 「화장품 사용할 때의 주의사항 및 알레르기 유발성분 표시에 관한 규정」에 따른 착향제의 알레르기 유발성분에 대한 설명으로 옳지 않은 것은?

① 사용 후 씻어내는 제품(샴푸, 린스, 바디 클렌저 등)에는 0.01% 초과, 사용 후 씻어내지 않는 제품(토너, 로션, 크림 등)에는 0.001% 초과 함유하는 경우에 알레르기 성분명을 전성분명에 표시해야 한다.
② 향료 뒤에 알레르기 유발 성분명을 표기하거나 또는 전성분 표시 방법과 동일한 성분 함량순으로 표기 한다.
③ 내용량 10mL(g) 초과 50mL(g) 이하인 소용량 화장품(속눈썹용 퍼머넌트웨이브 제품, 외음부 세정제 제외)의 경우 착향제 구성 성분 중 알레르기 유발성분의 표시는 생략이 가능하나 해당 정보는 홈페이지 등에서 확인할 수 있도록 해야 한다.
④ 벤질살리실레이트, 아니스알코올, 알파-아이소메틸아이오논, 머스크케톤은 알레르기 유발성분이다.
⑤ 식물의 꽃·잎·줄기 등에서 추출한 에센셜오일이나 추출물이 착향의 목적으로 사용되었거나 또는 해당 성분이 착향제의 특성이 있는 경우에는 알레르기 유발성분을 표시·기재하여야 한다.

091

화장품 제조시 「화장품 사용할 때의 주의사항 및 알레르기 유발성분 표시에 관한 규정」에 따라 해당 성분을 표시해야 한다. 다음 〈보기〉는 아로마 에센셜 오일의 향료 성분이다. 알레르기 유발 성분을 모두 고르시오.

〈보기〉

ㄱ. 시트릭애씨드
ㄴ. 벤질알코올
ㄷ. 아이소프로필알코올
ㄹ. 하이드록시시트로넬알
ㅁ 벤질살리실레이트
ㅂ. 벤조익애씨드

✍

092

다음은 「화장품법」 제4조 및 같은 법 「시행규칙」 제9조에 따라 기능성화장품을 심사받기 위한 제출 자료의 범위, 요건, 작성요령, 제출이 면제되는 범위 및 심사기준 등에 관한 세부 사항을 정함으로써 기능성화장품의 심사업무에 적정을 기함을 목적으로 하는 「기능성화장품 심사에 관한 규정」이다. 이에 따른 기능성화장품의 심사에 관한 설명으로 틀린 것은?

① 인체첩포시험 및 인체누적첩포시험은 국내·외 대학 또는 전문 연구기관에서 실시하여야 하며, 관련분야 전문의사, 연구소 또는 병원 기타 관련 기관에서 3년 이상 해당 시험 경력을 가진 자의 지도 및 감독하에 수행·평가되어야 한다.

② 인체 적용시험 자료는 사람에게 적용 시 효능·효과 등 기능을 입증할 수 있는 자료로서, 관련분야 전문의사, 연구소 또는 병원 기타 관련기관에서 5년 이상 해당 시험경력을 가진 자의 지도 및 감독 하에 수행·평가되고, 국내외 대학, 전문 연구기관에서 시험한 것, 개발국 정부가 승인한 것, 식약처장이 지정한 임상시험실시기관에서 또는 외국의 임상시험실시기관에서 수행 평가된 자료에 해당해야 한다.

③ 「기능성화장품 기준 및 시험방법」에 고시된 경우 "안전성에 관한자료"의 제출을 면제한다. 다만, 유효성 또는 기능 입증자료 중 인체적용시험자료에서 피부이상반응 발생 등 안전성 문제가 우려된다고 식품의약품안전처장이 인정하는 경우에는 안전성에 관한 자료를 제출해야 한다.

④ 2제형 산화염모제에 해당하나 제1제를 두 가지로 분리하여 제1제 두 가지를 각각 2제와 섞어 순차적으로 사용하거나, 또는 제1제를 먼저 혼합한 후 제2제를 섞는 것으로 용법·용량을 신청하는 품목은 안전성, 유효성 또는 기능을 입증하는 자료 제출을 면제한다.

⑤ 이미 심사를 받은 기능성화장품과 그 효능·효과를 나타내게 하는 원료의 종류, 규격 및 분량(액상인 경우 농도), 용법·용량이 동일하고, 각 호 어느 하나에 해당하는 경우 안전성, 유효성 또는 기능을 입증하는 자료 제출을 면제한다. 1. 효능·효과를 나타나게 하는 성분을 제외한 대조군과의 비교실험으로서 효능을 입증한 경우. 2. 착색제, 착향제, 현탁화제, 유화제, 용해보조제, 안정제, 등장제, pH 조절제, 점도조절제, 용제만 다른 품목의 경우.(다만, 「화장품법 시행규칙」 제2조제10호(피부장벽) 및 제11호(튼살)에 해당하는 기능성화장품은 착향제, 보존제만 다른 경우에 한한다.)

093

식품의약품안전처고시 「기능성화장품 심사에 관한 규정」 제6조(제출자료의 면제 등)에 따라 자료제출이 생략되는 기능성화장품의 종류 중 살리실릭애씨드 0.5%가 함유된 폼클렌저를 여드름성 피부를 완화하는데 도움을 주는 기능성 화장품으로 등록하는 경우 제출해야 하는 서류는?

① 기원 및 개발 경위에 관한 자료
② 안전성에 관한 자료
③ 유효성 또는 기능에 관한 자료
④ 단회투여독성시험 자료
⑤ 기준 및 시험방법에 관한 자료

094

식품의약품안전처고시 「기능성화장품 심사에 관한 규정」 제4조(제출자료의 범위)에 따라 기능성화장품의 심사를 위하여 제출하여야 하는 자료인 "유효성 또는 기능에 관한 자료" 중 인체적용시험자료를 제출하는 경우 (   ) 제출을 면제할 수 있다. 다만, 이 경우에는 면제받은 성분에 대해서는 효능·효과를 기재·표시할 수 없다. 괄호 안의 알맞은 자료를 작성하시오.

✍

095

괄호 안에 들어갈 알맞은 용어를 정확하게 쓰시오.

> 식품의약품안전처고시 「기능성화장품 심사에 관한 규정」 제6조(제출자료의 면제 등)에 따라 이미 심사를 받은 기능성화장품과 그 효능·효과를 나타내게 하는 원료의 종류, 규격 및 분량(액상인 경우 농도), 용법·용량이 동일하고, 각 호 어느 하나에 해당하는 경우 제4조제1호의 자료 제출을 면제한다. 1. 효능·효과를 나타나게 하는 성분을 제외한 대조군과의 비교실험으로서 효능을 입증한 경우 2. 착색제, 착향제, 현탁화제, 유화제, 용해보조제, 안정제, 등장제, pH 조절제, 점도조절제, 용제만 다른 품목의 경우에는 "안전성, 유효성 또는 기능을 입증하는 자료" 제출을 면제한다. 다만 피부장벽(피부의 가장 바깥 쪽에 존재하는 각질층의 표피를 말한다.)의 기능을 회복하여 가려움 등의 개선에 도움을 주는 화장품, 튼살로 인한 붉은 선을 엷게 하는 데 도움을 주는 화장품은 (㉠   ), (㉡   ) 성분이 다른 경우만 해당된다.

✍

096

식품의약품안전처고시 「기능성화장품 심사에 관한 규정」 제6조(제출자료의 면제 등)에서 고시하고 있는 자료제출이 생략되는 기능성화장품의 종류 중 피부의 미백에 도움을 주는 기능성 성분에 대한 내용 및 최대함량에 대한 내용으로 옳지 않은 것을 모두 고르시오.

① 티로시나아제의 활성을 억제하는 기능이 있는 성분인 닥나무추출물의 최대함량은 2.0%이다.
② 티로신의 산화를 억제하는 기능이 있는 성분인 아스코빌글루코사이드의 최대함량은 2.0%이다.
③ 피부미백에 도움을 주는 제품의 제형은 로션제, 액제, 크림제, 및 침적 마스크제에 한한다.
④ 티로신의 산화를 억제하는 기능이 있는 성분인 유용성감초추출물의 최대함량은 0.05%이다.
⑤ 티로시나이제의 활성을 억제하는 기능이 있는 성분인 나이아신아마이드의 최대함량은 2.0~2.5%이다.

097

「화장품법 시행규칙」 제9조(기능성화장품의 심사)에 따라 기능성화장품으로 인정받아 판매 등을 하려는 경우 기능성화장품 심사의뢰서에 관련 서류를 첨부하여 식품의약품안전평가원장의 심사를 받아야 한다. 다음중 기능성화장품 보고서 제출대상이 아닌 심사대상의 기능성화장품은?

① 성분의 종류 · 함량, 효능 · 효과, 용법 · 용량, 기준 및 시험방법이 식품의약품안전처장이 고시한 품목과 같은 기능성화장품
② 제조사, 책임판매업자, 연구기관 등이 이미 기능성화장품으로 허가 받은 경우
③ 이미 심사를 받은 자외선차단화장품의 내용물에 나이아신아마이드 성분 2%가 서로 혼합된 품목
④ 이미 심사를 받은 자외선차단제품의 자외선차단지수 측정값이 -20% 이하의 범위인 화장품
⑤ 식품의약품안전처장이 고시한 자외선차단성분을 함유한 화장품

098

「화장품법 시행규칙」 제10조(보고서 제출 대상 등)에 따라 이미 심사를 받은 제2조제4호 및 제5호의 기능성화장품으로서 그 효능·효과를 나타나게 하는 성분·함량과 식품의약품안전처장이 고시한 제2조제1호부터 제3호까지의 기능성화장품으로서 그 효능·효과를 나타나게 하는 성분·함량이 서로 혼합된 품목을 이미 심사를 받은 기능성화장품 및 식약처장이 고시한 기능성화장품과 비교하였을 때 심사가 아닌 보고서 제출 대상이 되기 위한 동일 조건에 해당되는 것이 아닌 것은?

① 효능·효과를 나타나게 하는 원료의 종류·규격 및 함량

② 효능·효과(기능성화장품의 경우 자외선 차단지수의 측정값이 마이너스 20퍼센트 이하의 범위에 있는 경우에는 같은 효능·효과로 본다.)

③ 기준(산성도(pH)에 관한 기준 포함한다.) 및 시험방법

④ 용법·용량

⑤ 제형

099

〈보기〉에 들어갈 알맞은 용어를 쓰시오.

> 자외선을 차단 또는 산란시켜 자외선으로부터 피부를 보호하는 기능을 가진 제품의 경우 이미 심사를 받은 기능성화장품과 그 효능·효과를 나타내게 하는 원료의 종류, 규격 및 분량(액상의 경우 농도), 용법·용량 및 제형이 동일한 경우에는 안전성, 유효성 또는 기능을 입증하는 자료의 제출을 면제한다. 다만, 내수성 제품은 이미 심사를 받은 기능성화장품과 (㉠), (㉡) 성분을 제외한 모든 원료의 종류, 규격 및 분량, 용법·용량 및 제형이 동일한 경우에 안전성, 유효성 또는 기능을 입증하는 자료의 자료 제출을 면제한다.

✍

100

괄호 안에 알맞은 숫자를 쓰시오.

> 식품의약품안전처고시 「기능성화장품 심사에 관한 규정」 제6조(제출자료의 면제 등)에서는 자외선 차단지수 ( ) 이하 제품의 경우에 자외선차단지수(SPF), 내수성자외선차단지수(SPF, 내수성 또는 지속내수성) 및 자외선A차단등급(PA) 설정의 근거자료의 제출을 면제한다고 고시하고 있다.

✍

101

식품의약품안전처고시 「기능성화장품 심사에 관한 규정」 제6조(제출자료의 면제 등) 및 [별표 4]에 따라 살리실릭애씨드 0.5%가 함유된 여드름성피부를 완화하는데 도움을 주는 기능을 가진 기능성화장품의 심사 시 제출해야 하는 서류를 모두 고르시오.

① 기원 및 개발 경위에 관한 자료
② 안전성에 관한 자료
③ 유효성 또는 기능에 관한 자료
④ 인체적용시험 자료
⑤ 기준 및 시험방법에 관한 자료

102

(　　)는 UVB를 차단하는 제품의 차단효과를 나타내는 지수로서 자외선차단제품을 도포하여 얻은 최소홍반량을 자외선차단제품을 도포하지 않고 얻은 최소홍반량으로 나눈 값이다. (　　)은 약 10~15분 정도의 UVB 차단 효과를 의미한다. 빈 괄호 안에 공통으로 들어갈 말을 작성하시오.

✍

103

다음 중 괄호 안에 들어갈 알맞은 말을 순서대로 쓰시오.

> 식품의약품안전처고시 「기능성화장품 심사에 관한 규정」 제13조(효능·효과) 에 따라 자외선차단지수는 측정결과에 근거하여 평균값(소수점 이하 절사)으로부터 (㉠)% 이하 범위 내 정수로 표시하되 SPF 50 이상일 때는 (㉡)로 표기한다. 예를 들어 SPF 평균값이 '23'일 경우 (㉢)~(㉣) 범위 정수로 표시한다.

✍

104

괄호에 들어갈 알맞은 자외선 파장의 범위를 쓰시오.

> 자외선은 파장의 길이에 따라 UVA, UVB, UVC로 분류하는데, UVA는 자외선 파장의 길이가 (㉠)~(㉠)nm로 기미, 주근깨, 검은 반점, 색소침착(멜라닌 색소), 피부 노화의 원인이며 UVB는 (㉡)~(㉡)nm로 피부 손상이나, 피부염, 홍반, 수포, 각화, 일광화상에 원인이다.

✍

105

최소홍반량(Minimum Erythema Dose, MED)에 대한 설명으로 적절하지 않은 것은?

① 최소홍반량은 UVB를 사람의 피부에 조사한 후 16 ~ 24시간에서 조사영역의 거의 대부분에 홍반을 나타낼 수 있는 최소한의 자외선 조사량이다.

② MED 값이 작을수록 UVB에 의한 홍반이 잘 생기는 피부이다.

③ 자외선차단제를 피부에 도포하면 MED 값이 증가한다.

④ 일반적으로 피부색이 흰색에 가까울수록 MED 값이 증가한다.

⑤ 일반적으로 피부색이 검은색에 가까울수록 MED 값이 증가한다.

106

식품의약품안전처고시 「기능성화장품 심사에 관한 규정」 [별표4]에서 고시하고 있는 자료제출이 생략되는 기능성화장품의 성분 중 자외선으로부터 피부를 보호하는데 도움을 주는 성분과 사용할 수 있는 최대함량을 짝지은 것 중 틀린 것은?

① 벤조페논 - 3 : 5.0%

② 벤조페논 - 8 : 3.0%

③ 에칠헥실메톡시신나메이트 : 7.5%

④ 4 - 메칠벤질리덴캠퍼 : 4.0%

⑤ 디갈로일트리올리에이트 : 10%

107

다음은 식품의약품안전처고시 「기능성화장품 심사에 관한 규정」 [별표4]에서 고시하고 있는 기능성 성분들이다. 기능 - 성분명 - 최대함량을 짝지은 것 중 옳은 것은?

① 미백에 도움 - 아데노신 - 0.05%

② 모발 색상변화 - 톨루엔 - 2.5 - 디아민 - 3.8%

③ 주름개선 - 폴리에톡실레이티드레틴아마이드 - 0.05 ~ 0.2%

④ 미백에 도움 - 아스코빌글루코사이드 - 2.0 ~ 5.0%

⑤ 여드름 피부 완화 - 치오글리콜산 80% - 3.0 ~ 4.5%

108

여드름을 완화하는데 도움을 주는 기능성화장품의 설명으로 틀린 것을 고르시오.

① 해당 기능성화장품에 "여드름성 피부를 완화하는데 도움을 준다"라고 표기한다.

② 용법 · 용량을 반드시 표기해야 한다.

③ 살리실릭애씨드를 함유한 액제, 로션제, 크림제 타입의 기초화장용 제품류에 해당된다.

④ 폼 클렌저, 바디 클렌저 등 사용한 후 바로 씻어내는 제품에만 해당된다.

⑤ 자료제출이 생략되는 살리실릭애씨드의 최대함량은 0.5%이다.

109

다음은 식품의약품안전처고시 「기능성화장품 심사에 관한 규정」 [별표 3]에 따른 자외선 차단에 대한 설명이다. 관련 설명으로 옳은 것은?

① SPF는 Sun protection factor의 약자로 UVA를 차단하는 제품의 차단효과를 나타내는 지수이다.

② SPF15는 자외선B에 대해 약 15시간 이상의 차단 효과를 나타낸다.

③ 기능성화장품 자료제출 시 자외선 차단지수 및 자외선 차단 A차단등급 설정의 근거 자료를 제출해야한다.

④ SPF 1은 약 1시간 정도의 지속시간을 나타내며 50 이상의 제품은 50+로 표시한다.

⑤ 자외선 차단지수(SPF)는 자외선차단제품을 도포하지 않고 얻은 최소홍반량을 자외선차단제품을 도포하여 얻은 최소홍반량으로 나눈 값이다.

110

식품의약품안전처고시 「기능성화장품 심사에 관한 규정」 [별표4]는 자료제출이 생략되는 기능성화장품의 성분을 고시하고 있다. 아래 제품 중 기원 및 개발경위에 관한자료, 안전성에 관한자료, 유효성 또는 기능에 관한 자료 제출이 생략되는 기능성화장품이 아닌 것을 모두 고르시오.

ㄱ. 아스코빌글루코사이드 5% 함유한 토너
ㄴ. 레티닐팔미테이트 2,500IU/g를 함유한 로션
ㄷ. 벤조페논-3 5% 함유한 썬크림
ㄹ. p-페닐렌디아민 2%를 함유한 2제형 산화염모제로 제1제를 먼저 혼합한 후 제2제를 섞는 제품
ㅁ. 알파-비사보롤 0.5%를 함유한 크림
ㅂ. 마그네슘아스코빌포스페이트 2.0%를 함유한 크림

✍

111

「화장품법 시행규칙」 제19조(화장품 포장의 기재·표시 등)에 따라 「화장품법 시행규칙」 제2조(기능성화장품의 범위)에 해당하는 제품에는 "질병의 예방 및 치료를 위한 의약품이 아님"이라는 문구를 반드시 표시해야 한다. 다음 기능성 화장품 중 이에 해당하는 제품이 아닌 것은?

① 탈모에 도움을 주는 탈모샴푸

② 여드름성 피부를 완화하는데 도움을 주는 폼클렌저

③ 피부장벽의 기능을 회복하여 가려움 등의 개선에 도움을 주는 크림

④ 체모를 제거하는 기능을 가진 크림

⑤ 튼살로 인한 붉은 선을 옅게 하는데 도움을 주는 마사지크림

112

「화장품법 시행규칙」[별표 3]은 화장품 사용할 때의 주의사항을 고시하고 있다. 다음 화장품 사용할 때의 주의사항에 대한 설명으로 옳지 않은 것은?

① 고압가스를 사용하는 에어로졸 제품은 "인체에서 20cm 이상 떨어져 사용할 것"을 표시한다.

② 미세한 알갱이가 함유되어 있는 스크럽 세안제는 "알갱이가 눈에 들어갔을 때에는 물로 씻어내고, 이상이 있는 경우에는 전문의와 상담할 것"을 표시한다.

③ 샴푸는 "사용 후 물로 씻어내지 않으면 탈모, 탈색의 원인이 됨"을 표시한다.

④ 알파-하이드록시애씨드(AHA)함유제품은 "고농도의 AHA는 부작용 발생 우려가 있으므로 전문의 등에게 상담할 것(AHA성분이 15%를 초과하여 함유되어 있거나 산도가 3.5 미만인 제품만 표시)"를 표시한다.

⑤ 외음부세정제는 "3세 이하 영유아 및 임신 중 분만 직전의 외음부 주위에는 사용하지 말 것"을 표시한다.

113

탈모에 도움이 되는 화장품의 경우 의약품과 구별하기 위해 다음의 내용을 "기능화장품" 표시 하단에 기재 표시해야 한다. 괄호에 알맞은 용어를 넣으시오.

"(㉠)의 예방 및 (㉡)를 위한 (㉢)이 아님"

114

「화장품법 시행규칙」[별표 3]은 화장품 사용할 때의 주의사항을 고시하고 있다. 다음 화장품 사용할 때의 주의사항에 대한 설명으로 옳지 않은 것을 모두 고르시오.

〈보기〉

ㄱ. 요소제제의 손·발의 피부연화 제품 : 눈, 코 또는 입 등에 닿지 않도록 주의하여 사용할 것.

ㄴ. 체취 방지용 제품 : 털을 제거한 직후에는 사용하지 말 것.

ㄷ. 고압가스를 사용하는 에어로졸 무스 :

가) 같은 부위에 연속해서 3초 이상 분사하지 말 것.

나) 가능하면 인체에서 20센티미터 이상 떨어져서 사용할 것.

다) 눈 주위 또는 점막 등에 분사하지 말 것. 다만, 자외선 차단제의 경우 얼굴에 직접 분사하지 말고 손에 덜어 얼굴에 바를 것.

라) 분사가스는 직접 흡입하지 않도록 주의할 것.

ㄹ. 고압가스를 사용하지 않는 분무형 자외선 차단제 : 얼굴에 적당량을 분사 후 골고루 펴 바른다.

ㅁ. 샴푸 : 눈에 들어갔을 때 즉시 씻어낼 것.

115

「화장품법 시행규칙」[별표 3]의 화장품 사용할 때의 주의사항에 따라 헤어퍼머넌트웨이브 제품 및 헤어스트레이트너 제품에 기재·표시 사항해야하는 주의사항으로 옳은 것을 모두 고르시오.

ㄱ. 두피, 얼굴, 눈, 목, 손 등에 약액이 묻지 않도록 유의하고, 얼굴 등에 약액이 묻었을 때에는 즉시 물로 씻어낼 것.
ㄴ. 특이체질, 생리 또는 출산 전후이거나 질환이 있는 사람 등은 사용을 피할 것.
ㄷ. 머리카락의 손상 등을 피하기 위하여 용법·용량을 지켜야 하며, 가능하면 일부에 시험적으로 사용하여 볼 것.
ㄹ. 섭씨 25도 이하의 어두운 장소에 보존하고, 색이 변하거나 침전된 경우에는 사용하지 말 것.
ㅁ. 개봉한 제품은 7일 이내에 사용할 것(에어로졸 제품이나 사용 중 공기 유입이 차단되는 용기는 표시하지 아니한다).
ㅂ. 제2단계 퍼머액 중 그 주성분이 과산화수소인 제품은 검은 머리카락이 흰색으로 변할 수 있으므로 유의하여 사용할 것.

① ㄱ, ㄷ, ㄹ, ㅁ
② ㄱ, ㄴ, ㄷ, ㅁ
③ ㄱ, ㄷ, ㅁ, ㅂ
④ ㄱ, ㄴ, ㄷ, ㄹ
⑤ ㄴ, ㄷ, ㄹ, ㅁ

116

「화장품법 시행규칙」[별표 3]의 화장품 사용할 때의 주의사항에 따라 외음부 세정제에 기재·표시 사항해야 하는 주의사항으로 옳지 않은 것은?

① 정해진 용법과 용량을 잘 지켜 사용할 것.
② 5세 이하 어린이에게는 사용하지 말 것.
③ 임신 중에는 사용하지 않는 것이 바람직하며, 분만 직전의 외음부 주위에는 사용하지 말 것.
④ 프로필렌 글리콜(Propylene glycol)을 함유하고 있으므로 이 성분에 과민하거나 알레르기 병력이 있는 사람은 신중히 사용할 것.(프로필렌 글리콜 함유제품만 표시한다.)
⑤ 상처가 있는 부위에는 사용을 자제할 것.

117

「화장품법 시행규칙」[별표 3]에 따른 화장품 사용할 때의 주의사항 중 어떤 제품의 개별사항을 설명하고 있다. 아래의 설명에 해당하는 제품을 〈보기〉에서 찾으시오.

〈사용할 때의 주의사항〉

다음 분들은 사용하지 마십시오. 사용 후 피부나 신체가 과민상태로 되거나 피부이상반응(부종, 염증 등)이 일어나거나 현재의 증상이 악화될 가능성이 있습니다.

- 지금까지 이 제품에 배합되어 있는 '과황산염'이 함유된 탈색제로 몸이 부은 경험이 있는 경우, 사용 중 또는 사용 직후에 구역, 구토 등 속이 좋지 않았던 분
- 지금까지 이 제품을 사용할 때 피부이상반응(부종, 염증 등)이 있었거나, 이 제품을 사용 중 또는 이 제품을 사용 한 직후에 발진, 발적, 가려움 등이 있거나 구역, 구토 등 속이 좋지 않았던 경험이 있었던 분
- 패치테스트의 결과 이상이 발생한 경험이 있는 분
- 두피, 얼굴, 목덜미에 부스럼, 상처, 피부병이 있는 분
- 특이체질, 신장질환, 혈액질환이 있는 분

〈보기〉

탈색제, 염모제, 헤어퍼머넌트웨이브제, 제모제

118

식품의약품안전처고시「화장품 사용할 때의 주의사항 및 알레르기 유발성분 표시에 관한 규정」은 화장품의 함유 성분별 사용할 때의 주의사항 표시문구를 고시하고 있다. 이에 따라 대상제품과 표시 문구를 연결한 것으로 적절하지 않은 것을 고르시오.

① 살리실릭애씨드 및 그 염류 함유 제품(샴푸 등 사용 후 바로 씻어내는 제품 제외) - 3세 이하 영유아 및 13세 이하 어린이에게는 사용하지 말 것.

② 알루미늄 및 그 염류 함유제품(체취방지용 제품류에 한함) - 신장질환이 있는 사람은 사용 전에 의사, 약사, 한의사와 상의할 것.

③ 알부틴 0.2% 이상 함유제품 - 알부틴은「인체적용시험자료」에서 구진과 경미한 가려움이 보고된 예가 있음.

④ 포름알데하이드 0.05% 이상 검출된 제품 - 포름알데하이드 성분에 과민한 사람은 신중히 사용할 것.

⑤ 폴리에톡실레이티드레틴아마이드 0.2% 이상 함유제품 - 폴리에톡실레이티드레틴아마이드는「인체적용시험자료」에서 경미한 발적, 피부건조, 화끈함, 가려움, 구진이 보고된 예가 있음.

119

「화장품법 시행규칙」[별표 3]은 화장품 사용할 때의 주의사항을 고시하고 있다. 이에 따른 알파-하이드록시애시드(α-hydroxyacid, AHA) 함유제품의 주의사항으로 옳지 않은 것은?

① 햇빛에 대한 피부의 감수성을 증가시킬 수 있으므로 자외선 차단제를 함께 사용할 것.

② 씻어내는 제품 및 두발용 제품은 햇빛에 대한 감수성 증가에 따른 위험 표기를 하지 않아도 된다.

③ 일부에 시험 사용하여 피부 이상을 확인할 것.

④ AHA성분이 5% 초과 또는 산도가 3.5 미만인 경우 "고농도의 AHA 성분이 들어 있어 부작용이 발생할 우려가 있으므로 전문의 등에게 상담할 것"을 표기한다.

⑤ AHA성분을 0.5% 초과 함유한 경우에만 개별 표시 기재사항(주의사항)을 표기한다.

120

「화장품법 시행규칙」[별표 3]에 따른 치오글라이콜릭애씨드가 함유된 제모제에 대한 주의사항으로 옳은 것을 모두 고르시오.

ㄱ. 생리 전후, 산전, 산후, 병후의 환자는 사용하면 안 된다.
ㄴ. 남성의 수염부위는 사용하면 안 된다.
ㄷ. 땀발생억제제(Antiperspirant), 향수, 수렴로션(Astringent Lotion)은 이 제품 사용 후 12시간 후에 사용할 것.
ㄹ. 부종, 홍반, 가려움, 피부염, 광과민반응, 중증의 화상 및 수포 등의 증상이 나타날 수 있으므로 이러한 경우 이 제품의 사용을 즉각 중지하고 의사 또는 약사와 상의할 것.
ㅁ. 사용 전후에 비누류를 사용하면 자극감이 나타날 수 있으므로 주의할 것.
ㅂ. 눈에 들어가지 않도록 하며 눈 또는 점막에 닿았을 경우 미지근한 물로 씻어내고 붕산수(농도 약 5%)로 헹굴 것.
ㅅ. 이 제품을 5분 이상 피부에 방치하거나 피부에서 건조시키지 마십시오.
ㅇ. 제모에 필요한 시간은 모질(毛質)에 따라 차이가 있을 수 있으므로 정해진 시간 내에 모가 깨끗이 제거되지 않은 경우 2~3일의 간격을 두고 사용하십시오.

121

「화장품법 시행규칙」[별표 3]에 따른 탈염·탈색제의 사용할 때의 주의사항으로 옳지 않은 것을 모두 고르시오.

ㄱ. 특이체질, 신장질환, 혈액질환 등의 병력이 있는 분이나 프로필렌글리콜이 함유된 제품에 알레르기를 일으킬 수 있는 분은 사용하지 마십시오.
ㄴ. 눈썹, 속눈썹에는 위험하므로 사용하지 마십시오. 또한 면도 직후에는 사용하지 말아 주십시오. 그리고 사용 전후 1주일 사이에는 헤어퍼머넌트 웨이브 제품 및 헤어스트레이너 제품을 사용하지 말아 주십시오.
ㄷ. 두피, 얼굴, 목덜미에 부스럼, 상처, 피부병이 있거나 특이체질, 신장질환, 혈액질환이 있거나 생리 중, 임신 중 또는 임신할 가능성이 있는 분은 사용하지 마십시오.
ㄹ. 미열, 권태감, 두근거림, 호흡곤란의 증상, 코피 등의 출혈이 잦고 생리, 그 밖의 출혈이 멈추기 어려운 증상이 있으신 분은 사용하지 마십시오.
ㅁ. 혼합한 염모액을 밀폐된 용기에 보존하지 말고 혼합한 액의 잔액은 반드시 바로 버리십시오.

✍

122

식품의약품안전처고시「화장품 사용할 때의 주의사항 및 알레르기 유발성분 표시에 관한 규정」에 따라 화장품의 함유 성분과 사용할 때의 주의사항 표시 문구의 연결이 틀린 것은?

① 벤잘코늄클로라이드, 벤잘코늄브로마이드 및 벤잘코늄사카리네이트 함유 제품 - 눈에 접촉을 피하고 눈에 들어갔을 때 즉시 씻어낼 것.
② 실버나이트레이트 함유제품 - 신장질환이 있는 사람은 사용 전에 의사 약사 한의사와 상의할 것.
③ 스테아린산 함유 제품(기초화장용 제품류 중 파우더 제품에 한함) - 사용 시 흡입되지 않도록 주의할 것.
④ 알부틴 2% 이상 함유제품 - 인체적용시험자료에서 구진과 경미한 가려움이 보고된 예가 있음.
⑤ 코치닐추출물 함유제품 - 코치닐추출물 성분에 과민하거나 알레르기가 있는 사람은 신중히 사용할 것.

123

식품의약품안전처고시「화장품 사용할 때의 주의사항 및 알레르기 유발성분 표시에 관한 규정」에 따라 알루미늄 및 그 염류가 함유되어있는 체취방지용 데오도란트 제품의 포장에 반드시 추가 표시해야 하는 주의 사항을 모두 고르시오.

① 털을 제거한 직후에는 사용하지 말 것.
② 신장질환이 있는 사람은 사용 전에 의사, 약사, 한의사와 상의할 것.
③ 알루미늄에 대한 알레르기가 있는 경우 사용을 주의할 것.
④ 13세 이하 어린이에게는 사용하지 말 것.
⑤ 사용 시 흡입하지 않도록 주의 할 것.

124

<보기>는 식품의약품안전처고시 「화장품 사용할 때의 주의사항 및 알레르기 유발성분 표시에 관한 규정」에 따른 화장품의 함유 성분별 사용할 때의 주의사항 표시문구이다. 괄호에 들어갈 알맞은 성분을 작성하시오. (순서 무관)

> <보기>
>
> [대상제품]
>
> (㉠), (㉡), (㉢) 또는 (㉣) 함유제품(영유아용 제품류 및 기초화장용 제품류(3세 이하 어린이가 사용하는 제품) 중 사용 후 씻어내지 않는 제품에 한함)
>
> [주의사항 표시문구]
>
> 3세 이하 영유아의 기저귀가 닿는 부위에는 사용하지 말 것.

✍

125

화장품의 공통 주의사항 외에 추가되는 주의사항 설명으로 옳은 것을 고르시오.

① 스테아린산 아연이 함유된 파우더 제품은 사용 시 흡입되지 않도록 주의할 것.

② 알루미늄이 함유된 데오도란트는 3세 이하의 영유아에게는 사용하지 말 것.

③ 알부틴이 함유된 미백기능성 화장품은 3세 이하의 영유아에게는 사용하지 말 것.

④ 카민이 함유된 색조화장용 제품은 눈에 접촉을 피하고 눈에 들어갔을 때는 즉시 씻어줄 것.

⑤ 코치닐추출물이 함유된 핑크색 크림 제품은 신장 질환이 있으시다면 사용 전 전문가와 상의하십시오.

126

「화장품법 시행규칙」 제17조(화장품 원료 등의 위해평가)에서 고시하고 있는 화장품의 위해평가단계이다. 각 단계의 빈 괄호 안에 알맞은 용어를 작성하시오.

> 1. 위해요소의 인체 내 독성을 확인하는 (㉠)과정
> 2. 위해요소의 인체노출 허용량을 산출하는 (㉡) 과정
> 3. 위해요소가 인체에 노출된 양을 산출하는 (㉢) 과정
> 4. 결과를 종합하여 인체에 미치는 위해 영향을 판단하는 (㉣)과정

✍

127

다음은 「화장품법 시행규칙」 제14조의3(위해화장품의 회수계획 및 회수절차 등)에 따른 위해화장품의 회수절차이다. 내용 중 빈 괄호안의 알맞은 내용을 작성하시오.

> 위해화장품의 회수절차는 회수대상의 화장품을 안 날로부터 (㉠) 이내에 회수 계획서를 지방식품의약품안전청장에게 제출해야 한다. 다만, 제출기한까지 회수계획서의 제출이 곤란하다고 판단되는 경우에는 지방식품의약품안전청장에게 그 사유를 밝히고 제출기한 연장을 요청하여야 한다. 위해성 등급이 가등급인 화장품은 회수를 시작한 날로부터 (㉡) 이내에 나등급, 다등급은 (㉢) 이내에 회수 종료해야 한다.

✍

128

「화장품법 시행규칙」에 따라 위해화장품의 공표명령을 받은 경우 영업자는 지체 없이 발생사실 또는 전국을 보급지역으로 하는 일반일간신문 및 해당 영업자의 인터넷 홈페이지에 게재를 해야 한다. 단, 일반일간신문에의 게재를 생략할 수 있는 경우에 해당하는 것은?

① 안전용기·포장 등에 위반되는 화장품

② 유통화장품 안전관리 기준(내용량 제외)에 적합하지 아니한 화장품

③ 이물이 혼입되었거나 부착되어 보건 위생상 위해를 발생할 우려가 있는 화장품

④ 식품의약품안전처장이 화장품의 제조 등에 사용할 수 없는 원료를 지정하여 고시한 원료를 사용한 화장품

⑤ 식품의약품 안전처에서 사용기준이 지정·고시된 원료(보존제, 색소, 자외선차단제 등)이외의 원료를 사용한 화장품

129

「화장품법 시행규칙」에 따라 위해화장품은 회수를 하여야 한다. 위해영향이 크지 않고 일시적인 경우이거나 위해영향은 없으나 입증되지 않은 경우로 회수를 시작한 날부터 30일 이내 회수되어야 하는 위해성 등급에 해당되는 화장품을 모두 고르시오.

① 전부 또는 일부가 변패된 화장품
② 병원미생물에 오염된 화장품
③ 사용기준이 지정·고시된 원료 외의 보존제, 색소, 자외선차단제 등을 사용한 화장품
④ 사용기한 또는 개봉 후 사용기간을 위조·변조한 화장품
⑤ 유통화장품 안전관리 기준에 적합하지 아니한 화장품(내용량 미달, 기능성성분의 함량미달 제외)
⑥ 화장품제조업자 또는 화장품책임판매업자 스스로 국민보건에 위해를 끼칠 우려가 있어 회수가 필요하다고 판단한 화장품
⑦ 사용할 수 없는 원료를 사용하여 제조한 화장품
⑧ 영업신고를 하지 아니한 자가 판매한 맞춤형화장품

130

「화장품법 시행규칙」 제28조(위해화장품의 공표)에 따라 공표를 완료한 영업자는 공표 결과를 지체 없이 지방식품의약품안전청장에게 통보하여야 한다. 다음 내용에서 위해화장품 공표 결과로 통보 사항에 해당되지 않는 것을 모두 고르시오.

ㄱ. 공표일
ㄴ. 공표횟수
ㄷ. 공표에 사용된 비용
ㄹ. 공표대상품목 제조번호
ㅁ. 공표매체
ㅂ. 공표문 사본 또는 내용

131

다음은 「화장품법 시행규칙」에 따른 위해화장품의 공표문이다. 다음 공표문 양식에 들어갈 내용으로 알맞은 것으로 짝지어진 것은?

> 〈공표문〉
>
> 위해화장품 회수
>
> 「화장품법」 제5조의2에 따라 아래의 화장품을 회수합니다.
>
> 1. 회수제품명 :
> 2. ㉠
> 3. ㉡
> 4. ㉢
> 5. ㉣
> 6. 회수 영업자 : MW코스메틱
> 7. 영업자 주소 : 경기도 성남시 중원구 갈마치로302
> 8. 연락처 : 031 - 736 - 2688
> 9. 그밖의 사항 : 위해화장품 회수 관련 협조 요청
>
> ① 해당 회수화장품을 보관하고 있는 판매자는 판매를 중지하고 회수 영업자에게 반품하여 주시기 바랍니다.
>
> ② 해당 제품을 구입한 소비자께서는 그 구입한 업소에 되돌려 주시는 등 위해화장품 회수에 적극 협조하여 주시기 바랍니다.

	㉠	㉡	㉢	㉣
①	제조번호	사용기한	회수사유	회수방법
②	회수기한	제조번호	회수사유	회수방법
③	제조번호	배상방법	회수사유	회수방법
④	제조번호	배상방법	회수기한	회수방법
⑤	회수목적	사용기한	회수사유	배상방법

132

다음 빈칸에 들어갈 알맞은 말을 차례대로 쓰시오.

> 위해화장품에 대한 공표를 한 영업자는 공표결과를 지방식품의약품안전청장에게 통보하여야 하며 회수를 모두 완료한 경우에는 공표를 (㉠)할 수 있다. 회수통보 근거 자료와 폐기신청서는 (㉡)간 보관하여야 한다.

✍

133

「화장품법 시행규칙」 제14조의3(위해화장품의 회수계획 및 회수절차 등)에 따른 위해화장품 회수에 관련된 고시내용으로 옳지 않은 것을 모두 고르시오.

〈보기〉

ㄱ. 나등급 위해화장품 : 회수를 시작한 날부터 15일 이내 회수종료

ㄴ. 회수계획량의 5분의 4 이상을 회수한 경우 : 그 위반행위에 대한 행정처분을 면제

ㄷ. 회수계획량의 3분의 1 이상을 회수한 경우 등록취소인 경우에는 해당제품 판매정지 2개월 이상 6개월 이하의 범위에서 처분

ㄹ. 회수계획량의 4분의 1 이상, 3분의 1 미만을 회수한 경우 행정처분기준이 업무정지 또는 품목의 제조·수입·판매 업무정지인 경우에는 정지처분기간의 2분의 1 이하의 범위에서 경감

ㅁ. 화장품책임판매업자가 법 제9조에 따른 화장품의 안전용기·포장에 관한 기준을 위반한 경우 해당품목 판매업무정지 3개월

✍

134

「화장품법 시행규칙」 제14조의2(회수 대상 화장품의 기준 및 위해성 등급 등)에 따라 영업자는 위해화장품 회수 및 공표를 해야 한다. 다음은 위해화장품관련 시행절차들에 대한 설명 중 옳은 것은?

① 맞춤형화장품조제관리사는 해당 화장품에 대하여 즉시 판매중지 등의 필요한 조치를 한 후 회수를 수행한다.

② 화장품을 폐기한 회수 의무자는 폐기확인서를 작성하여 2년간 보관해야 한다.

③ 회수 의무자는 판매자에게 회수 계획을 통보해야 하며 통보 사실을 입증할 수 있는 자료를 회수종료일부터 3년간 보관해야 한다.

④ 회수계획을 통보받은 자는 회수 대상 화장품을 회수 의무자에게 반품하고 회수확인서를 작성하여 식품의약품안전처장에게 송부해야 한다.

⑤ 화장품책임판매업자는 회수 대상 화장품이라는 사실을 안 날부터 15일 이내에 회수계획서에 서류를 첨부하여 지방식품의약품안전처장에게 제출하여야 한다.

135

〈보기〉는 식품의약품안전처고시 「인체적용제품의 위해성평가 등에 관한 규정」에 관한 내용이다. 빈칸에 들어갈 알맞은 용어를 차례대로 작성하시오.

〈보기〉

- (　㉠　)(이)란 인체적용제품에 존재하는 위해요소가 인체에 유해한 영향을 미치는 고유의 성질을 말한다.
- (　㉡　)(이)란 인체적용제품에 존재하는 위해요소에 노출되는 경우 인체의 건강을 해칠 수 있는 정도를 말한다.
- (　㉢　)(이)란 인체적용제품에 존재하는 위해요소가 다양한 매체와 경로를 통하여 인체에 미치는 영향을 종합적으로 평가하는 것을 말한다.

136

〈보기〉는 식품의약품안전처고시 「인체적용제품의 위해성평가 등에 관한 규정」에 관한 내용이다. 빈칸에 들어갈 알맞은 용어를 차례대로 작성하시오.

〈보기〉

- 화학적 위해요소에 대한 위해성은 물질의 특성에 따라 (　㉠　), (　㉡　) 등으로 표현하고 국내·외 위해성평가 결과 등을 종합적으로 비교·분석하여 최종 판단한다.
- 미생물적 위해요소에 대한 위해성은 미생물 생육 예측 모델 결과값, 용량-반응 모델 결과값 등을 이용하여 인체 건강에 미치는 유해영향 발생 가능성 등을 최종 판단한다.

137

식품의약품안전처고시 「인체적용제품의 위해성평가 등에 관한 규정」에 따른 위해성평가 위원회에 대한 설명으로 틀린 것은?

① 위원장 1명을 포함한 20명 이내의 위원으로 구성한다.
② 위원회의 위원장은 식품의약품안전처장이 한다.
③ 식품의약품안전처 또는 식품의약품안전평가원의 공무원은 위해성평가 위원회의 위원이 될 수 있다.
④ 위원회에 간사 1명을 두며 간사는 식품의약품안전처 또는 식품의약품안전평가원 소속 공무원 중에서 식품의약품안전처장이 지명한다.
⑤ 위원의 임기는 2년으로 하되 공무원인 위원은 그 직위에 재직하는 기간 동안 재임한다.

138

다음 중 향 성분으로 널리 사용되었지만 인체 건강에 중대한 영향, 즉 위해평과 결과 광독성 우려가 있어 「화장품 안전기준 등에 관한 규정」에 따라 화장품 제조 시 사용할 수 없는 원료인 것은?

① 만수국아재비꽃 추출물 또는 오일
② 하이드롤라이즈드밀단백질
③ 엠디엠하이단토인
④ 천수국꽃 추출물 또는 오일
⑤ 알란토인클로로하이드록시알루미늄

139

「화장품법 시행규칙」 제17조(화장품 원료 등의 위해평가)에 따라 위해평가는 확인·결정·평가 등의 과정을 거쳐 실시한다. 다음 중 위해평가가 필요하지 않는 경우인 것은?

① 위해 관리 우선순위를 설정할 경우
② 비의도적 오염 물질의 기준을 설정할 경우
③ 위험에 대한 충분한 정보가 부족한 경우
④ 인체 위해의 유의한 증거가 없음을 검증할 경우
⑤ 위해성에 근거하여 사용금지를 설정한 경우

140

다음 내용 중 기능성 화장품 중 피부 미백에 도움을 주는 제품의 유효성 평가시험으로 옳은 것을 모두 고르시오.

ㄱ. 엘라스타제 활성 억제 시험
ㄴ. 멜라닌 생성 저해 시험
ㄷ. 자외선 A차단등급(PA)설정 근거 자료
ㄹ. In vitro tyrosinase 활성 저해 시험
ㅁ. In vitro DOPA 산화 반응 저해 시험
ㅂ. 세포 내 콜라겐나제 활성 억제 시험

141

일반적으로 안전역(MOS)을 계산한 값이 동물실험 데이터는 (㉠) 이상, 인체시험 데이터는 (㉡) 이상이면 위해영향이 발생할 가능성이 낮다고 판정할 수 있다. 괄호 안에 알맞은 숫자를 넣으시오.

✍

142

식품의약품안전처장은 위해성평가 결과에 대한 교차검증을 위하여 위원회의 자문을 받을 수 있으며 전문적인 위해성평가를 위하여 (   )을 위해성평가 전문기관으로 한다. 괄호에 알맞은 기관명을 정확히 표시하시오.

✍

143

다음 중 화장품에 사용할 수 없는 원료가 함유되어 폐기 처분해야 하는 화장품은?

① 페루발삼추출물이 0.4% 함유된 폼클렌저
② 네일폴리시의 용매제로 자일렌이 0.01% 잔류
③ 알부틴이 함유된 미백기능성제품에 1ppm의 히드로퀴논 잔류
④ 니트로메탄 1% 함유된 샴푸
⑤ 소듐나이트라이트가 함유된 크림

맞춤형화장품조제관리사

PART 03

유통 화장품 안전관리

유통 화장품 안전관리

001

「우수화장품 제조 및 품질관리기준(CGMP)」의 3대 요소가 아닌 것을 고르시오.

① 인위적인 과오의 최소화
② 고도의 품질관리체계 확립
③ 유통화장품의 안전관리기준 절차 확립
④ 미생물오염으로 인한 품질저하 방지
⑤ 교차오염으로 인한 품질저하 방지

002 ~ 14

다음 빈칸에 들어갈 알맞은 용어를 쓰시오.

002

(　　)는 품질이 보장된 우수한 화장품을 제조·공급하기 위한 제조 및 품질관리에 관한 기준으로서 직원, 시설·장비 및 원자재, 반제품, 완제품 등의 취급과 실시방법을 정한 것이다.

✍

003

(㉠)란 물질의 칭량부터 혼합, 충전(1차포장), 2차포장 및 표시 등의 일련의 작업을 말한다.
(㉡)이란 제품이 적합 판정 기준에 충족될 것이라는 신뢰를 제공하는데 필수적인 모든 계획되고 체계적인 활동을 말한다.

✍

004

(㉠)란 화장품 원료 및 자재를 말한다.
(㉡)이란 제품이 규정된 적합판정기준을 충족시키지 못했다고 주장하는 외부 정보를 말한다.

✍

005

(㉠)란 판매한 제품 가운데 품질 결함이나 안전성 문제 등으로 나타난 제조번호의 제품을 제조소로 거두어들이는 활동을 말한다. (㉡)이란 제품에서 화학적, 물리적, 미생물학적 문제 또는 이들이 조합되어 나타내는 바람직하지 않은 문제의 발생을 말한다.

✍

006

(㉠)란 화학적인 방법, 기계적인 방법, 온도, 적용시간과 이러한 복합된 요인에 의해 청정도를 유지하고 일반적으로 표면에서 눈에 보이는 먼지를 분리, 제거하여 외관을 유지하는 모든 작업을 말한다. (㉡)이란 제품이 적합 판정 기준에 충족될 것이라는 신뢰를 제공하는데 필수적인 모든 계획되고 체계적인 활동을 말한다.

✍

007

( )란 적절한 작업 환경에서 건물과 설비가 유지되도록 정기적·비정기적인 지원 및 검증 작업을 말한다. 주요설비란 제조 및 품질 관련 문서에 명기된 설비로 제품의 품질에 영향을 미치는 필수적인 설비를 말한다.

✍

008

( )이란 규정된 조건 하에서 측정기기나 측정시스템에 의해 표시되는 값과 표준기기의 참값을 비교하여 이들의 오차가 허용범위 내에 있음을 확인하고, 허용범위를 벗어나는 경우 허용범위 내에 들도록 조정하는 것을 말한다.

✍

009

(　　)란 일정한 제조단위분에 대하여 제조관리 및 출하에 관한 모든 사항을 확인할 수 있도록 표시된 번호로서 숫자·문자·기호 또는 이들의 특정적인 조합을 말한다.

✍

010

(㉠)이란 제조공정 단계에 있는 것으로서 필요한 제조공정을 더 거쳐야 벌크 제품이 되는 것을 말한다. (㉡)이란 충전(1차 포장) 이전의 제조 단계까지 끝낸 제품을 말한다.

✍

011

(㉠)란 하나의 공정이나 일련의 공정으로 제조되어 균질성을 갖는 화장품의 일정한 분량을 말한다. (㉡)이란 출하를 위해 제품의 포장 및 첨부문서에 표시공정 등을 포함한 모든 제조공정이 완료된 화장품을 말한다.

✍

012

(㉠)이란 적합 판정기준을 벗어난 완제품, 벌크제품 또는 반제품을 재처리하여 품질이 적합한 범위에 들어오도록 하는 작업을 말한다. (㉡)는 직원, 회사 또는 조직을 대신하여 작업을 수행하는 사람, 회사 또는 외부 조직을 말한다.

✍

013

(   )란 제조 및 품질과 관련한 결과가 계획된 사항과 일치하는지의 여부와 제조 및 품질관리가 효과적으로 실행되고 목적 달성에 적합한지 여부를 결정하기 위한 회사 내 자격이 있는 직원에 의해 행해지는 체계적이고 독립적인 조사를 말한다.

✍

014

(   )란 모든 제조, 관리 및 보관된 제품이 규정된 적합판정기준에 일치하도록 보장하기 위하여 우수화장품 제조 및 품질관리기준이 적용되는 모든 활동을 내부 조직의 책임하에 계획하여 변경하는 것을 말한다.

✍

015

다음은 「우수화장품 제조 및 품질관리기준(CGMP)」 제2조에 따른 용어의 정의이다. 옳지 않은 것을 고르시오.

① "공정관리"란 제조공정 중 적합판정기준의 충족을 보증하기 위하여 공정을 모니터링하거나 조정하는 모든 작업을 말한다.
② "감사"란 적합 판정기준을 벗어난 완제품, 벌크제품 또는 반제품을 재처리하여 품질이 적합한 범위에 들어오도록 하는 작업을 말한다.
③ "적합 판정 기준"이란 시험 결과의 적합 판정을 위한 수적인 제한, 범위 또는 기타 적절한 측정법을 말한다.
④ "변경관리"란 모든 제조, 관리 및 보관된 제품이 규정된 적합판정기준에 일치하도록 보장하기 위하여 우수화장품 제조 및 품질관리기준이 적용되는 모든 활동을 내부 조직의 책임하에 계획하여 변경하는 것을 말한다.
⑤ "수탁자"는 직원, 회사 또는 조직을 대신하여 작업을 수행하는 사람, 회사 또는 외부 조직을 말한다.

016

다음은「우수화장품 제조 및 품질관리기준(CGMP)」 제2조에 따른 용어의 정의이다. 옳지 않은 것을 고르시오.

① "교정"이란 규정된 조건 하에서 측정기기나 측정 시스템에 의해 표시되는 값과 표준기기의 참값을 비교하여 이들의 오차가 허용범위 내에 있음을 확인하고, 허용범위를 벗어나는 경우 허용범위 내에 들도록 조정하는 것을 말한다.

② "공정관리"란 제조공정 중 적합판정기준의 충족을 보증하기 위하여 공정을 모니터링하거나 조정하는 모든 작업을 말한다.

③ "감사"는 직원, 회사 또는 조직을 대신하여 작업을 수행하는 사람, 회사 또는 외부 조직을 말한다.

④ "재작업"이란 적합 판정기준을 벗어난 완제품, 벌크제품 또는 반제품을 재처리하여 품질이 적합한 범위에 들어오도록 하는 작업을 말한다.

⑤ "제조단위" 또는 "뱃치"란 하나의 공정이나 일련의 공정으로 제조되어 균질성을 갖는 화장품의 일정한 분량을 말한다.

017

〈보기〉는 맞춤형화장품판매업자의 준수 사항의 일부이다. 괄호 안에 들어갈 말로 옳은 것은?

〈보기〉
맞춤형화장품조제관리사가 최종 혼합·소분하여 조제된 맞춤형화장품은 소비자에게 제공되는 '유통화장품'이므로 그 안전성을 확보하기 위하여「화장품법」제8조 및 식품의약품안전처 고시「(㉠)」의 제6조에 따른 (㉡)을 준수해야 한다.

① ㉠ : 유통화장품의 안전관리기준
　 ㉡ : 천연화장품 및 유기농화장품의 기준에 관한 규정

② ㉠ : 화장품 안전기준 등에 관한 규정
　 ㉡ : 유통화장품의 안전관리기준

③ ㉠ : 화장품 전성분 표시지침
　 ㉡ : 화장품 중 배합금지성분 분석법

④ ㉠ : 우수화장품 제조 및 품질관리기준
　 ㉡ : 화장품 안전기준 등에 관한 규정

⑤ ㉠ : 우수화장품 제조 및 품질관리기준
　 ㉡ : 유통화장품의 안전관리기준

018 ~ 21

다음 괄호 안에 들어갈 적당한 용어를 쓰시오.

018

(㉠)란 화장품의 포장에 사용되는 모든 재료를 말하며 운송을 위해 사용되는 외부 포장재는 제외한 것이다. 제품과 직접적으로 접촉하는지 여부에 따라 1차 또는 2차 포장재라고 말한다. (㉡)이란 시험 결과의 적합 판정을 위한 수적인 제한, 범위 또는 기타 적절한 측정법을 말한다.

019

(㉠)이란 청소, 위생 처리 또는 유지 작업 동안에 사용되는 물품(세척제, 윤활제 등)을 말한다.
(㉡)란 적합 판정 기준을 충족시키는 검증을 말한다.

020

(㉠)란 화장품을 제조하기 위한 장소를 말한다.
(㉡)이란 제품, 원료 및 포장재의 수령, 보관, 제조, 관리 및 출하를 위해 사용되는 물리적 장소, 건축물 및 보조 건축물을 말한다.

021

(㉠)란 대상물의 표면에 있는 바람직하지 못한 미생물 등 오염물을 감소시키기 위해 시행되는 작업을 말한다. (㉡)란 주문 준비와 관련된 일련의 작업과 운송 수단에 적재하는 활동으로 제조소 외로 제품을 운반하는 것을 말한다.

022

「우수화장품 제조 및 품질관리기준(CGMP)」제3조에 따른 조직의 구성에 대한 설명으로 옳지 않은 것을 고르시오.

① 제조소별로 독립된 제조부서와 품질보증부서를 두어야 한다.

② 조직구조는 조직과 직원의 업무가 원활히 이해될 수 있도록 규정되어야 한다.

③ 제조소에는 제조 및 품질관리 업무를 적절히 수행할 수 있는 충분한 인원을 배치하여야 한다.

④ 조직의 구조는 회사의 규모와 제품의 다양성에 맞추어 적절하여야 한다.

⑤ 제조소에는 출하와 관련된 작업과 운송에 필요한 활동이 이루어져야 한다.

023

「우수화장품 제조 및 품질관리기준(CGMP)」제4조에 따른 품질보증 책임자의 책임으로 옳지 않은 것은?

① 품질에 관련된 모든 문서와 절차의 검토 및 승인

② 품질 검사가 규정된 절차에 따라 진행되는지의 확인

③ 일탈이 없는 경우 이의 조사 및 기록

④ 적합 판정한 원자재 및 제품의 출고 여부 결정

⑤ 부적합품이 규정된 절차대로 처리되고 있는지의 확인

024

「우수화장품 제조 및 품질관리기준(CGMP)」제4조에 따라 빈칸에 들어갈 알맞은 용어를 쓰시오.

〈보기〉

모든 종업원들의 책임은 조직 내에서 맡은 지위 및 역할을 인지해야 할 의무, 문서접근 제한 및 개인위생 규정을 준수해야 할 의무, 자신의 업무범위 내에서 기준을 벗어난 행위나 부적합 발생 등에 대해 보고해야 할 의무, 정해진 책임과 활동을 위한 (　　) 을 이수할 의무 등이 있다.

✍

025

「우수화장품 제조 및 품질관리기준(CGMP)」제5조에 따른 교육훈련과 관련된 설명으로 적절하지 않은 것은?

① 제조 및 품질관리 업무와 관련 있는 모든 직원들에게 각자의 직무와 책임에 적합한 교육훈련이 제공될 수 있도록 연간계획을 수립하고 정기적으로 교육을 실시하여야 한다.

② 교육담당자를 지정하고 교육훈련의 내용 및 평가가 포함된 교육훈련 규정을 작성하여야 하되, 필요한 경우에는 외부 전문기관에 교육을 의뢰할 수 있다.

③ 교육 종료 후에는 교육결과를 평가하고, 일정한 수준에 미달할 경우에는 재교육을 받아야 한다.

④ 새로 채용된 직원은 업무를 적절히 수행할 수 있도록 기본 교육훈련 외에 추가 교육훈련을 받아야 하며 이와 관련한 문서화된 절차를 마련하여야 한다.

⑤ 제조와 관련된 업무를 적절히 수행할 수 있다면 제조와 품질보증에 관련된 인원은 겹쳐도 된다.

026

「우수화장품 제조 및 품질관리기준(CGMP)」제6조에 따른 직원의 위생에 관한 설명으로 틀린 것은?

① 적절한 위생관리 기준 및 절차를 마련하고 제조소 내의 모든 직원은 이를 준수해야 한다.

② 작업소 및 보관소 내의 모든 직원은 화장품의 오염을 방지하기 위해 규정된 작업복을 착용해야 한다.

③ 피부에 외상이 있거나 질병에 걸린 직원은 건강이 양호해지거나 화장품의 품질에 영향을 주지 않는다는 의사의 소견이 있기 전까지는 화장품과 직접적으로 접촉되지 않도록 격리되어야 한다.

④ 음식은 도시락을 싸오는 경우 반입이 된다.

⑤ 제조구역별 접근권한이 없는 작업원 및 방문객은 가급적 제조, 관리 및 보관구역 내에 들어가지 않도록 하고, 불가피한 경우 사전에 직원 위생에 대한 교육 및 복장 규정에 따르도록 하고 감독하여야 한다.

027

다음 중 화장품 작업장 내 직원의 위생과 관련된 내용으로 적절하지 않은 것은?

① 작업복은 오염 여부를 쉽게 확인할 수 없는 어두운색의 폴리에스터 재질이 권장된다.
② 제조 구역별 접근권한이 없는 작업원 및 방문객은 가급적 제조, 관리 및 보관구역 내에 들어가지 않도록 한다.
③ 신규 직원에 대하여 위생교육을 반드시 실시하여야 하며, 기존 직원에 대해서도 정기적으로 교육을 실시해야 한다.
④ 명백한 질병 또는 노출된 피부에 상처가 있는 직원은 증상이 회복되거나 의사가 제품품질에 영향을 끼치지 않은 것이라고 진단할 때까지 제품과 직접적인 접촉을 하여서는 안 된다.
⑤ 제조시설의 방문객과 훈련 받지 않은 직원이 제조, 관리 및 보관구역에 안내자 없이는 접근이 허용되지는 않는다.

028

제품이 보호되도록 건물이 설계되어야 하며 청소가 용이하도록 하고 필요한 경우 위생관리 및 유지관리가 가능하도록 해야 한다. 제품, 원료 및 포장재 등의 혼동이 없도록 위치, 설계, 건축 및 이용되어야 한다(맞으면 ○, 틀리면 ×를 하시오).

✍

029

「우수화장품 제조 및 품질관리기준(CGMP)」제8조에 따른 작업소의 기준으로 알맞은 것을 모두 고르시오.

① 제조하는 화장품의 종류·제형에 따라 적절히 구획·구분되어 있어 교차오염 우려가 없을 것
② 바닥, 벽, 천장은 가능한 매끄럽지 않은 표면을 지니고 소독제 등의 부식성에 저항력이 있을 것
③ 환기가 잘 되고 청결하고 수세실과 화장실은 접근이 쉬워야 하니 생산구역 내에 있을 것
④ 제조소의 외부와 연결된 창문은 환기를 위해 가능한 열리도록 할 것
⑤ 제품의 오염을 방지하고 적절한 온도 및 습도를 유지할 수 있는 공기조화시설 등 적절한 환기시설을 갖출 것

030

「우수화장품 제조 및 품질관리기준(CGMP)」제8조에 따른 화장품 작업장에 관한 기준으로 옳은 것을 고르시오.

① 화장품 작업장은 환기가 잘되고 외부와 연결된 창문이 가능한 잘 열리도록 해야 한다.
② 화장품 작업장은 제조하는 화장품의 종류와 제형에 관계없이 필요에 따라 구획하면 된다.
③ 작업장의 공간 상 불가피한 경우 수세실과 화장실은 생산구역과 분리되지 않아도 된다.
④ 사용하지 않는 연결 호스와 부속품은 위생관리를 하지 않아도 무관하다.
⑤ 화장품 작업장 내 조명이 파손될 경우를 대비하여 제품을 보호할 수 있는 처리 절차를 마련하여야 한다.

031

작업소 전체에 적절한 조명을 설치하고, 조명이 파손될 경우를 대비한 전등 커버 등을 설치한다(맞으면 ○, 틀리면 ×를 하시오).

✍

032

「우수화장품 제조 및 품질관리기준(CGMP)」제8조에 따른 제조 및 품질관리에 필요한 설비 등의 기준으로 옳지 않은 것은?

① 사용 목적에 적합하고, 청소가 가능하며, 필요한 경우 위생·유지 관리가 가능하여야 한다. 자동화시스템을 도입한 경우도 또한 같다.
② 사용하지 않는 연결 호스와 부속품은 청소 등 위생관리를 하며, 건조한 상태로 유지하고 먼지, 얼룩 또는 다른 오염으로부터 보호할 것.
③ 설비 등은 제품의 오염을 방지하고 배수가 용이하도록 설계, 설치하며, 제품 및 청소 소독제와 화학반응을 일으키지 않을 것.
④ 천정주위의 대들보, 파이프, 덕트 등은 노출되게 설계할 수 있다.
⑤ 용기는 먼지나 수분으로부터 내용물을 보호할 수 있을 것.

033

맞춤형화장품의 혼합·소분 공간은 다른 공간과 구분 또는 구획해야 하지만 기계를 사용하여 혼합·소분하는 경우에는 구분 또는 구획된 것으로 본다(맞으면 ○, 틀리면 ×를 하시오).

✍

034

맞춤형화장품의 혼합·소분 공간은 다른 공간과 구분 또는 구획해야 하며 반드시 (　　)가 혼합·소분하여야 한다.

✍

035

괄호 안에 들어갈 알맞은 용어를 순서대로 쓰시오.

> (㉠)은 잔류물, 먼지 등의 오염물을 제거하는 과정이며, (㉡)은 오염 미생물 수를 허용 기준 이하로 감소시키기 위한 위생관리 단계이다.

✍

036

「우수화장품 제조 및 품질관리기준(CGMP)」제9조에 따른 작업소의 위생에 관한 설명으로 옳지 않은 것은?

① 작업장은 곤충, 해충, 쥐 등을 막을 수 있는 방충·방서기를 설치하고 정기적으로 점검을 해야 하며 창문은 차광하여 야간에 빛이 밖으로 새어나가지 않도록 조치해야 한다.
② 작업장의 바닥, 벽, 천장, 창문은 수시로 점검하여 청결을 유지해야 하며 틈이 없어야 한다.
③ 배기구 및 흡기구에는 필터를 설치하고 폐수구에는 트랩을 설치한다.
④ 세척실은 UV 램프를 사용하여 내부를 멸균하고, 기구 및 도구들은 세척 후 세척사항을 기록한다.
⑤ 제조소 벽면 청소는 아래쪽에서 위쪽으로 바깥쪽에서 안쪽으로 청소를 해야 한다.

037

맞춤형화장품 작업장의 위생관리 기준에 대한 설명으로 적절하지 않은 것을 고르시오.

① 맞춤형 화장품의 소분·혼합 장소와 판매·상담 장소는 구분·구획이 권장된다.
② 작업실에는 적절한 환기시설이 권장된다.
③ 작업대, 바닥, 벽, 천장 및 창문은 청결하게 유지되어야 한다.
④ 소분·혼합 전 작업자의 손 세척 및 장비 세척을 위한 세척 시설의 설치가 권장된다.
⑤ 방충·방음에 대한 대책이 마련되고 정기적으로 방충·방음를 점검하는 것이 권장된다.

038

다음 중 작업장의 위생 관리를 위한 세제에 대한 설명으로 옳지 않은 것은?

① 세제는 안전성이 높은 것을 사용한다.
② 세제는 세정력이 우수한 음이온계면활성제를 사용한다.
③ 세제는 헹굼이 용이해야 한다.
④ 살균소독을 위해 염소계 표백 살균제는 사용할 수 없다.
⑤ 기구 및 장치의 재질에 부식성이 없어야 한다.

039

다음은 화장품 제조 시설의 동선이다. 괄호 안에 들어갈 시설의 이름으로 적절한 것을 고르시오.

> 탈갱의실 → (㉠) → (㉡) → (㉢) → 충전실 → (㉣) → 보관실 → (㉤)

	㉠	㉡	㉢	㉣	㉤
①	보관실	칭량실	조제실	포장실	세척실
②	세척실	보관실	조제실	칭량실	포장실
③	보관실	조제실	칭량실	포장실	세척실
④	세척실	칭량실	제조실	보관실	포장실
⑤	칭량실	보관실	조제실	포장실	세척실

040

화장품을 제조하는 작업실에 대한 관리기준으로 적당하지 않은 것은?

① 제조실 - 낙하균 30개/hr 이하 또는 부유균 : 200개/㎥ 이하
② 칭량실 - 낙하균 30개/hr 이하 또는 부유균 : 200개/㎥ 이하
③ 충전실 - 낙하균 30개/hr 이하 또는 부유균 : 200개/㎥ 이하
④ 내용물보관소 - 낙하균 30개/hr 이하 또는 부유균 : 200개/㎥ 이하
⑤ 원료보관소 - 낙하균 30개/hr 이하 또는 부유균 : 200개/㎥ 이하

041

｢우수화장품 제조 및 품질관리기준(CGMP)｣에 따른 청정도 기준으로 옳은 것을 모두 고르시오.

〈보기〉

ㄱ. Clean bench - 관리기준 부유균:20개/㎥ 또는 낙하균: 10개/hr
ㄴ. 미생물시험실 - 청정공기 순환:20회/hr 이상 또는 차압관리
ㄷ. 완제품보관소 - 청정공기 순환:10회/hr 이상 또는 차압관리
ㄹ. 내용물보관소 - 관리 기준 낙하균:200개/hr, 부유균:30개/㎥
ㅁ. 일반실험실 - 환기장치
ㅂ. 포장실 - 차압관리

✍

042

다음 빈칸에 들어갈 적당한 용어를 순서대로 쓰시오.

〈보기〉

작업장의 세척은 제품 잔류물과 흙, 먼지, 기름때 등의 오염물을 제거하는 과정으로 작성하여 (㉠) 된 절차에 따라 작업을 수행하고 관련 (㉡)는 잘 보관해야 한다.

✍

043

맞춤형 화장품 작업장 내 작업자의 위생관리에 관한 설명으로 옳지 않은 것은?

① 피부 외상을 입은 직원은 소독한 후 소분, 혼합이 가능하다.

② 소분, 혼합할 때는 위생복(방진복)과 위생 모자(방진 모자, 일회용 모자)를 착용하며 필요 시에는 일회용 마스크를 착용한다.

③ 소분, 혼합 전에 손을 세척하고 필요 시 소독한다.

④ 소분, 혼합하는 직원은 이물이 발생할 수 있는 포인트 메이크업을 하지 않는 것이 권장된다.

⑤ 질병이 있는 직원은 소분, 혼합 작업을 하지 않는다.

044

반제품 작업실 및 원료보관실은 품질 저하를 방지하기 위하여 적절한 실내 온도를 유지해야 한다. 작업장내 조명등은 전등의 파손으로 인한 오염이 발생하지 않도록 조치해야 하며, 가루가 날리는 작업실은 (　　)시설을 하여 조치해야 한다. 괄호 안에 들어가기에 적당하지 않은 용어는?

① 환풍기

② 분진기

③ 닥트

④ 선풍기

⑤ 암후드

045

다음 〈보기〉의 빈칸에 들어갈 알맞은 말을 순서대로 쓰시오.

〈보기〉

소독을 목적으로 사용하는 화학 물질로, 소독제를 선택할 때에는 사용농도에 독성이 없고 제품이나 설비 기구 등에 반응을 하지 않으며, 불쾌한 냄새가 남지 않아야 하고 (㉠)분 이내에도 효과를 볼 수 있는 광범위한 항균기능을 가져야 한다. 또한 미생물을 (㉡)% 이상 사멸시켜야 하며 사용기간 동안 활성을 유지하여 소독기능이 유지되어야 한다. 또한 누구나 쉽게 이용이 가능하고 경제적이어야 한다.

✍

046

다음 중 세척에 관한 설명으로 옳지 않은 것을 고르시오.

① 세척은 제품 잔류물과 흙, 먼지, 기름때 등의 오염물을 제거하는 과정이다.

② 소독은 오염 미생물 수를 허용 수준 이하로 감소시키기 위해 수행하는 절차이다.

③ 화장품 제조를 위해 제조 설비의 세척과 소독은 세척자가 임의로 결정한 방식을 따라도 된다.

④ 세척과 소독 주기는 주어진 환경에서 수행된 작업의 종류에 따라 결정한다.

⑤ 세척 완료 후, 세척 상태에 대한 평가를 실시하고 세척완료 라벨을 설비에 부착한다.

047

「우수화장품 제조 및 품질관리기준(CGMP)」제9조에 따른 설비 세척의 원칙에 대한 설명으로 옳은 것을 모두 고르시오.

〈보기〉

ㄱ. 위험성이 없는 용제로 세척하며 용제로는 물이 가장 적합하다.
ㄴ. 항상 세제를 사용하여 깨끗이 세척한다.
ㄷ. 세제 사용 시 피부에 자극이 적은 양쪽성계면활성제를 사용한다.
ㄹ. 증기 세척은 가장 좋은 방법이므로 세척 후 "판정"하지 않아도 된다.
ㅁ 분해할 수 있는 설비는 분해해서 세척한다.
ㅂ. 브러시 등으로 문질러 지우는 것을 고려한다.
ㅅ. 판정 후의 설비는 건조, 밀폐해서 보존한다.

✍

048

청소 및 세척에 관한 설명으로 적절한 것은?

① 사용 기구를 정해 놓고 구체적인 절차를 정해 놓는다.
② 청소상태에 대한 "책임"은 직원 모두에게 있는 것으로 한다.
③ 세제를 사용할 때 사용하는 세제명을 적지 않아도 된다.
④ 기록을 남길 때 담당자명은 쓰지 않아도 된다.
⑤ 청소결과는 점검 후 표시하지 않아도 된다.

049

식품의약품안전처고시 「천연화장품 및 유기농화장품의 기준에 관한 규정」에 따라 유기농화장품 제조 작업장에 사용가능한 세척제의 원료가 아닌 것을 〈보기〉에서 모두 고르시오.

〈보기〉

ㄱ. 락틱애씨드
ㄴ. 석회장석유
ㄷ, 소듐카보네이트
ㄹ. 에톡실화 계면활성제는 전체 계면활성제의 70% 이하 사용
ㅁ. 아세틱애씨드
ㅂ. 과산화수소
ㅅ. 염산
ㅇ. 무기산과 알칼리

✍

050

식품의약품안전처고시 「천연화장품 및 유기농화장품의 기준에 관한 규정」에 따른 천연 및 유기농 함량 계산방법의 설명으로 잘못된 것은?

① 유기농 인증 원료의 경우 해당 원료의 유기농 함량으로 계산한다.

② 물, 미네랄 또는 미네랄유래 원료는 유기농 함량 비율 계산에 포함하지 않는다. 물은 제품에 직접 함유되거나 혼합 원료의 구성요소일 수 있다.

③ 유기농 원물만 사용하거나, 유기농 용매를 사용하여 유기농 원물을 추출한 경우 해당 원료의 유기농 함량 비율은 100%로 계산한다.

④ 수용성 및 비수용성 추출물 원료의 유기농 함량 비율 계산 시 용매는 최종 추출물에 존재하는 양으로 계산하며 물은 용매로 계산하지 않고, 동일한 식물의 유기농과 비유기농이 혼합되어 있는 경우 이 혼합물은 유기농으로 간주하지 않는다.

⑤ [천연 함량 비율(%) = 물 비율 + 천연 원료 비율]이다.

051

다음 빈칸에 들어갈 알맞은 용어를 쓰시오.

〈보기〉

화장품 (   )시설이란 화장품을 생산하는 설비와 기기가 들어있는 건물, 작업실, 건물 내의 통로, 갱의실, 손을 씻는 시설 등을 포함하여 원료, 포장재, 완제품보관소를 의미한다. 설비의 유지관리란 설비의 기능을 유지하기 위하여 실시하는 정기점검이다.

✍

052

설비 기구의 유지관리의 주요한 원칙에 해당하지 않은 것을 모두 고르시오.

〈보기〉

ㄱ. 건물, 시설 및 주요 설비는 정기적으로 점검하여 화장품의 제조 및 품질관리에 지장이 없도록 유지·관리·기록하여야 한다.
ㄴ. 결함 발생 및 정비 중인 설비는 적절한 방법으로 표시하고, 고장 등 사용이 불가할 경우 표시하여야 한다.
ㄷ. 세척한 설비는 다음 사용 시까지 오염되지 아니하도록 관리하여야 한다.
ㄹ. 모든 제조 관련 설비는 제조시설 구역 있는 모든 직원들이 사용가능하다.
ㅁ. 제품의 품질에 영향을 줄 수 있는 검사·측정·시험장비 및 자동화장치는 계획을 수립하여 정기적으로 교정 및 성능점검을 하고 기록해야 한다.
ㅂ. 유지관리 작업은 제품의 품질에 최소한의 영향을 주도록 실행한다.

① ㄱ, ㄷ
② ㄴ, ㄹ
③ ㄹ, ㅁ, ㅂ
④ ㄹ, ㅂ
⑤ ㄷ, ㄹ, ㅁ

053

맞춤형화장품 혼합·소분 장소의 위생관리로 적절하지 않은 것은?

① 맞춤형화장품 혼합·소분 장소와 판매 장소는 구분하지 않고 관리해도 된다.
② 적절한 환기시설 구비해야 한다.
③ 작업대, 바닥, 벽, 천장 및 창문 청결 유지한다.
④ 혼합 전·후 작업자의 손 세척 및 장비 세척을 위한 세척시설 구비한다.
⑤ 방충·방서 대책 마련 및 정기적 점검하고 확인한다.

054

맞춤형화장품 혼합·소분 장비 및 도구의 위생관리로 알맞지 않은 것은?

① 사용 전·후 세척 등을 통해 오염 방지
② 작업 장비와 도구 세척 시 사용되는 세제·세척제는 잔류하거나 표면 이상을 초래하지 않는 것을 사용
③ 세척한 작업 장비와 도구는 잘 건조하여 다음 사용 시까지 오염 방지
④ 자외선 살균기 이용 시, 충분한 자외선 노출이 되므로 적당한 간격을 두고 장비와 도구를 배치할 필요가 없다.
⑤ 살균기 내 자외선램프의 청결 상태를 확인 후 사용

055

다음 중 맞춤형화장품에 대한 설명으로 옳지 않은 것을 고르시오.

① 식품의약품안전처장이 고시한 화장품에 사용할 수 없는 원료, 화장품에 사용상의 제한이 필요한 원료, 기능성화장품의 효능·효과를 나타내는 원료는 맞춤형화장품에 사용할 수 없다.
② 기능성화장품의 효능·효과를 나타내는 원료는 내용물과 원료의 최종 혼합 제품을 기능성화장품으로 기 심사(또는 보고) 받은 경우에 한하여 기 심사(또는 보고) 받은 조합·함량 범위 내에서만 사용 가능하다.
③ 원료의 경우 개인 맞춤형으로 추가되는 색소, 향, 기능성 원료 등이 해당되며 이를 위한 원료의 조합(혼합 원료)도 사용이 가능하다.
④ 맞춤형화장품조제관리사는 보존제를 혼합할 수 있다.
⑤ 혼합·소분 전 사용되는 내용물 또는 원료의 품질관리가 선행되어야 하며 책임판매업자의 품질검사 성적서로 대체 가능하다.

056

「우수화장품 제조 및 품질관리기준(CGMP)」제11조에 따른 입고 관리에 대한 설명으로 옳지 않은 것을 고르시오.

① 제조업자는 원자재 수령자에 대한 관리감독을 적절히 수행하여 입고관리가 철저히 이루어지도록 해야 한다.

② 원자재 입고 시 구매 요구서와 품질성적서 및 현품이 서로 일치해야 한다.

③ 원자재 용기에 제조번호가 없는 경우 관리번호를 부여하여 보관한다.

④ 원자재 입고절차 중 육안 확인 시 물품에 결함이 있으면 입고를 보류하고 격리 보관 및 폐기하거나 공급업자에게 반송한다.

⑤ 입고된 원자재는 "적합", "부적합", "검사 중" 등으로 표시하는 것을 권장한다.

057

「우수화장품 제조 및 품질관리기준(CGMP)」제11조에 따라 원자재 용기 및 시험기록서에 필수로 기재해야 할 사항이 아닌 것은?

① 수령일자

② 수령지

③ 원자재 공급자가 정한 제품명

④ 원자재 공급자명

⑤ 공급자가 부여한 제조번호 또는 관리번호

058

「우수화장품 제조 및 품질관리기준(CGMP)」제11조에 따른 입고 관리에 대한 설명으로 적절하지 않은 것을 고르시오.

① 원료와 포장재의 관리를 위해 중요도 분류, 재평가, 재보관 등의 사항이 필요하다.

② 원료 및 포장재 구매 시 요구사항을 만족하는 품목과 서비스를 지속적으로 공급할 수 있는 능력평가를 근거로 공급자를 선정하고 승인한다.

③ 입고된 원료와 포장재는 검사중, 적합, 부적합에 따라 각각의 구분된 공간에 별도로 보관되어야 한다.

④ 모든 원료와 포장재는 사용 후에만 관리하면 된다.

⑤ 원료 및 포장재를 확인할 때 인도 문서와 포장에 표시된 품목과 제품명을 확인한다.

059

맞춤형화장품의 내용물 또는 원료의 입고 및 보관에 관한 설명으로 틀린 것은?

① 입고 시 품질관리 여부를 확인하고 품질성적서를 구비한다.

② 원료 등의 사용기한을 확인한 후 관련 기록을 보관하고, 사용기한이 지난 내용물 및 원료는 폐기한다.

③ 원료는 시험결과가 나오기 전에도 선입선출방식으로 입출고가 가능하다.

④ 승인된 관리자가 입출고 관리를 할 수 있다.

⑤ 원료 및 내용물의 입고, 사용, 폐기 내역 등에 대하여 기록·관리해야 한다.

060

「우수화장품 제조 및 품질관리기준(CGMP)」제12조에 따른 출고 관리에 관한 설명으로 옳은 것을 고르시오.

① 출고 관리는 모든 직원이 원료 및 포장재의 불출 절차를 수행할 수 있다.
② 뱃치에서 취한 검체가 일부 합격 기준에 부합할 때 뱃치가 불출될 수 있다.
③ 원료와 포장재는 불출되기 전까지 사용을 금지하는 격리를 위해 특별한 절차가 이행되어야 한다.
④ 재고품은 최신의 것이 먼저 사용되도록 보증해야 한다.
⑤ 사용기한이 긴 경우 먼저 입고된 물품보다 먼저 출고할 수 있다.

061

다음 중「우수화장품 제조 및 품질관리기준(CGMP)」에 따른 원자재의 입출고 관리에 관한 설명으로 틀린 것은?

① 제조업자는 원자재 공급자에 대한 관리감독을 적절히 수행하여 입고관리가 철저히 이루어지도록 하여야 한다.
② 원자재의 입고 시 구매 요구서, 원자재 공급업체 성적서 및 현품이 서로 일치하여야 한다. 필요한 경우 운송 관련 자료를 추가적으로 확인할 수 있다.
③ 원자재 용기는 관리번호가 부여되지 않아도 된다.
④ 원자재 입고절차 중 육안확인 시 물품에 결함이 있을 경우 입고를 보류하고 격리보관 및 폐기하거나 원자재 공급업자에게 반송하여야 한다.
⑤ 입고된 원자재는 "적합", "부적합", "검사 중" 등으로 상태를 표시하여야 한다. 다만, 동일 수준의 보증이 가능한 다른 시스템이 있다면 대체할 수 있다.

062

「우수화장품 제조 및 품질관리기준(CGMP)」제13조에 따른 보관 관리 기준에 대한 설명으로 옳지 않은 것은?

① 원자재, 반제품 및 벌크 제품은 품질에 나쁜 영향을 미치지 아니하는 조건에서 보관하여야 하며 보관기한을 설정하여야 한다.

② 원자재, 반제품 및 벌크 제품은 바닥과 벽에 닿지 아니하도록 보관하고, 선입선출에 의하여 출고할 수 있도록 보관하여야 한다.

③ 원자재, 시험 중인 제품 및 부적합품은 같은 구역의 대기실에 보관하여 관리한다.

④ 설정된 보관기한이 지나면 사용의 적절성을 결정하기 위해 재평가시스템을 확립하여야 하며, 동 시스템을 통해 보관기한이 경과한 경우 사용하지 않도록 규정하여야 한다.

⑤ 보관 조건은 각각의 원료와 포장재의 세부 요건에 따라 적절한 방식으로 정의되어야 한다.

063

「우수화장품 제조 및 품질관리기준(CGMP)」제13조에 따른 보관 관리의 요건으로 알맞은 것을 모두 고르시오.

〈보기〉

ㄱ. 원료의 보관 조건은 신선보관을 위해 무조건 냉장보관 한다.

ㄴ. 원료와 포장재가 재포장될 때, 새로운 용기에는 원래와 다른 레벨을 사용해도 된다.

ㄷ. 보관 조건은 각각의 원료와 포장재에 적합하여야 하고, 과도한 열기, 추위, 햇빛 또는 습기에 노출되어 변질되는 것을 방지할 수 있어야 한다.

ㄹ. 물질의 특징 및 특성에 맞도록 보관, 취급되어야 한다.

ㅁ. 재고의 회전을 보증하기 위한 방법이 확립되어 있어야 한다. 따라서 특별한 경우를 제외하고, 가장 최근의 재고가 제일 먼저 불출되도록 한다.

ㅂ. 원료와 포장재의 용기는 밀폐하고, 편평한 바닥 위에 적재한다.

064

〈보기〉는「우수화장품 제조 및 품질관리기준(CGMP)」 제13조에 따른 보관 관리에 대한 요건에 대한 내용이다. 괄호 안에 들어갈 알맞은 단어를 고르시오.

〈보기〉

원료의 사용기한은 사용 시 확인이 가능하도록 (㉠)에 표시되어야 한다. 원료와 포장재, 반제품 및 벌크 제품, 완제품, 부적합품 및 반품 등에 도난, 분실, 변질 등의 문제가 발생하지 않도록 작업자 외에 보관소의 출입을 (㉡)하고, 관리하여야 한다.

	㉠	㉡
①	문서	제한
②	라벨	제한
③	라벨	개방
④	문서	개방
⑤	문서	폐쇄

065

「우수화장품 제조 및 품질관리기준(CGMP)」제17조에 따른 내용물 공정 관리에 대한 설명으로 적절하지 않은 것은?

① 제조공정 단계별로 적절한 관리기준이 규정되어야 하며 그에 미치지 못한 모든 결과는 보고되고 조치가 이루어져야 한다.
② 벌크제품의 최대 보관기한을 설정하여야 하며, 그 기한과 가까워진 반제품은 완제품으로 제조하기 전에 품질 이상과 변질 여부 등을 확인해야 한다.
③ 벌크 제품의 충전 공정 후 벌크가 사용하지 않은 상태로 남아있고 차후 다시 사용할 것이라면 밀봉하여 식별 정보를 표시해야 한다.
④ 여러 번 자주 사용하는 벌크 제품의 경우 가능한 많은 양을 한꺼번에 보관통에 담아 보관한다.
⑤ 남은 벌크는 재보관하고 재사용할 수 있다.

066

「우수화장품 제조 및 품질관리기준(CGMP)」에 따른 보관 및 출고 기준으로 옳지 않은 것은?

① 완제품은 적절한 조건하의 정해진 장소에서 보관하여야 한다.
② 완제품은 시험결과 적합으로 판정되면 출고해도 된다.
③ 출고는 선입선출방식으로 하되, 타당한 사유가 있는 경우에는 그러지 아니할 수 있다.
④ 출고할 제품은 원자재, 부적합품 및 반품된 제품과 구획된 장소에서 보관하여야 한다. 다만 서로 혼동을 일으킬 우려가 없는 시스템에 의하여 보관되는 경우에는 그러하지 아니할 수 있다.
⑤ 주기적으로 재고 점검을 수행해야 한다.

067

「우수화장품 제조 및 품질관리기준(CGMP)」에 따른 원료의 보관 및 출고에 관한 설명으로 적절하지 않은 것을 고르시오.

① 모든 완제품은 포장 및 유통을 위해 불출되기 전, 해당 제품이 규격서를 준수하고 지정된 권한을 가진 자에 의해 승인된 것임을 확인하는 절차서가 수립되어야 한다.
② 완제품 관리 항목에는 보관, 검체 채취, 보관용 검체, 제품 시험, 합격 및 출하 판정 등이 있다.
③ 시장 출하 후 모든 완제품은 설정된 시험 방법에 따라 관리되어야 한다.
④ 일반적으로 완제품 검체채취, 제품 시험 및 결과 판정은 품질관리부서가 실시하는 것이 원칙이다.
⑤ 출고할 제품은 원자재, 부적합품 및 반품된 제품과 구획된 장소에서 보관하여야 한다.

068

모든 완제품은 포장 및 유통을 위해 불출되기 전, 해당 제품이 규격서를 준수하고, 지정된 권한을 가진 자에 의해 승인된 것임을 확인하는 규격서가 수립되어야 한다. 보관, 출하, 회수 시, 완제품의 품질을 유지할 수 있도록 보장하는 내용이 수립되어야 한다. 여기에서 "권한을 가진 자"란 누구를 의미하는가?

① 품질관리 책임자
② 품질보증 책임자
③ 책임판매 관리자
④ 책임판매업자
⑤ 대표자

069

다음은 화장품 품질보증책임자의 업무사항에 대한 설명이다. 화장품 품질보증책임자의 업무사항으로 옳지 않은 것은?

① 품질검사가 규정대로 진행되는지 확인하는 업무
② 고객의 불만처리 및 제품회수를 주관하는 업무
③ 원자재 적합판정과 제품출고여부를 결정하는 업무
④ 제품회수 및 폐기처분수행을 하는 업무
⑤ 품질관련 모든 문서와 절차를 검토, 승인하는 업무

070

「우수화장품 제조 및 품질관리기준(CGMP)」제13조에 따른 원료, 포장재의 보관 환경으로 옳지 않은 것을 고르시오.

① 출입 제한
② 오염방지
③ 방충·방서 대책
④ 온습도 관리
⑤ 바람이 잘 통하고 햇빛이 잘 드는 곳

071

화장품의 포장재에 대한 설명으로 옳지 않은 것은?

① 저밀도 폴리에틸렌 (LDPE) - 반투명하고 광택이 있으며 유연성이 우수하여 튜브, 마개 등에 사용된다.

② 고밀도 폴리에틸렌 (HDPE) - 광택이 없고 수분 투과율이 적어 샴푸용기로 사용된다.

③ 폴리스티렌 (PS) - 딱딱하고 투명하고 광택이 있으며 내약품성이 우수하여 콤팩드 용기로 사용된다.

④ AS 수지 - 투명하고 광택이 있으며 내충격성 및 내유성이 우수하여 콤팩트 또는 스틱 용기로 사용된다.

⑤ PET - 딱딱하고 투명성과 광택 및 내약품성이 우수하여 기초화장품용기로 가장 많이 사용된다.

072

「우수화장품 제조 및 품질관리기준(CGMP)」제19조 (보관 및 출고)에 따른 설명으로 옳지 않은 것은?

① 완제품의 적절한 보관, 취급 및 유통을 보장하는 절차서에는 적당한 조명, 온도, 습도, 정렬된 통로 및 보관 구역 등의 적절한 보관조건을 명시해야 한다.

② 불출된 완제품, 검사 중인 완제품, 불합격 판정을 받은 완제품은 각각의 상태에 따라 지정된 물리적 장소에 보관하거나 미리 정해진 자동 적재 위치에 저장되어야 한다.

③ 재질 및 제품의 관리와 보관은 쉽게 확인할 수 있는 방식으로 수행되어야 한다.

④ 재질 및 제품의 수령과 철회는 적절히 허가되어야 한다.

⑤ 달리 규정된 경우가 아니라면, 재고 회전은 선입후출 방식으로 사용 및 유통되어야 한다.

073

「우수화장품 제조 및 품질관리기준(CGMP)」제19조 (보관 및 출고)에 따라 빈칸에 들어갈 알맞은 단어를 쓰시오.

〈보기〉

파레트에 적재된 완제품은 제품의 명칭, (㉠), 보관 조건, 불출상태를 표시한다.

✍

074

괄호 안에 공통으로 들어갈 용어를 쓰시오.

〈보기〉

(㉠)를 보관하는 목적은 제품의 사용 중에 발생할지도 모르는 "재검토작업"에 대비하기 위해서다. 재검토작업은 품질 상에 문제가 발생하여 재시험이 필요할 때 또는 발생한 불만에 대처하기 위하여 품질 이외의 사항에 대한 검토가 필요하게 될 때이다. (㉡)는 재시험이나 불만 사항의 해결을 위하여 사용한다.

✍

075

「우수화장품 제조 및 품질관리기준(CGMP)」제19조(보관 및 출고)에 따른 보관용 검체에 대한 설명으로 적절하지 않은 것은?

① 보관용 검체는 사용기한 중에 재시험이나 고객불만 사항의 해결을 위하여 사용한다.
② 제품을 그대로 보관하며, 각 뱃치를 대표하는 검체를 보관한다.
③ 일반적으로는 각 뱃치 별로 제품 시험을 2번 실시할 수 있는 양을 보관한다.
④ 제품이 가장 안정한 조건에서 보관한다.
⑤ 사용기한 경과 후 1년간 또는 개봉 후 사용 기간을 기재하는 경우에는 제조일로부터 2년간 보관한다.

076

다음은「우수화장품 제조 및 품질관리기준(CGMP)」제19조에 따른 완제품의 입고, 보관 및 출하절차 단계이다. 순서에 맞게 배열하시오.

〈보기〉
ㄱ. 포장공정
ㄴ. 완제품시험 합격
ㄷ. 출하
ㄹ. 시험 중 라벨 부착
ㅁ 입고대기구역보관(임시보관)
ㅂ. 보관
ㅅ. 합격라벨 부착

077

「우수화장품 제조 및 품질관리기준(CGMP)」제20조에 따른 시험관리에 관한 설명으로 바르지 않은 것을 고르시오.

① 품질관리를 위한 시험업무에 대해 문서화된 절차를 수립하고 유지하여야 한다.
② 원자재, 반제품 및 완제품에 대한 적합 기준을 마련하고 제조번호별로 시험 기록을 작성·유지하여야 한다.
③ 시험결과 적합 또는 부적합인지 분명히 기록하여야 한다.
④ 원자재, 반제품 및 완제품은 적합판정이 된 것만을 사용하거나 출고하여야 한다.
⑤ 정해진 보관 기간이 경과된 원자재 및 반제품은 무조건 폐기해야 한다.

078

「우수화장품 제조 및 품질관리기준(CGMP)」제20조(시험관리)에 따라 표준품과 주요시약의 용기에 기재 표시해야 하는 내용이 아닌 것은?

① 명칭
② 개봉일
③ 보관조건
④ 사용기한
⑤ 개봉자의 성명

079

「우수화장품 제조 및 품질관리기준(CGMP)」제21조(검체의 채취 및 보관)에 따른 설명으로 옳지 않은 것은?

① 제품의 검체채취란 제품 시험용 및 보관용 검체를 채취하는 일이며, 제품 규격에 따라 충분한 수량이어야 한다.
② 원재료 입고 시에 검체채취라면 다른 부서에 검체 채취를 위탁하는 것도 가능하나 제품 검체채취는 품질관리부서 검체채취 담당자가 실시한다. 불가피한 사정이 있으면 타 부서에 의뢰할 수는 있다.
③ 제품 검체채취는 품질관리부서가 실시하는 것이 일반적이다.
④ 검체 채취자에게는 검체 채취 절차 및 검체 채취 시의 주의사항을 교육, 훈련시켜야 한다.
⑤ 완제품의 보관용 검체는 적절한 보관조건 하에 지정된 구역 내에서 제조단위별로 사용기한 경과 후 1년간 보관하여야 한다. 다만, 개봉 후 사용기간을 기재하는 경우에는 제조일로부터 2년간 보관하여야 한다.

080

「우수화장품 제조 및 품질관리기준(CGMP)」제21조(검체의 채취 및 보관)에 따라 시험용 검체의 용기에 기재해야 할 사항으로 알맞지 않은 것은?

① 명칭 또는 확인코드
② 제조번호 또는 제조단위
③ 검체채취 날짜
④ 가능한 경우, 검체 채취 지점(point)
⑤ 시험자의 성명과 사인

081

다음 중 검체 채취 방법 및 검사에 관한 설명으로 적절하지 않은 것을 고르시오.

① 원료에 대한 검체 채취 계획을 수립한다.
② 검사결과가 규격에 적합한지 확인하고, 부적합할 때 일탈 처리 절차를 진행한다.
③ 사용되지 않은 물질은 창고로 반송한다.
④ 검체는 채취자가 제조실로 운반·보관한다.
⑤ 검체 채취 지역이 준비되어 있는지 확인하고, 대상 원료를 그 지역으로 옮긴다.

082

「우수화장품 제조 및 품질관리기준(CGMP)」 제22조에 따른 폐기처리에 관한 설명으로 알맞은 것은?

① 품질에 문제가 있거나 회수·반품된 제품의 폐기 또는 재작업 여부는 제조사에 의해 승인되어야 한다.
② 폐기 대상은 관리자의 권한으로 처리하면 된다.
③ 변질·변패 또는 병원미생물에 오염되지 아니하고 제조일로부터 1년이 경과하지 않았거나 사용기한이 1년 이상 남아있는 경우 재작업 할 수 있다.
④ 변질·변패 또는 병원미생물에 오염되지 아니하고 제조일로부터 2년이 경과하지 않았거나 사용기한이 1년 이상 남아있는 경우 재작업 할 수 있다.
⑤ 재입고 할 수 없는 제품의 폐기처리규정을 작성하지 않아도 된다.

083

「우수화장품 제조 및 품질관리기준(CGMP)」에 따른 폐기기준 및 절차에 관한 설명으로 적절하지 않은 것을 고르시오.

① 오염된 포장재나 표시사항이 변경된 포장재는 폐기한다.

② 품질에 문제가 있거나 회수·반품된 제품의 폐기 또는 재작업 여부는 품질보증책임자에 의해 승인되어야 한다.

③ 재작업 처리의 실시는 책임판매관리업자가 결정한다.

④ 부적합품인 원료, 자재, 벌크제품 및 완제품에 대한 폐기관련 사항은 CGMP에서 규정하고 있다.

⑤ 재작업은 그 대상이 다음 각 호를 모두 만족한 경우에 할 수 있다. ㉠ 변질·변패 또는 병원미생물에 오염되지 아니한 경우 ㉡ 제조일로부터 1년이 경과하지 않았거나 사용기한이 1년 이상 남아있는 경우

084

괄호 안에 공통으로 들어갈 용어를 쓰시오.

원료와 포장재, 벌크제품과 완제품이 미리 설정된 기준을 벗어나 적합판정기준을 만족시키지 못 할 경우 (㉠)제품으로 지칭한다. (㉠)이 된 완제품 또는 벌크제품은 재작업 할 수 있다. 재작업이란 뱃치 전체 또는 일부에 추가 처리(한 공정 이상의 작업을 추가하는 일)를 하여 부적합품을 적합품으로 다시 가공하는 일이다.

✍

085

「우수화장품 제조 및 품질관리기준(CGMP)」제22조에 따른 재작업의 절차에 관한 설명으로 바르지 못한 것은?

① 품질보증 책임자가 규격에 부적합이 된 원인 조사를 지시한다.

② 재작업 전의 품질이나 재작업 공정의 적절함 등을 고려하여 제품 품질에 악영향을 미치지 않는 것을 재작업 실시 전에 예측한다.

③ 재작업 처리 실시의 결정은 책임판매관리자가 실시한다.

④ 승인이 끝난 재작업 절차서 및 기록서에 따라 실시한다.

⑤ 재작업 한 최종 제품 또는 벌크제품의 제조기록, 시험기록을 충분히 남긴다. 품질이 확인되고 품질보증 책임자의 승인을 얻을 수 있을 때까지 재작업품은 다음 공정에 사용할 수 없고 출하할 수 없다.

086

다음 빈칸에 들어갈 적당한 용어를 순서대로 쓰시오.

> 〈보기〉
> - (㉠)이란 제조 또는 품질관리 활동 등의 미리 정하여진 기준을 벗어나 이루어진 행위를 말한다.
> - (㉡)이란 규정된 합격 판정에 일치하지 않는 검사, 측정 또는 시험결과를 말한다.
> - (㉢)란 품질관리팀에서 실시한 완제품 및 벌크의 시험기준에서 벗어나 적합판정을 만족시키지 못한 것을 의미하며 재시험, 재검체채취가 이루어지고 부적합의 원인을 찾아 시정 및 예방조치를 실시하여 동일한 재발을 방지해야 하며 또한 품질보증책임자의 결정에 따라 재작업 처리가 가능하다.

087

기준일탈에 대한 옳은 정의를 고르시오.

① 규정된 합격 판정 기준에 일치하지 않는 검사, 측정 또는 시험결과를 말한다.
② 제조 또는 품질관리 활동 등의 미리 정하여진 기준을 벗어나 이루어진 행위를 말한다.
③ 제품에서 화학적, 물리적, 미생물학적 문제 또는 이들이 조합되어 나타내는 바람직하지 않은 문제의 발생을 말한다.
④ 적절한 작업환경에서 건물과 설비가 잘 유지되지 않을 경우 시행하는 정기적 검증작업을 말한다.
⑤ 인위적인 과오를 말한다.

088

「우수화장품 제조 및 품질관리기준(CGMP) 제24조에 따라 중대한 일탈의 예가 아닌 것은?

① 제품표준서, 제조작업절차서 및 포장작업절차서의 기재내용과 다른 방법으로 작업이 실시되었을 경우
② 공정관리기준에서 두드러지게 벗어나 품질 결함이 예상될 경우
③ 관리 규정에 의한 관리 항목(생산 시의 관리 대상 파라미터의 설정치 등)에 있어서 두드러지게 설정치를 벗어났을 경우
④ 생산 시의 관리 대상 파라미터의 설정치 등에 있어서 설정된 기준치로부터 벗어난 정도가 10% 이하이고 품질에 영향을 미치지 않는 것이 확인되어 있을 경우
⑤ 벌크제품과 제품의 이동·보관에 있어서 보관 상태에 이상이 발생하고 품질에 영향을 미친다고 판단될 경우

089

「우수화장품 제조 및 품질관리기준(CGMP)」제24조에 따른 일탈의 조치로 알맞지 않은 것을 고르시오.

① 일탈의 정의, 일처리의 순서, 제품의 처리 방법 등을 절차서에 정하여 문서화 한다.
② 제품의 처리법 결정부터 재발방지대책의 실행까지는 발생 부서의 책임자가 책임을 지고 실행하면 된다.
③ 제조관리부서에 의한 내용의 조사·승인이나 진척 상황의 확인이 필요하다.
④ 원인을 모르면 재발방지대책의 입안·실행을 할 수 없고 다음 뱃치를 개시할 수도 없다.
⑤ 일탈 원인이 아무리 해도 판명되지 않는 경우에는 다시 같은 일탈이 발생하기까지 원인 규명을 미루는 방법도 있지만 재발을 발견하는데 충분한 모니터링이 필요하다.

090

다음 〈보기〉는 일탈의 조치에 대한 순서이다. 일탈 처리 흐름의 순서대로 쓰시오.

〈보기〉

ㄱ. 일탈의 발견 및 초기평가
ㄴ. SOP에 따른 조사. 원인분석 및 예방조치
ㄷ. 즉각적인 수정조치
ㄹ. 문서작성/문서추적 및 경향분석
ㅁ. 후속조치/종결

순서 : ㄱ - (　　) - (　　) - (　　) - ㄹ

091

「우수화장품 제조 및 품질관리기준(CGMP)」제25조에 따른 불만처리담당자에 대한 업무로 옳지 않은 것은?

① 불만 접수연월일을 기록한다.
② 불만 제기자의 이름과 연락처를 기록한다.
③ 제품명, 제조번호 등을 포함한 불만내용을 기록한다.
④ 불만조사 및 추적조사 내용, 처리결과 및 향후 대책을 작성한다.
⑤ 불만이 접수된 제품의 제조번호와 다른 제조번호의 제품에 관한 영향은 고려하지 않아도 된다.

092

제조업자는 제조한 화장품에서 「화장품법」을 위반하여 위해 우려가 있는 제품에 회수에 필요한 조치를 하여야 한다. 이때 「우수화장품 제조 및 품질관리기준(CGMP)」제26조에 따른 회수 책임자의 역할로 옳지 않은 것은?

① 전체 회수과정에 빠른 회수를 위해 제조업자는 단독적으로 조치를 취한다.
② 결함 제품의 회수 및 관련 기록을 보존한다.
③ 소비자 안전에 영향을 주는 회수의 경우 회수가 원활히 진행될 수 있도록 필요한 조치를 수행해야 한다.
④ 회수된 제품은 확인 후 필요시 제조소 내 격리보관 조치해야 한다.
⑤ 필요시 회수과정의 주기적인 평가를 시행해야 한다.

093

〈보기〉는 「우수화장품 제조 및 품질관리기준(CGMP)」 제28조에 관한 내용이다. 빈칸에 들어갈 알맞은 말을 고르시오.

〈보기〉

품질보증체계가 계획된 사항에 부합하는지를 주기적으로 검증하기 위하여 (㉠)를 실시하여야 하고 (㉠) 계획 및 실행에 관한 문서화된 절차를 수립하고 유지하여야 한다.(㉡)는 감사대상과는 독립적이어야 하며, 자신의 업무에 대하여 감사를 실시하여서는 아니 된다. 감사 결과는 기록되어 경영책임자 및 피감사 부서의 책임자에게 공유되어야 하고 감사 중에 발견된 결함에 대하여 시정조치하여야 한다.

	㉠	㉡
①	내부감사	피감시자
②	내부감사	감사자
③	외부감사	피감시자
④	외부감사	감사자
⑤	내외부감사	피감시자

094

「우수화장품 제조 및 품질관리기준(CGMP)」 제28조에 따라 빈칸에 들어갈 용어를 순서대로 쓰시오.

〈보기〉

- (㉠):조직의 직접적인 통제 하에 피 감사대상 부서에 대한 감사
- (㉡):도급계약자나 공급자와 같은 회사 외부의 피 감사 대상 부서나 조직에 대한 감사
- (㉢):계약 체결 전, 잠재적 공급업체나 도급업체에 대한 감사
- (㉣):발주 후, 제품 생산 전 또는 생산 중에 공급업체나 도급업체 대한 감사

✍

095

「우수화장품 제조 및 품질관리기준(CGMP)」제29조 따른 화장품 영업자의 문서관리에 관한 설명으로 옳지 않은 것은?

① 제조업자는 우수화장품 제조 및 품질보증에 대한 목표와 의지를 포함한 관리방침을 문서화하며 전 작업원들이 실행하여야 한다.

② 모든 문서의 작성 및 개정·승인·배포·회수 또는 폐기 등 관리에 관한 사항이 포함된 문서관리규정을 작성하고 유지하여야 한다.

③ 문서는 작업자가 알아보기 쉽도록 작성하여야 하며 작성된 문서에는 반드시 작성자가 작성 연월일만 기재 보관하면 된다.

④ 문서의 작성자·검토자 및 승인자는 서명을 등록한 후 사용하여야 한다.

⑤ 문서를 개정할 때는 개정사유 및 개정연월일 등을 기재하고 권한을 가진 사람의 승인을 받아야 하며 개정 번호를 지정해야 한다.

096

식품의약품안전처고시 「화장품 안전기준 등에 관한 규정」 따라 괄호 안에 들어갈 알맞은 시험법을 적으시오.

〈보기〉

화장품 품질관리시험 중 일반 항목은 납, 비소, 수은, 안티몬, 카드뮴, 디옥산, 메탄올, 포름알데하이드, 프탈레이트류 검출 시험, (   ), 내용량 시험, pH시험(물함유 제품에 한함) 검사가 있다.

✍

097

식품의약품안전처고시 「화장품 안전기준 등에 관한 규정」의 유통화장품 안전관리 기준에 따라 눈 화장용 제품 제조 시 인위적으로 첨가하지 않았으나 제조 또는 보관 과정 중 포장재 등 비의도적으로 유래되어 완전한 제거가 불가능한 물질과 그 검출 허용한도가 적절하지 않게 연결된 것을 고르시오.

① 안티몬 : 10㎍/g 이하

② 비소 : 10㎍/g 이하

③ 프탈레이트류 : 100㎍/g 이하

④ 니켈 : 35㎍/g 이하

⑤ 메탄올 : 0.002(v/v)% 이하

098

식품의약품안전처고시 「화장품 안전기준 등에 관한 규정」의 유통화장품 안전관리 기준에 따라 기초화장용 제품 제조 시 인위적으로 첨가하지 않았으나 제조 또는 보관 과정 중 포장재 등 비의도적으로 유래되어 완전한 제거가 불가능한 물질과 그 검출 허용한도가 적절하지 않게 연결된 것을 고르시오.

① 비소 : 10㎍/g 이하

② 수은 : 1㎍/g 이하

③ 납 : 점토를 원료로 사용한 분말제품은 50㎍/g 이하, 그 밖의 제품은 20㎍/g 이하

④ 니켈 : 눈 화장용 제품은 35㎍/g 이하, 색조 화장용 제품은 30㎍/g 이하, 그 밖의 제품은 10㎍/g 이하

⑤ 포름알데하이드 : 2000㎍/g 이하, 물휴지는 200㎍/g 이하

099

맞춤형조제관리사 A씨는 맞춤형 화장품을 조제하고자 한다. 「화장품 안전기준 등에 관한 규정」에 고시된 유통화장품 안전관리 기준에 따라 올바른 행위를 한 경우를 모두 고르시오.

〈보기〉

ㄱ. 클렌징 로션이 pH 11로 측정되어 제품을 판매하지 않았다.
ㄴ. 니켈이 32㎍/g 검출된 리퀴드 파운데이션을 판매하지 않았다.
ㄷ. 안티몬이 7㎍/g 검출된 로션제A와 5㎍/g 검출된 로션제B를 반반씩 섞어서 판매하였다.
ㄹ. 화장 비누의 유리알칼리 성분이 0.03%로 측정되어 판매하지 않았다.
ㅁ. 총호기성 생균수가 810개/g(mL)인 아이브로 펜슬을 판매하였다.

① ㄱ, ㄴ
② ㄱ, ㄹ
③ ㄱ, ㅁ
④ ㄴ ,ㄷ
⑤ ㄴ, ㅁ

100

빈칸에 들어갈 알맞은 말을 순서대로 쓰시오.

〈보기〉

• 총호기성생균수는 영·유아용 제품류 및 눈화장용 제품류의 경우 (㉠)/g(mL) 이하의 검출허용 한도가 있다.
• 물휴지의 경우 세균 및 진균수는 각각 (㉡)/g(mL) 이하의 검출허용한도가 있다.- 기타 화장품의 경우 (㉢)/g(mL) 이하의 미생물 검출허용 한도가 있다.

✍

101

대장균(Escherichia Coli), 녹농균(Pseudomonas aeruginosa), 황색포도상구균(Staphylococcus aureus)의 비의도적 검출허용 한도는?

✍

102

「화장품 안전기준 등에 관한 규정」에 고시된 유통 화장품 안전관리 기준에 따른 미생물 한도가 틀린 것은?

① 영유아용 제품류의 경우 총호기성생균수는 500개/g(mL) 이하
② 물휴지의 경우 세균 및 진균수는 각각 100개/g(mL) 이하
③ 기타 화장품의 경우 1000개/g(mL) 이하
④ 대장균의 경우 100개/g(mL) 이하
⑤ 눈화장용 제품류의 경우 총호기성생균수는 500개/g(mL) 이하

103

「화장품 안전기준 등에 관한 규정」[별표 4](유통화장품 안전관리 시험방법)에 따라 미생물 한도 시험 시 액제, 로션제, 크림제, 오일제 제품의 검액을 만들 때 검체를 몇 배의 희석액으로 만들어 시험하는 것을 권장하는가?

① 2배
② 5배
③ 10배
④ 20배
⑤ 30배

104

「화장품 안전기준 등에 관한 규정」[별표 4](유통화장품 안전관리 시험방법)에 따라 제품에 대한 내용량을 시험할 때 그 평균이 내용량 표기량의 몇 % 이상이 되어야 하는지 고르시오.

① 99%
② 98%
③ 97%
④ 96%
⑤ 95%

105

「화장품 안전기준 등에 관한 규정」의 유통화장품 안전관리 시험방법에 따라 시험할 때 화장 비누의 내용량에 대한 설명으로 옳은 것을 고르시오.

① 수분 함량이 포함된 화장 비누의 중량을 내용량으로 한다.
② 1차 포장이 포함된 화장 비누의 중량을 내용량으로 한다.
③ 평균 내용량이 표기량에 대해 95% 이상이어야 한다.
④ 포장의 무게가 포함 되지 않은 화장 비누의 건조 중량을 내용량으로 한다.
⑤ 1차 포장 상태에서 건조 중량을 내용량으로 한다.

106

식품의약품안전처고시 「화장품 안전기준 등에 관한 규정」의 유통화장품 안전관리 기준에 따라 pH 기준이 적용되는 제품을 모두 고르시오.

ㄱ. 아이쉐도우	ㄴ. 클렌징 오일
ㄷ. 영유아용 로션	ㄹ. 영유아용 샴푸
ㅁ. 쉐이빙 크림	ㅂ. 기능성 크림
ㅅ. 헤어크림	ㅇ. 메이크업 베이스
ㅈ. 버블배스	

107

식품의약품안전처고시 「화장품 안전기준 등에 관한 규정」의 유통화장품 안전관리 기준에 따라 pH의 범위가 3.0~9.0이어야 하는 화장품을 모두 고르시오.

ㄱ. 베이비오일	ㄴ. 로션
ㄷ. 토너	ㄹ. 에프터셰이브 로션
ㅁ. 클렌징 크림	ㅂ. 영유아용 바디워시
ㅅ. 헤어 스트레이트너 제품	ㅇ. 바디오일
ㅈ. 셰이빙 폼	ㅊ. 메이크업 리무버

108

다음 〈보기〉의 빈칸에 들어갈 알맞은 숫자를 쓰시오.

〈보기〉

화장비누(고형비누)의 경우 제품에 남아있는 유리 알칼리 성분의 제한 한도는 (　　)% 이하이다.

109

식품의약품안전처고시 「화장품 안전기준 등에 관한 규정」의 유통화장품 안전관리 기준에 따른 설명으로 옳지 않은 것은?

① 헤어퍼머넌트웨이브용 및 헤어스트레이트너 제품은 중금속 : 20㎍/g 이하, 비소 : 5㎍/g 이하, 철 : 2㎍/g 이하의 비의도적 유래물질의 함량기준이 있다.

② 화장비누는 비누화과정이 완료된 후 남아있는 유리알칼리 성분은 0.1% 이하 검출 기준이다.

③ 기초화장용제품류 중 클렌징로션과 클렌징크림의 ph는 3.0~9.0이어야 한다.

④ 물휴지의 경우 세균, 진균 은 각각 100개/g(mL) 이하 검출되어야 한다.

⑤ 물휴지의 비의도적 메탄올 유래함량은 0.002%(v/v) 이하가 기준이다.

110

다음 중 화장품의 공통 시험 항목에 해당하는 것을 고르시오.

① 비의도적 유래물질(납, 수은, 비소 등)의 검출 허용한도
② pH
③ 유리알칼리 함량
④ 주성분 함량
⑤ 환원 후의 환원성 물질

111

화장품 품질관리 시험항목 중 일반적인 화장품의 공통시험 항목에 해당하는 것이 아닌 것을 모두 고르시오.

① 납, 비소, 수은
② 미생물한도
③ pH
④ 내용량
⑤ 유리알칼리

112

다음 중 기초화장품에 관한 시험을 진행하려고 할 때 반드시 검사해야 하는 검출허용한도가 있는 비의도적 유래물질은?(단, 알코올이 함유되어 있지 않은 기초화장품임)

① 안티몬
② 디옥산
③ 메탄올
④ 납
⑤ 포름알데하이드

113

유통화장품 안전관리 시험방법에서 납, 니켈, 비소, 안티몬, 카드뮴에서 공통으로 사용하는 시험방법이 아닌 것을 모두 고르시오.

① 디티존법
② 원자흡광광도법(AAS)
③ 액체크로마토그래프법의 절대검량선법
④ 유도결합플라즈마분광기를 이용하는 방법(ICP)
⑤ 유도결합플라즈마-질량분석기를 이용하는 방법(ICP-MS)

114

시험성분과 유통화장품 안전관리 시험방법이 옳게 연결되지 않은 것은?

① 니켈 : 원자흡광광도법(AAS)
② 수은 : 수은 분해 장치, 수은 분석기
③ 디옥산 : 기체크로마토그래프법의 절대 검량선법
④ 메탄올 : 푹신아황산법, 기체크로마토그래프법, 기체크로마토그래프-질량분석기법
⑤ 포름알데하이드 : 기체크로마토그래프(수소 염이온화검출기, 질량분석기 사용)

115

유도결합플라즈마-질량분석기를 이용한 방법(ICP-MS)을 이용하여 유통화장품의 안전관리 시험법으로 실시하는 성분이 아닌 것은?

① 니켈
② 수은
③ 납
④ 비소
⑤ 안티몬

116

식품의약품안전처고시「화장품 안전기준 등에 관한 규정」[별표 4]에 따른 pH 시험법에 대한 내용이다. 빈칸에 들어갈 알맞은 숫자를 쓰시오.

〈보기〉

검체 약 (㉠)g 또는 (㉠)mL를 취하여 100mL 비이커에 넣고 물 (㉡)mL를 넣어 수욕상에서 가온하여 지방분을 녹이고 흔들어 섞은 다음 냉장고에서 지방분을 응결시켜 여과한다. 이때 지방층과 물층이 분리되지 않을 때는 그대로 사용한다. 여액을 가지고 「기능성화장품 기준 및 시험방법」(식품의약품안전처 고시) 일반시험법 1. 원료의 "47. pH 측정법"에 따라 시험한다. 다만, 성상에 따라 투명한 액상인 경우에는 그대로 측정한다.

117

식품의약품안전처고시「화장품 안전기준 등에 관한 규정」[별표 4](유통화장품 안전관리 시험방법)에 따라 미생물한도 시험법과 배지 종류가 옳게 연결된 것은?

① 총 호기성 세균수 시험 - 포테이토 덱스트로즈 한천배지
② 진균수 - 항생물질 첨가 사브로포도당한천배지
③ 총 호기성 세균수 시험 - 맥콘키한천배지
④ 대장균시험 - 엔에이씨한천배지
⑤ 황색포도상구균 - 유당액체배지

118

식품의약품안전처고시「화장품 안전기준 등에 관한 규정」[별표 4](유통화장품 안전관리 시험방법)에 따라 화장품 내용물에 대장균이 존재하는지 확인하기 위한 대장균시험법에 사용되는 배지를 모두 고르시오.

〈보기〉

ㄱ. 유당액체배지
ㄴ. 카제인대두소화액체배지
ㄷ. 맥콘키한천배지
ㄹ. 세트리미드한천배지
ㅁ. 에오신메칠렌블루한천배지

119

〈보기〉는 「화장품 안전기준 등에 관한 규정」[별표 4]에 고시되어 있는 미생물한도 시험법 중 세균수 시험법이다. 빈칸에 들어갈 알맞은 시험법의 명칭을 쓰시오.

〈보기〉

ㄱ. (㉠):직경 9~10cm 페트리 접시내에 미리 굳힌 세균시험용 배지 표면에 전처리 검액 0.1mL 이상 도말한다.

ㄴ. 한천평판희석법:검액 1mL를 같은 크기의 페트리접시에 넣고 그 위에 멸균 후 45℃로 식힌 15mL의 세균시험용 배지를 넣어 잘 혼합한다. 검체당 최소 2개의 평판을 준비하고 30~35℃에서 적어도 48시간 배양한다.

120

평판도말법을 통해 총 호기성 생균수를 계수하고자 한다. 로션제를 10배 희석한 검액에서 0.1ml씩 채취하여 2개의 배지(평판)에 각각 접종하여 실험하였다. 다음의 표를 참고하여 로션제의 세균수와 진균수를 계산한 후, 총호기성 생균수(CFU/g(ml))를 계산하고, 적합 여부를 판정하시오.

	각 배지에서 검출된 집락수	
	평판1	평판2
세균용 배지	6	8
진균용 배지	8	4
세균수(CFU/g(ml))	㉠	
진균수(CFU/g(ml))	㉡	
총 호기성 생균수 (CFU/g(ml))	㉢	

121

평판도말법을 통해 총 호기성 생균수를 계수하고자 한다. 로션제를 100배 희석한 검액에서 1ml를 채취하여 3개의 배지(평판)에 나누어서 접종하였고 이것을 2번 반복하였다. 다음 표는 결과를 나타낸 것이다. 표를 참고하여 로션제의 총호기성 생균수(CFU/g(ml))를 계산하고, 적합 여부를 판정하시오.

표 1		3개의 배지에서 검출된 집락수		
		평판1	평판2	평판3
세균용 배지	반복수1	5	3	4
	반복수2	5	4	7
진균용 배지	반복수1	4	2	2
	반복수2	2	5	3

표 2	3개의 배지에서 검출된 집락수	
	반복수1	반복수2
세균용 배지	5+3+4=12	5+4+7=16
진균용 배지	4+2+2=8	2+5+3=10
세균수(CFU/g(ml))	㉠	
진균수(CFU/g(ml))	㉡	
총 호기성 생균수 (CFU/g(ml))	㉢	

✍

122

평판희석법을 통해 총 호기성 생균수를 계수하고자 한다. 로션제를 10배 희석한 검액에서 1ml씩 채취하여 2개의 배지(평판)에 각각 접종하여 실험하였을 때, 다음의 표를 참고하여 로션제의 총호기성 생균수(CFU/g(ml))를 계산하고, 적합 여부를 판정하시오.

	각 배지에서 검출된 집락수	
	평판1	평판2
세균용 배지	66	58
진균용 배지	28	24
세균수(CFU/g(ml))	㉠	
진균수(CFU/g(ml))	㉡	
총 호기성 생균수 (CFU/g(ml))	㉢	

✍

123

평판희석법을 통해 총 호기성 생균수를 계수하고자 한다. 로션제를 100배 희석한 검액에서 1ml씩 채취하여 2개의 배지(평판)에 각각 접종하여 실험하였을 때, 다음의 표를 참고하여 로션제의 총호기성 생균수(CFU/g(ml))를 계산하고, 적합 여부를 판정하시오.

	각 배지에서 검출된 집락수	
	평판1	평판2
세균용 배지	8	11
진균용 배지	5	7
세균수(CFU/g(ml))	㉠	
진균수(CFU/g(ml))	㉡	
총 호기성 생균수 (CFU/g(ml))	㉢	

124

다음 〈보기〉가 설명하는 것은 어떤 시험법인지 고르시오.

〈보기〉

시판 배지는 배치마다 시험하며, 조제한 배지는 조제한 배치마다 시험한다. 검체의 유·무 하에서 시험법에 따라 제조된 검액·대조액에 기재된 시험균주를 각각 100cfu 이하가 되도록 접종하여 규정된 시험법에 따라 배양할 때 검액에서 회수한 균수가 대조액에서 회수한 균수의 1/2 이상이어야 한다. 검체 중 보존제 등의 항균활성으로 인해 증식이 저해되는 경우(검액에서 회수한 균수가 대조액에서 회수한 균수의 1/2 미만인 경우)에는 결과의 유효성을 확보하기 위하여 총 호기성 생균수 시험법을 변경해야 한다. 항균활성을 중화하기 위하여 희석 및 중화제를 사용할 수 있다. 또한, 시험에 사용된 배지 및 희석액 또는 시험 조작상의 무균상태를 확인하기 위하여 완충식염펩톤수(pH 7.0)를 대조로 하여 시험을 실시할 때 미생물의 성장이 나타나서는 안 된다.

① 대장균 검출 시험법
② 녹농균 검출 시험법
③ 배지성능 및 시험법 적합성 시험
④ 황색포도상구균 검출 시험법
⑤ 세균 및 진균 검출 시험법

125

다음 〈보기〉의 빈칸에 들어갈 시험법의 명칭을 쓰시오.

〈보기〉

유리알칼리 시험법 중 ( )은/는 연성칼륨비누의 시험법으로 연성 비누 약 4.0g을 정밀하게 달아 플라스크에 넣은 후 60% 에탄올 용액 200mL를 넣고 환류 하에서 10분 동안 끓인다. 중화된 염화바륨 용액 15mL를 끓는 용액에 조금씩 넣고 충분히 섞는다. 흐르는 물로 실온까지 냉각시키고 지시약 1mL를 넣은 다음 즉시 0.1N 염산 표준용액으로 녹색이 될 때까지 적정한다.

✍

126

다음 〈보기〉는 화장비누의 유리알칼리 시험법 중 염화바륨법에 대한 내용이다. 빈칸에 들어갈 알맞은 용어를 쓰시오.

〈보기〉

염화바륨 용액:염화바륨(2수화물) 10g을 이산화탄소를 제거한 증류수 90mL에 용해시키고, 지시약을 사용하여 0.1N 수산화칼륨 용액으로 ( )색이 나타날 때까지 중화시킨다.

✍

127

〈보기〉의 괄호 안에 들어갈 적절한 용어를 쓰시오.

〈보기〉

유리알칼리 시험법 중 (㉠)는 고형비누의 시험법으로 플라스크에 에탄올 200mL을 넣고 환류 냉각기를 연결한다. 이산화탄소를 제거하기 위하여 서서히 가열하여 5분 동안 끓인다. 냉각기에서 분리시키고 약 70℃ 냉각시킨 후 페놀프탈레인 지시약 4방울을 넣어 지시약이 (㉡)색이 될 때까지 0.1N 수산화칼륨·에탄올액으로 중화시킨다. 중화된 에탄올이 들어있는 플라스크에 검체 약 5.0g을 정밀하게 달아 넣고 환류 냉각기에 연결 후 완전히 용해될 때까지 서서히 끓인다. 약 70℃로 냉각시키고 에탄올을 중화시켰을 때 나타난 것과 동일한 정도의 (㉡)색이 나타날 때까지 0.1N 염산·에탄올용액으로 적정한다.

✍

128

다음 〈보기〉의 빈칸에 들어갈 알맞은 용어를 쓰시오.

〈보기〉

화장비누의 유리알칼리 시험법에서 에탄올법에 사용되는 지시약은 95% 에탄올 용액 100mL에 (   )용액 1g을 용해하여 만든다.

129

괄호 안에 들어갈 알맞은 용어를 순서대로 쓰시오.

(㉠)란 벌크 제품을 완제품으로 만들기 위하여 거쳐야 하는 충전 및 표시 작업을 포함한 1차 포장, 2차 포장 등의 모든 포장 단계(ISO-22716)의 작업에 대한 작업 기준이 기록되어 있는 양식이다.
(㉡)는 과거에 수주된 제품, 시기, 지역, 고객의 종류, 판매 실적 등을 분석하여 제품의 생산에 필요한 생산 능력을 숫자로 표시한 것이다. (㉡)에는 제품명, 제조 기기, 제조 기간, 생산 수단, 제품 가격, 원가 등이 포함되는 경우도 있다.

130

다음 중 빈칸에 들어갈 알맞은 포장재의 종류를 고르시오.

포장재의 종류	특징
㉠	내약품성 우수
㉡	부식이 잘 되지 않음

	㉠	㉡
①	PET	스테인리스 스틸
②	PET	철
③	폴리프로필렌(PP)	철
④	폴리스티렌	스테인리스 스틸
⑤	폴리스티렌	철

131

포장재 입고 시 수행순서를 차례대로 나열한 것을 고르시오.

ㄱ. 포장재별 납품에 필요한 기간을 파악한다.
ㄴ. 포장재별 입출고 일정을 인지한다.
ㄷ. 포장재 재고량을 파악한다.
ㄹ. 포장 작업 지시서를 근거로 최종 점검한다.
ㅁ. 생산 계획을 검토하여 재고 분량 외에 추가로 필요한 수량을 파악한다.

① ㄱ-ㄴ-ㄷ-ㅁ-ㄹ
② ㄴ-ㄱ-ㅁ-ㄷ-ㄹ
③ ㄴ-ㄷ-ㄱ-ㅁ-ㄹ
④ ㄷ-ㅁ-ㄱ-ㄴ-ㄹ
⑤ ㄷ-ㄱ-ㅁ-ㄴ-ㄹ

132

「우수화장품 제조 및 품질관리기준(CGMP)」제18조에 따라 포장작업은 포장지시서에 의해 수행되어야 한다. 다음 중 포장지시서에 포함되지 않는 내용은?

① 제품명
② 포장 설비명
③ 포장재 관리인 이름
④ 상세한 포장공정
⑤ 포장 생산 수량

133

「우수화장품 제조 및 품질관리기준(CGMP)」제18조에 따른 화장품 포장재 및 포장 문서에 대한 설명으로 옳지 않은 것을 고르시오.

① 일차포장재, 이차포장재, 각종 라벨, 봉함 라벨은 포장재에 포함된다.
② 라벨에는 제품 제조번호 및 기타 관리번호를 기입한다.
③ 용기의 청결성 확보를 용기공급업자에게 의존할 수 있다.
④ 공정이 적절히 관리되는 것을 보장하기 위해, 관련 문서들은 포장작업의 모든 단계에서 이용할 수 있어야 한다.
⑤ 포장작업 완료 후, 품질보증책임자가 서명 및 날짜를 기입해야 한다.

134

다음은「우수화장품 제조 및 품질관리기준(CGMP)」제18조에 따른 포장 작업 시작 전 및 작업 시의 지침이다. 옳지 않은 것을 고르시오.

① 포장작업 시작 전 포장작업에 대한 모든 관련 서류가 이용가능하고, 모든 필수 포장재가 사용 가능하며, 설비가 적절히 위생처리 되어 사용할 준비가 완료되었음을 확인하는데 이러한 점검이 필수적이다.
② 포장 작업 전, 이전 작업의 재료들이 혼입될 위험을 제거하기 위하여 작업 구역/라인의 정리가 이루어져야 한다.
③ 제조된 완제품의 각 단위/뱃치에는 추적이 가능하도록 특정한 제조번호가 부여되어야 하며, 완제품에 부여된 특정 제조번호는 벌크제품의 제조번호와 동일해야 한다.
④ 작업 동안, 모든 포장라인은 최소한 다음의 정보로 확인이 가능해야 한다.
- 포장라인명 또는 확인 코드
- 완제품명 또는 확인 코드
- 완제품의 뱃치 또는 제조번호

⑤ 모든 완제품이 규정 요건을 만족시킨다는 것을 확인하기 위한 공정 관리가 이루어져야 한다.

135

「화장품법」제10조(화장품의 기재사항) 에 따라 1차 포장에 반드시 표시해야 하는 사항이 아닌 것은?

① 화장품의 명칭
② 영업자의 상호
③ 제조번호
④ 사용기한 또는 개봉 후 사용기간
⑤ 내용물의 용량 또는 중량

136

「화장품법 시행규칙」제19조(화장품 포장의 기재·표시 등)에 따라 10ml 이하 소용량 로션제품의 1차 포장 또는 2차 포장에 반드시 표기해야 하는 내용으로 알맞지 않은 것은?

① 화장품의 명칭
② 맞춤형화장품판매업자의 상호
③ 가격
④ 제조번호와 사용기한 또는 개봉 후 사용기간
⑤ 제품에 사용된 전성분

137

「화장품법」 제10조(화장품의 기재사항) 및 「화장품법 시행규칙」 제19조(화장품 포장의 기재·표시 등)는 화장품의 포장에 기재·표시하여야 하는 사항들을 고시하고 있다. 화장품의 1차 포장 또는 2차 포장의 기재·표시 사항으로 틀린 것은?

① 인체 세포·조직 배양액이 들어있는 경우 그 함량
② 식품의약품안전처장이 정하는 바코드
③ 기능성화장품의 경우 심사받거나 보고한 효능·효과, 용법·용량
④ 성분명을 제품 명칭의 일부로 사용한 경우 그 성분명과 함량(방향용 제품 포함)
⑤ 화장품에 천연 또는 유기농으로 표시·광고하려는 경우에는 원료의 함량

138

화장품의 내용량이 30g인 화장품의 포장에 기재·표시 생략이 가능한 성분은?

① 1,2-헥산다이올
② 금박
③ 샴푸에 들어있는 인산염
④ 기능성화장품의 효능·효과를 나타내는 원료
⑤ 식품의약품안전처장이 사용기준을 고시한 화장품원료

139

「화장품법 시행규칙」제19조, 제20조, 제21조에 따른 화장품의 표시·기재 사항에 대한 설명으로 틀린 것은?

① 화장품의 기재사항은 대통령령으로 정하는 바에 한글로 읽기 쉽도록 기재·표시할 것
② 한글, 한자와 함께 기재 표시할 수 있다.
③ 30ml의 화장품은 전성분 표시를 생략할 수 있다.
④ 견본품은 전성분 표시를 생략할 수 있다.
⑤ 가격 표시는 소비자에게 직접 판매하는 최종판매자가 표시한다.

140

〈보기〉는「화장품법 시행규칙」제19조(화장품 포장의 기재·표시 등)의 본문 중 일부이다. 빈칸에 들어갈 용어를 순서대로 정확하게 쓰시오.

〈보기〉

법 제10조제1항제3호에 따라 기재·표시를 생략할 수 있는 성분이란 다음 각 호의 성분을 말한다.

1. 제조과정 중에 제거되어 최종 제품에는 남아 있지 않은 성분
2. 안정화제, 보존제 등 원료 자체에 들어 있는 부수 성분으로서 그 효과가 나타나게 하는 양보다 적은 양이 들어 있는 성분
3. 내용량이 10밀리리터 초과 50밀리리터 이하 또는 중량이 10그램 초과 50그램 이하 화장품의 포장인 경우에는 다음 각 목의 성분을 제외한 성분
   가. (㉠)
   나. 금박
   다. 샴푸와 린스에 들어 있는 (㉡)의 종류
   라. 과일산(AHA)
   마. 기능성화장품의 경우 그 효능·효과가 나타나게 하는 원료
   바. 식품의약품안전처장이 사용 한도를 고시한 화장품의 원료

141

다음 내용은 포장의 기재·표시 사항에 대한 내용이다. 틀린 것을 모두 고르시오.

ㄱ. 화장비누 제조 과정에서 소듐하이드록사이드가 비누화 반응 후 최종제품에 남아있지 않는 경우 성분을 생략할 수 있다.
ㄴ. 화장품 원료에 함유 되어있는 보존제의 경우 그 성분을 생략할 수 있다.
ㄷ. 10밀리리터 초과 50밀리리터 이하의 토너 제품의 경우 과일산 성분을 생략할 수 있다.
ㄹ. 맞춤형화장품은 1차, 2차 포장에 전성분을 표기하지 않아도 된다.
ㅁ. 10밀리리터 이하의 크림 제품은 전성분을 표기하지 않아도 된다.

142

영유아용 "세라마이드 베이비로션"의 전성분이다. 다음 중 반드시 함량을 표시해야 하는 성분을 고르시오.

- 제품명 : 세라마이드 베이비로션
- 중량 : 300mL
- 전성분 : 정제수, 라벤더꽃수, 스쿠알란, 호호바오일, 세틸알코올, PEG-40스테아레이트, 세라마이드, 벤질알코올, 페녹시에탄올

✍

143

다음 중 화장품의 "개봉 후 사용기간"을 표시하는 방법으로 옳은 것은?

① 반드시 그림으로만 표시한다.
② 제조연월일만 표기하면 된다.
③ 제조연월일과 개봉 후 사용기간을 병행 표기한다.
④ 맞춤형화장품조제관리사가 개봉 후 사용기간을 임의로 결정·표기한다.
⑤ 맞춤형화장품은 내용물의 제조연월일과 혼합·소분일을 병행 표기해야 한다.

144

다음 〈보기〉의 빈칸에 들어갈 알맞은 단어를 순서대로 쓰시오.

〈보기〉

시행규칙 제21조(기재·표시상의 주의사항) 법 제12조에 따른 화장품 포장의 기재·표시 및 화장품의 가격표시상의 준수사항은 다음 각 호와 같다.

1. (㉠)로 읽기 쉽도록 기재·표시할 것. 다만, 한자 또는 외국어를 함께 적을 수 있고, 수출용 제품 등의 경우에는 그 수출 대상국의 언어로 적을 수 있다.
2. 화장품의 성분을 표시하는 경우에는 (㉡)된 일반명을 사용할 것.

✍

145

표시량이 100mL인 로션의 충진량으로 적당한 것은?(단, 로션의 비중은 0.95)

① 95그램
② 100그램
③ 105그램
④ 110그램
⑤ 102그램

146

식품의약품안전처고시「화장품 가격표시제 실시요령」에 따른 화장품의 가격표시에 대한 설명으로 옳지 않은 것은?

① 표시의무자라 함은 화장품을 일반 소비자에게 판매하는 자를 말한다.
② 판매가격이라 함은 화장품을 일반 소비자에게 판매하는 실제 가격을 말한다.
③ 가격의 표시 대상은 국내에서 제조되거나 수출되어 국외로 판매되는 모든 화장품까지 대상으로 한다.
④ 판매 가격의 표시는 소비자가 알아보기 쉽도록 선명하게 표시하여야 한다.
⑤ 판매 가격은 개별 제품에 스티커 등을 부착하여 표시해야 한다.

147

화장품 가격표시의무자는 누구인지 모두 고르시오.

① 화장품제조업자
② 화장품책임판매업자
③ 맞춤형화장품판매업자
④ 화장품 소매업자
⑤ 화장품 도매업자

148

식품의약품안전처고시「화장품 가격표시제 실시요령」에 따라 옳지 않은 것을 고르시오.

① "표시의무자"라 함은 화장품을 일반 소비자에게 판매하는 자를 말한다.
② 판매자는 업태, 취급제품의 종류 및 내부 진열상태 등에 따라 개별 제품에 가격을 표시하는 것이 곤란한 경우에는 소비자가 가장 쉽게 알아볼 수 있도록 제품명, 가격이 포함된 정보를 제시하는 방법으로 판매가격을 별도로 표시할 수 있다. 이 경우 화장품 개별 제품에는 판매가격을 표시하지 아니할 수 있다.
③ 판매가격은 개별 제품에 스티커 등을 부착하여야 한다. 다만, 개별 제품으로 구성된 종합제품으로서 분리하여 판매하지 않는 경우에는 그 종합제품에 일괄하여 표시할 수 있다.
④ 화장품책임판매업자 또는 화장품제조업자가 판매 가격을 표시할 수 있으며, 화장품을 일반소비자에게 소매 점포에서 판매하는 경우 소매업자(직매장을 포함한다)가 가격을 표시한다.
⑤ 판매가격이 변경되었을 경우에는 기존의 가격표시가 보이지 않도록 변경 표시하여야 한다.

149

식품의약품안전처고시 「화장품 바코드 표시 및 관리요령」에 따라 옳지 않은 설명을 고르시오.

① "바코드"라 함은 화장품 코드를 포함한 숫자나 문자 등의 데이터를 일정한 약속에 의해 컴퓨터에 자동 입력시키기 위한 다음 각 목의 하나에 여백 및 광학적문자판독(Optical Character Recognition) 폰트의 글자로 구성되어 정보를 표현하는 수단으로서, 스캐너가 읽을 수 있도록 인쇄된 심벌(마크)을 말한다.

② 화장품바코드 표시대상품목은 국내에서 제조되거나 수입되어 국내에 유통되는 모든 화장품을 대상으로 한다.

③ 내용량이 15밀리리터 이하 또는 15그램 이하인 제품의 용기 또는 포장이나 견본품, 시공품 등 비매품에 대하여는 화장품바코드 표시를 생략할 수 있다.

④ 화장품 바코드 표시의무자는 화장품 제조업자이다.

⑤ 바코드의 인쇄크기와 색상은 자율적으로 정할 수 있다.

150

다음은 「화장품법 시행규칙」 [별표 4]에 따른 화장품 포장의 표시기준 및 표시방법에 대한 내용이다. 화장품 제조에 사용된 성분을 표시하는 방법으로 틀린 것을 고르시오.

① 화장품 제조에 사용된 함량이 많은 것부터 기재·표시한다. 다만, 0.5퍼센트 이하로 사용된 성분, 착향제 또는 착색제는 순서에 상관없이 기재·표시할 수 있다.

② 색조 화장용 제품류, 눈 화장용 제품류, 두발염색용 제품류 또는 손발톱용 제품류에서 호수별로 착색제가 다르게 사용된 경우 '± 또는 +/-'의 표시 다음에 사용된 모든 착색제 성분을 함께 기재·표시할 수 있다.

③ 착향제는 "향료"로 표시할 수 있다. 다만, 착향제의 구성 성분 중 식품의약품안전처장이 정하여 고시한 알레르기 유발성분이 있는 경우에는 향료로 표시할 수 없고, 해당 성분의 명칭을 기재·표시해야 한다.

④ 글자의 크기는 5포인트 이상으로 하며, 혼합원료는 혼합된 개별 성분의 명칭을 기재·표시한다.

⑤ 산성도 조절 목적으로 사용되는 성분은 그 성분을 표시하는 대신 중화반응에 따른 생성물로 기재, 표시할 수 있고 비누화반응을 거치는 성분은 비누화반응에 따른 생성물로 기재·표시할 수 있다.

151

<보기>는 「화장품법 시행규칙」 [별표 4]의 본문 중 일부이다. 빈칸에 들어갈 알맞은 말을 한글로 순서대로 쓰시오.

〈보기〉

- 화장품 제조에 사용된 함량이 많은 것부터 기재·표시한다. 다만 (㉠)로 사용된 성분, 착향제 또는 착색제는 순서에 상관없이 기재·표시할 수 있다.
- 착향제는 "(㉡)"로 표시할 수 있다. 다만, 착향제의 구성 성분 중 식품의약품안전처장이 정하여 고시한 알레르기 유발성분이 있는 경우에는 향료로 표시할 수 없고, 해당 성분의 명칭을 기재·표시해야 한다.
- 화장품 전성분을 표시할 때 기업의 정당한 이익을 현저히 해할 우려가 있는 화장품 성분의 경우에는 그 사유의 타당성에 대하여 식품의약품안전처장의 사전 심사를 받은 경우에 한하여 "(㉢)"으로 기재 표시 할 수 있다.

✍

152

식품의약품안전처고시 「화장품 표시·광고 실증에 관한 규정」에 따라 <보기>의 빈칸에 들어갈 알맞은 용어를 쓰시오.

〈보기〉

- "(㉠)"라 함은 표시·광고에서 주장한 내용 중에서 사실과 관련한 사항이 진실임을 증명하기 위하여 작성된 자료를 말한다.
- "(㉡)"은 화장품의 표시·광고 내용을 증명할 목적으로 해당 화장품의 효과 및 안전성을 확인하기 위하여 사람을 대상으로 실시하는 시험 또는 연구를 말한다.
- "(㉢)"은 시험을 실시하는데 필요한 사람, 건물, 시설 및 운영단위를 말한다.
- "(㉣)"는 시험에 이용되는 미생물과 생물학적 매체 또는 이들의 구성성분으로 이루어지는 것을 말한다.

✍

153

식품의약품안전처고시「화장품 표시·광고 실증에 관한 규정」에 따른 인체 적용시험 자료에 대한 설명으로 옳지 않은 것을 고르시오.

① 관련 분야 전문의 또는 병원, 국내외 대학, 화장품 관련 전문 연구기관에서 5년 이상 화장품 인체 적용시험 분야의 시험경력을 가진 자의 지도 및 감독하에 수행·평가되어야 한다.

② 인체 적용시험은 헬싱키 선언에 근거한 윤리적 원칙에 따라 수행되어야 한다.

③ 인체 적용시험은 피험자에 대한 의학적 처치나 결정은 의사 또는 한의사의 책임하에 이루어져야 한다.

④ 인체 적용시험용 화장품은 안정성이 충분히 확보되어야 한다.

⑤ 인체 적용시험은 피험자의 선정·탈락기준을 정하고 그 기준에 따라 피험자를 선정하고 시험을 진행해야 한다.

154

식품의약품안전처고시「화장품 표시·광고 실증에 관한 규정」에 따라 인체 적용시험의 최종시험결과 보고서에 포함되어야 할 사항이 아닌 것은?

① 시험의 종류

② 시험의뢰자의 명칭과 주소

③ 신뢰성보증확인서

④ 피험자의 나이 분포

⑤ 부작용 발생 및 조치내역

155

식품의약품안전처고시「화장품 표시·광고 실증에 관한 규정」제5조에 따른 표시·광고 실증을 위한 조사결과의 요건으로 옳지 않은 것은?

① 조사기관은 사업자와 독립적이어야 하며, 조사할 수 있는 능력을 갖추어야 한다.

② 조사목적이 적정하여야 하며, 조사 목적에 부합하는 표본의 대표성이 있어야 한다.

③ 기초자료의 결과는 정확하게 보고되어야 한다.

④ 질문사항은 표본설정, 질문사항, 질문방법이 그 조사의 목적이나 통계상 방법과 일치하여야 한다.

⑤ 조사는 공정하게 이루어져야 하고, 피조사자는 조사목적을 인지한 상태에서 진행되어야 한다.

156

다음은 각 표시·광고에 표현과 그에 따른 실증자료를 짝지은 것이다. 옳은 것을 모두 고르시오.

〈보기〉

ㄱ. 여드름성 피부에 사용에 적합:인체 적용시험 자료 제출

ㄴ. 항균(인체세정용 제품에 한함):인체 적용시험 자료 또는 인체 외 시험 자료 제출

ㄷ. 일시적 셀룰라이트 감소:기능성화장품에서 해당 기능을 실증한 자료 제출

ㄹ. 붓기, 다크서클 완화:인체 적용시험 자료 제출

ㅁ. 콜라겐 증가, 감소 또는 활성화:기능성화장품에서 해당 기능을 실증한 자료 제출

① ㄱ, ㄴ, ㄹ

② ㄱ, ㄷ, ㅁ

③ ㄱ, ㄹ, ㅁ

④ ㄴ, ㄷ, ㄹ

⑤ ㄴ, ㄹ, ㅁ

157

다음 중 한방화장품에 대한 설명으로 옳은 것을 모두 고르시오.

① 한방 또는 한방화장품 문구를 표시 광고하는 화장품
② 화장품 내용량(100g 또는 100ml) 중 함유된 모든 한방성분을 원재료로 환산하여 합산한 중량이 1mg 이상인 경우에 한하여 한방화장품 표시·광고 허용
③ 한방성분을 추출, 분리 또는 정제한 경우 한방성분과 원재료와의 양적관계를 계산하여 원재료로 환산한 중량이 1mg 이상 함유된 화장품
④ 한방성분이 함유 된 제품이면 함량에 관계없이 한방화장품이라는 광고는 가능하다.
⑤ 국내산 한방성분이 함유 되어 있어야만 한다.

158

화장품의 포장에 대한 설명으로 틀린 것은?

① 화장품 포장의 횟수는 총 2차(2차 포장)까지 가능하다.
② 인체세정용 제품류는 포장 공간비율이 15% 이하이다.
③ 두발세정용 제품류의 포장 공간비율은 15% 이하이다.
④ 포장용 완충재를 사용한 종합제품의 포장공간비율은 20% 이하여야 하며 2차 포장 이내여야 한다.
⑤ 동일 제품 2개를 묶음 포장하기 위한 수축비닐 포장 시 투명비닐도 포장횟수에 포함된다.

159

다음은 포장재와 관련된 용어의 설명이다. 다음 중 〈보기〉의 설명에 해당하는 용어는 무엇인가?

〈보기〉
금속, 직물, 종이 등의 편면 또는 양면을 공기, 물, 약품 등으로부터 보호하기 위하여 캘린더링, 압출, 디핑 등의 가공방법에 의하여 물체의 표면을 도료, 피복하는 것을 말한다.

① 분리불가능
② 복합재질
③ 첩합
④ 도포
⑤ 라미네이션

160

다음 중 환경부 고시에 따른 '재활용이 용이한 재질, 구조'에 해당하는 것을 고르시오.

① 녹색의 뚜껑 일체형 유리병 포장제
② 무색 페트 단일재질을 제외한 비중 1 이상 합성수지
③ PVC 계열의 재질
④ 유색 음료수 페트병 포장제
⑤ 열알칼리성 분리불가능한 접착제를 사용한 페트병 포장제

161

화장품에 표시 광고할 수 있는 인증·보증의 종류이다. (　　)안에 들어갈 알맞은 용어를 한글로 작성하시오.

(　　), 코셔(Kosher), 비건(Vegan) 및 천연·유기농 등 국제적으로 통용되거나 그 밖에 신뢰성을 확인할 수 있는 기관에서 받은 화장품 인증·보증

162

화장품 표시 광고의 주요 실증 대상에서 인체적용 시험자료 또는 시험분석자료를 제출해야 되는 경우가 아닌 것은?

① 무(無) 스테로이드
② 무(無) 페녹시에탄올
③ 항균기능이 있다.
④ 피부장벽 손상의 개선에 도움
⑤ 피부 피지분비 조절

163

화장품 표시 광고의 주요 실증 대상에서 실증자료 제출이 아닌 금지표현으로 인해 행정처분을 받는 경우는?

① 부작용이 전혀 없다.
② 식물줄기세포 함유 화장품
③ 피부 혈행 개선
④ 미세먼지 차단, 미세먼지 흡착 방지
⑤ 피부과 테스트 완료

164

다음 중 옳게 설명한 것은?

① 아이라이너의 니켈 잔류함량이 30㎍/g인 위해화장품은 일반일간신문의 게재가 생략되고 해당 영업자의 인터넷홈페이지와 식품의약품안전처의 홈페이지에 게재된다.
② 변성알코올에 메탄올이 2% 함유된 원료로 향수를 제작한 경우 회수대상에 해당된다.
③ 물휴지에 메탄올의 잔류함량이 0.001%이고 세균수는 90개, 진균수는 101개가 검출된 경우에는 회수대상에 해당되지 않는다.
④ 티타늄디옥사이드는 변색방지용으로 0.5% 이상 사용시 기능성화장품으로 신청이 가능하다.
⑤ 바디오일, 폼클렌저, 바디클렌저, 샴푸 등은 ph기준이 25℃에서 3.0 ~ 9.0 이다.

맞춤형화장품조제관리사

PART 04

맞춤형 화장품의 이해

맞춤형 화장품의 이해

001

다음 〈보기〉에서 맞춤형화장품에 대한 설명으로 옳은 것을 모두 고르시오.

〈보기〉

ㄱ. 맞춤형화장품조제관리사 자격증을 가진 자가 고객 개인별 피부 특성 및 색, 향 등 취향에 따라 혼합·소분한 화장품이다.

ㄴ. 맞춤형화장품판매업소에서 고객의 피부진단은 맞춤형화장품조제관리사가 하지 않아도 된다.

ㄷ. 맞춤형화장품조제관리사만이 화장품을 혼합·소분할 수 있다.

ㄹ. 홈쇼핑에서 구매한 화장품을 소분하여 판매해도 된다.

ㅁ. 화장품의 원료는 식품의약품안전처장이 고시한 원료가 아니더라도 천연원료면 맞춤형화장품조제관리사가 생산하여 사용이 가능하다.

ㅂ. 대용량의 화장비누를 소용량으로 소분하여 판매하는 것도 맞춤형화장품에 해당된다.

① ㄱ, ㄴ, ㄷ

② ㄱ, ㄷ, ㄹ

③ ㄱ, ㄷ, ㅁ

④ ㄴ, ㄹ, ㅂ

⑤ ㄹ, ㅁ, ㅂ

002

맞춤형화장품 판매업에 대한 설명으로 옳은 것은?

① 등록된 맞춤형화장품조제관리사 1명이 여러 매장을 관리한다.

② 맞춤형화장품조제관리사는 매장마다 1명 이상씩 상주해야 한다.

③ 맞춤형화장품조제관리사는 품질관리만 하면 되고 매장에는 직접 근무하지 않아도 된다.

④ 맞춤형화장품은 조제관리사가 미리 조제한 후 고객의 피부 타입에 맞는 제품을 찾아 판매하면 된다.

⑤ 맞춤형화장품판매업자의 관리하에 직원들이 혼합 소분하면 된다.

003

(㉠)란 제조공정 단계에 있는 것으로서 필요한 제조 공정을 더 거쳐야 벌크 제품이 되는 것을 말하며 (㉡)제품이란 충전 이전의 제조단계까지 끝낸 제품을 말한다.

004

다음 중 맞춤형화장품에 대한 설명으로 옳지 않은 것을 모두 고르시오.

① 화장품의 내용물과 원료를 혼합한 화장품
② 화장품의 원료와 원료를 혼합한 화장품
③ 화장품의 벌크와 벌크를 혼합한 화장품
④ 화장품의 내용물을 소분한 화장품
⑤ 화장품의 반제품에 원료를 혼합한 화장품
⑥ 소비자용 대용량 화장품을 소분한 화장품

005

맞춤형화장품에 혼합 사용가능한 내용물 또는 원료로 옳은 것은?

① 식약처에서 고시한 「화장품 안전기준 등에 관한 규정」 '화장품에 사용할 수 없는 원료'
② 식약처에서 고시한 「화장품 안전기준 등에 관한 규정」 '화장품에 사용상의 제한이 필요한 원료'
③ 기능성화장품의 효능·효과를 나타내는 원료
④ 기능성화장품에 대한 심사를 받거나 보고서를 제출한 내용물
⑤ 보존제

006

맞춤형화장품의 정의에 대한 설명으로 옳은 것을 고르시오.

① 화장품책임판매업자가 완제품에 다른 화장품의 내용물을 혼합한 화장품
② 맞춤형화장품조제관리사가 화장비누를 소분하는 것
③ 수입된 화장품에 맞춤형화장품조제관리사가 아데노신 1.0% 혼합제품
④ 화장품책임판매업자가 벌크 제품에 다른 화장품의 내용물을 혼합한 화장품
⑤ 맞춤형화장품조제관리사가 반제품에 글리세린 3%를 첨가한 화장품

007

맞춤형화장품에 혼합 사용되는 원료로 옳은 것을 모두 고르시오.

〈보기〉

ㄱ. 식약처에서 고시한 「화장품 안전기준 등에 관한 규정」 '화장품에 사용할 수 없는 원료'
ㄴ. 식약처에서 고시한 「화장품 안전기준 등에 관한 규정」 '화장품에 사용상의 제한이 필요한 원료'
ㄷ. 기능성화장품의 효능·효과를 나타내는 원료
ㄹ. 기능성화장품에 대한 심사를 받거나 보고서를 제출한 내용물이나 원료
ㅁ. 보존제가 첨가된 원료
ㅂ. 미리 혼합·소분하여 보관하여 판매하는 화장품

008

맞춤형화장품 판매업 신고 시 필요한 서류가 아닌 것은?

① 맞춤형화장품조제관리사 자격증사본
② 건축물관리대장
③ 시설명세서
④ 사업자등록증 사본
⑤ 맞춤형화장품조제관리사의 파산선고에 대한 신용등급

009

맞춤형화장품판매업자의 대표자 변경 신고 시 필요한 서류가 아닌 것을 <보기>에서 모두 고르시오.

<보기>
ㄱ. 건축물관리대장 ㄴ. 맞춤형화장품판매업 변경신고서 ㄷ. "정신질환 및 마약류의 중독자가 아님"을 명시한 의사 소견서 ㄹ 양도·양수 또는 합병의 경우에는 이를 증명하는 서류

① ㄱ, ㄷ
② ㄱ, ㄹ
③ ㄴ, ㄷ
④ ㄴ. ㄹ
⑤ ㄷ, ㄹ

010

다음 중 맞춤형화장품판매업소의 변경신고에 대한 설명으로 옳지 않는 것은?

① 의약품안전나라 시스템(nedrug.mfds.go.kr) 전자민원, 방문 또는 우편으로 신고할수 있다.
② 변경사유가 발생한 날로부터 30일 이내에 신고해야 한다.
③ 맞춤형화장품판매업소의 상호 또는 소재지 변경시 변경신고해야 한다.
④ 맞춤형화장품판매업자의 상호 및 소재지 변경시 변경신고해야 한다.
⑤ 맞춤형화장품조제관리사의 변경시 변경신고해야 한다.

011

다음 중 맞춤형화장품판매업 신고필증의 기재사항이 아닌 것은?

① 맞춤형화장품판매업자의 상호 및 성명, 주민등록번호
② 맞춤형화장품판매업소의 상호 및 소재지
③ 맞춤형화장품조제관리사의 이름, 주민등록번호, 자격증번호
④ 화장품책임판매업자의 상호 및 소재지
⑤ 맞춤형화장품판매업을 신고한 자의 성명 및 주민등록번호

012

다음은 맞춤형화장품 신고에 대한 내용이다. 〈보기〉에서 옳은 것을 모두 고르시오.

〈보기〉

ㄱ. 신고필증에는 맞춤형화장품조제관리사의 성명, 주민등록번호 및 자격증 번호를 기재해야 한다.
ㄴ. 맞춤형화장품판매업자의 상호 및 소재지 변경 시 변경신고를 해야 한다.
ㄷ. 신고서는 소재지별로 맞춤형화장품판매업소의 소재지를 관할하는 지방식품의약품안전청장에게 제출해야 한다.
ㄹ. 맞춤형화장품판매업소의 소재지 변경 시 변경신고를 할 필요가 없다.
ㅁ. 신고필증의 기재사항에는 맞춤형화장품판매업자의 상호 및 소재지를 적을 필요가 없다.

① ㄱ, ㄴ
② ㄱ, ㄷ
③ ㄱ, ㅁ
④ ㄷ, ㄹ
⑤ ㄹ, ㅁ

013

다음 중 맞춤형화장품판매업의 변경신고가 필요한 경우가 아닌 것은?

① 맞춤형화장품판매업자의 변경
② 맞춤형화장품판매업소의 상호 변경
③ 맞춤형화장품판매업소의 소재지 변경
④ 맞춤형화장품판매업자의 상호 변경
⑤ 맞춤형화장품조제관리사의 변경

014

맞춤형화장품판매업에 대한 설명으로 옳지 못한 것은?

① 의약품안전나라 시스템에서 전자민원으로 신청한다.
② 관할지역 지방식품의약품안전청에 신고한다.
③ 변경신고는 사유가 발생한 날로부터 90일 이내에 변경해야 한다.
④ 한 매장에 맞춤형화장품조제관리사를 2명이상 신고할 수 있다.
⑤ 양도 양수의 경우 이를 증명하는 서류를 제출한다.

015

맞춤형화장품판매업소의 이전으로 인한 소재지 변경 시 필요한 서류가 아닌 것은?

① 맞춤형화장품조제관리사 자격증 사본
② 사업자등록증 및 법인등기부등본
③ 건축물관리대장
④ 임대차계약서
⑤ 혼합, 소분 장소 및 시설 등을 확인할 수 있는 세부 평면도

016

맞춤형화장품판매업소의 소재지를 변경신청 하지 않아 1차 위반 시 처해지는 행정처분은?

① 시정명령
② 등록취소 및 영업소폐쇄
③ 판매업무정지 1개월
④ 판매업무정지 3개월
⑤ 경고

017

맞춤형화장품조제관리사의 변경 시 필요한 서류를 모두 고르시오.

〈보기〉

① 맞춤형화장품판매업 변경신청서
② 맞춤형화장품조제관리사 신분증 사본
③ 맞춤형화장품조제관리사 자격증 사본
④ 맞춤형화장품판매업 신고필증 원본
⑤ 맞춤형화장품조제관리사 졸업증명서
⑥ 맞춤형화장품조제관리사의 "정신질환 및 마약중독자가 아님"을 명시한 6개월 내에 발급된 의사 소견서

018

다음 중 맞춤형화장품판매업의 휴업, 폐업 신고에 대한 설명으로 옳지 못한 것은?

① 폐업일로부터 30일 이내에 신고해야 한다.
② 휴업하려는 경우 휴업 신고를 해야 한다.
③ 휴업 후 영업 재개 신고는 하지 않아도 된다.
④ 30일이 넘지 않는 휴업은 신고하지 않는다.
⑤ 휴업 또는 폐업 신고 시 신고필증을 지방식품의약품안전청장에게 제출해야 한다.

019

다음 중 맞춤형화장품판매업자의 준수사항이 아닌 것은?

① 원료 및 내용물은 품질 및 안전성을 사전에 확보해야 한다.
② 원료목록, 생산실적 기록서를 작성·보관해야 한다.
③ 화장품의 내용물을 이용하여 맞춤형화장품을 조제할 때 혼합·소분의 범위는 식품의약품안전처장이 고시한 사항에 따른다.
④ 최종 혼합된 맞춤형화장품이 유통화장품 안전관리 기준에 적합한지를 사전에 확인하고, 적합한 범위 안에서 내용물 간(또는 내용물과 원료) 혼합이 가능하다.
⑤ 혼합·소분 시 일회용장갑을 착용하는 경우에는 손 소독을 하지 않아도 된다.

020

다음 중 맞춤형 화장품판매업자의 준수사항으로 옳지 않은 것은?

① 맞춤형화장품 조제에 사용하고 남은 내용물 및 원료는 밀폐를 위한 마개를 사용한다.
② 보건 위생상 위해가 없도록 맞춤형화장품 혼합·소분에 필요한 장소, 시설, 기구를 정기적으로 점검해야 한다.
③ 맞춤형 화장품 판매 시 해당 맞춤형 화장품의 혼합 또는 소분에 사용되는 내용물 및 원료, 사용할 때의 주의사항을 소비자에게 문서로 고시해야 한다.
④ 맞춤형 화장품의 안전성 정보를 식품의약품안전처장에게 보고해야 한다.
⑤ 혼합·소분에 사용되는 장비 또는 기구 등은 사용 전에 그 위생 상태를 점검하고, 사용 후에는 오염이 없도록 세척해야 한다.

021

맞춤형화장품에 대한 설명으로 틀린 것은?

① 맞춤형화장품은 반드시 맞춤형화장품조제관리사가 조제해야 한다.
② 맞춤형화장품의 제조번호는 혼합·소분일을 의미한다.
③ 맞춤형화장품에 혼합할 수 있는 원료는 식품의약품안전처장이 고시한 화장품에 사용할 수 없는 원료, 화장품에 사용상의 제한이 필요한 원료, 기능성화장품의 효능 효과를 나타내는 원료를 제외한 나머지 원료를 혼합할 수 있다.
④ 맞춤형화장품판매업자는 원료와 내용물을 반드시 품질성적서와 함께 공급받아야 한다.
⑤ 판매한 맞춤형화장품이 유해사례가 발생한 경우 즉시 회수하여 폐기처분한다.

022

맞춤형화장품 판매 시 소비자에게 반드시 설명하여야 하는 것을 모두 고르시오.

〈보기〉

① 화장품을 조제한 맞춤형화장품조제관리사의 이름
② 혼합·소분에 사용된 내용물 및 원료의 내용과 특성
③ 고객의 피부문제점
④ 맞춤형화장품 사용할 때의 주의사항
⑤ 맞춤형화장품의 레서피

✍

023

맞춤형화장품 판매 시 혼합·소분에 사용된 내용물·원료의 내용 및 특성 또는 맞춤형화장품 사용할 때의 주의사항을 소비자에게 설명하지 않을 경우 처해지는 행정처분으로 잘못 설명된 것은?

① 벌금 200만 원 이하에 처해진다.
② 1차 위반 시 시정명령을 받는다.
③ 2차 위반 시 영업정지 7일에 처해진다.
④ 3차 위반 시 판매 또는 해당품목 판매업무정지 15일에 처해진다.
⑤ 4차 위반 시 판매 또는 해당품목 판매업무정지 1개월에 처해진다.

024

맞춤형화장품 판매장의 시설·기구를 정기적으로 점검하지 않아 보건위생상 위해가 발생한 경우 처해지는 행정처분으로 옳은 것은?

① 1차 위반 시 영업정지 15일
② 2차 위반 시 해당품목판매업무정지 3개월
③ 2차 위반 시 판매정지 3개월
④ 3차 위반 시 판매 또는 해당품목판매업무정지 3개월
⑤ 4차 위반 시 영업소 폐쇄

025

맞춤형화장품판매업에 대한 설명으로 옳지 않은 것은?

① 맞춤형화장품은 다양한 피부타입에 해당되는 화장품을 미리 조제한 후에 소비자의 피부상태나 선호도 등에 맞는 제품으로 골라서 판매해도 된다.
② 혼합·소분을 통해 조제된 맞춤형화장품은 소비자에게 제공되는 "유통화장품" 완제품에 해당되므로 유통화장품안전관리기준을 반드시 준수해야 한다.
③ 맞춤형화장품의 안전관리기준 미준수시 행정처분은 1차 위반 시 해당품목만 판매업무정지 15일에 해당된다.
④ 판매내역서, 원료 및 내용물의 입고, 사용, 폐기에 관련된 기록서 등을 작성 비치해야 한다.
⑤ 판매내역서 미작성시 1차 위반 시 시정명령 4차 위반 시 판매업무 및 해당품목 판매업무정지 6개월에 처해진다.

026

맞춤형화장품 판매내역서에 반드시 기록되어야 하는 내용으로 옳지 못한 것은?

① 제조번호
② 사용기한 또는 개봉 후 사용기간
③ 판매일자
④ 원료 및 내용물의 입고, 사용, 폐기내역
⑤ 판매량

027

맞춤형화장품판매업자가 판매내역서를 작성하지 않은 경우 1차위반시 부과되는 행정처분은?

① 시정명령
② 판매 또는 해당품목 판매업무정지 1개월
③ 판매 또는 해당품목 판매업무정지 2개월
④ 판매 또는 해당품목 판매업무정지 3개월
⑤ 판매 또는 해당품목 판매업무정지 6개월

028

〈보기〉의 괄호에 공통적으로 들어갈 알맞은 용어를 적으시오.

〈보기〉

맞춤형화장품에서 식별번호는 맞춤형화장품의 혼합·소분에 사용되는 내용물 또는 원료의 (㉠)와 혼합·소분기록을 추적할 수 있도록 맞춤형화장품판매업자가 숫자·문자·기호 또는 이들의 특징적인 조합으로 부여한 번호인 (㉠)로 기록되어 관리된다.

✍

029

맞춤형화장품 판매 시 준수사항으로 옳지 못한 것은?

① 원료 입고 시 품질관리 여부를 확인하고 품질성적서를 구비한다.
② 원료는 직사광선을 피하고 품질에 영향을 미치지 않는 장소에 보관한다.
③ 원료는 사용기한을 확인하고 관련 기록을 해야 한다.
④ 맞춤형화장품 판매 시 소비자에게 사용 시 주의사항과 내용물 및 원료에 대한 자료를 문서로 제공해야 한다.
⑤ 맞춤형화장품 판매 시 소비자에게 설명하지 않으면 1차위반 시 200만 원 이하의 벌금과 시정명령에 처해진다.

030

혼합·소분 활동 시 작업장 및 시설 기구에 관한 설명으로 옳지 않은 것은?

① 사용기한이 경과한 원료 및 내용물은 조제에 사용하지 않도록 관리한다.
② 작업장과 시설 기구를 화장품제조허가와 달리 정기적으로 점검하지 않고 위생적으로 유지관리만 하면 된다.
③ 혼합 소분에 사용되는 시설기구 등은 사용 후에 세척한다.
④ 세제 세척제는 잔류하거나 표면에 이상을 초래하지 않는 것을 사용한다.
⑤ 세척한 시설 기구는 잘 건조하여 다음 사용 시까지 오염을 방지한다.

031

맞춤형화장품 판매 후 소비자의 입원으로 인해 위해화장품이 발생한 경우 어떤 대처를 제일 먼저 해야 하는가?

① 위해제품을 즉시회수 하고 폐기처분을 한다.
② 화장품책임판매업자에게 화장품의 안전성평가를 의뢰한다.
③ 화장품제조업자에게 보고한다.
④ 지방식품의약품안전청장에게 보고한다.
⑤ 소비자에게 환불을 해주고 사과를 한다.

032

맞춤형화장품 사용과 관련된 중대한 유해 사례 등 부작용이 발생 시 그 정보를 알게 된 날부터 (㉠)일 이내 식품의약품안전처 홈페이지를 통해 보고하거나 우편, 팩스, 정보통신망을 통하여 보고하여야 한다.

033

맞춤형화장품을 혼합 또는 소분 시 안전관리기준에 해당되지 않는 것은?

① 혼합·소분 전에는 손을 소독할 것.
② 혼합·소분에 사용되는 장비 또는 기구는 사용 후에 세척할 것.
③ 혼합·소분에 사용되는 내용물 또는 원료에 대한 품질성적서를 확인할 것.
④ 혼합·소분 전 일회용 장갑 착용 시 손소독은 생략할 수 있다.
⑤ 맞춤형화장품조제관리사의 관리 하에 직원들이 화장품을 혼합·소분할 것.

034

책임판매관리자 및 맞춤형화장품조제관리사는 화장품의 안전성 확보 및 (㉠)에 관한 교육을 매년 받아야 한다. 이를 위반할 경우 처해지는 과태료는 (㉡)만 원이다.

035

〈보기〉의 빈칸에 들어갈 알맞은 말을 고르시오.

〈보기〉

- 화장품의 가격표시는 소비자에게 최종 판매하는 판매업자가 표시해야 하며 이를 위반할 경우 과태료 (㉠)만 원의 행정처분을 받는다.
- 맞춤형화장품판매업자는 판매장 시설, 기구의 관리방법, 혼합, 소분 안전관리기준의 준수의무, 혼합 소분되는 내용물 및 원료에 대한 설명의 의무 등에 관하여 총리령으로 정하는 사항을 준수하지 않은 경우 (㉡)만 원 이하의 벌금에 처해 진다.

	㉠	㉡
①	50	100
②	50	50
③	50	200
④	100	50
⑤	100	200

036

맞춤형화장품 크림 내용물과 원료를 혼합하기 위한 기구로 옳지 못한 것은?

① 균질기
② 아지믹서
③ 디스퍼
④ 헨셀믹서
⑤ 호모믹서

037

화장품의 포장을 위한 충전기의 설비종류에 해당되지 않는 것은?

① 파우치방식 충전기
② 피스톤 방식 충전기
③ 파우더 충전기
④ 카톤 충전기
⑤ 일회용 충전기

038

다음은 고객과 맞춤형화장품조제관리사 수진씨가 대화하는 내용이다. 맞춤형화장품조제관리사가 고객과 상담 후 처방해야 하는 성분으로 알맞은 것은?

> 수진 : 요즘 피부상태는 어떠신가요?
> 손님 : 잦은 야외활동으로 인해 기미가 올라오고 주름이 생겼어요. 수용성인 미백 기능성 성분과 지용성인 주름개선 기능성 성분으로 처방해 주세요.

① 닥나무추출물 - 아데노신
② 알파 - 비사보롤 - 레티놀
③ 나이아신아마이드 - 폴리에톡실레이티드레틴아마이드
④ 유용성감초추출물 - 아데노신
⑤ 알부틴 - 아데노신

039

다음 상담 내용에 따라 고객이 원하는 맞춤형화장품을 조제 시 첨가되는 원료로 옳은 것은?

> 맞춤형조제관리사 : 특별히 원하시는 사항이 있으신가요?
> 고객 : 저번에 사용한 자외선차단제품은 백탁현상이 생겨 마음에 들지 않았습니다. 백탁이 생기지 않고, 피부 미백에 도움이 되는 자외선차단제품을 원합니다.

① 드로메트리졸트리실록산 - 알부틴
② 티타늄디옥사이드 - 나이아신아마이드
③ 징크옥사이드 - 아데노신
④ 디갈로일트리올리에이트 - 레티놀
⑤ 징크옥사이드 - 알파비사보롤

040

맞춤형화장품조제관리사인 하은씨는 고객과 다음과 같은 대화를 나눈 후 〈보기〉와 같이 크림을 처방하였다. 고객에게 설명할 내용으로 옳지 않은 것은?

〈대화〉

하은:특별한 피부 고민이 있으신가요?

고객:요즘 날씨가 건조해서 그런지 피부가 많이 당겨요.

하은:그렇군요. 우선 피부 측정부터 해보겠습니다.

피부측정결과

	수분	유분	모공	주름	색소침착
연령대 평균	7	6	10	7	8
측정값	4	3	4	10	15

하은:연령대 평균에 비해 피부의 보습도가 낮은 편이세요. 그리고 주름, 색소침착의 수치가 평균보다 높으시네요. 참고하여 맞춤형화장품을 조제하겠습니다. 그리고 식품의약품안전처에 자료 제출이 생략되는 기능성화장품 미백 고시 성분을 고시된 최대함량으로 첨가하겠습니다(내용물 및 원료를 기능성화장품으로 허가받음으로 함).

고객:네, 그렇게 해주세요.

〈보기〉

정제수, 카프릴릭/카프릭트리글리세라이드, 부틸렌글라이콜, 글리세린, 알부틴, 프로판디올, 판테놀, 스테아릭애씨드, 아데노신, 글리세릴스테아레이트, 올리브오일, 소듐하이알루로네이트, 알란토인, 토코페릴아세테이트, 제라니올, 파네솔, 카보머, 1,2-헥산디올

① 이 제품에는 비교적 산패가 잘되지 않아 안정성이 뛰어난 카프릴릭/카프릭트리글리세라이드를 함유하고 있습니다.

② 이 제품은 알레르기 유발 물질을 함유하므로 테스트 후 사용하세요.

③ 이 제품은 미백과 주름을 완화하는 이중기능성 제품입니다.

⑤ 「인체적용시험자료」에서 구진과 경미한 가려움이 보고된 예가 있으므로 주의하세요.

⑤ 3세 이하의 영유아는 사용할 수 없으므로 주의하세요.

041

혼합·소분 활동 시 작업장 및 시설 기구에 관한 설명으로 옳지 않은 것은?

① 사용기한이 경과한 원료 및 내용물은 조제에 사용하지 않도록 관리한다.

② 작업장과 시설 기구를 화장품제조허가와 달리 정기적으로 점검하지 않고 위생적으로 유지관리만 하면 된다.

③ 혼합·소분에 사용되는 시설, 기구 등은 사용 후에 세척한다.

④ 세제, 세척제는 잔류하거나 표면에 이상을 초래하지 않는 것을 사용한다.

⑤ 세척한 시설 기구는 잘 건조하여 다음 사용 시까지 오염을 방지한다.

042

맞춤형화장품의 1차 포장의 기재 사항이 아닌 것은?

① 화장품의 명칭
② 영업자의 상호
③ 제조번호
④ 사용기한 또는 개봉 후 사용기간
⑤ 내용물의 용량 또는 중량

043 ~ 46

괄호 안에 들어갈 알맞은 용어를 쓰시오.

043

피부결은 (㉠)와 소릉에 의해 형성된 그물 모양의 표면으로 서로 높이가 차이 날수록 피부가 거친 편에 속한다.

044

피부 소릉의 땀구멍을 (㉠)이라고 한다.

045

피부 조직은 상피조직인 표피, 결제조직인 (㉠), 피하지방으로 이루어진 피하조직의 구조로 구성되어 있다. (㉠)는 표피와 피하지방 사이에 위치하며 피부의 90% 이상을 차지한다. 괄호에 공통으로 들어갈 알맞은 용어를 넣으시오.

046

손바닥의 표피 구조를 나타낸 것이다. 괄호 안에 알맞은 용어를 넣으시오.

기저층-(㉠)-과립층-(㉡)-각질층

047

표피의 구조 중 어떤 층을 의미하는지 괄호에 공통으로 들어갈 알맞은 용어를 쓰시오.

〈보기〉

- (㉠)는 20~25층의 죽은 세포로 구성되어 있으며 케라틴(50%), 지질, 천연보습인자를 함유하고 있다. (㉠)에는 천연보습인자(NMF)가 있어 피부의 기본 수분량을 함유하고 있으며 수분함유 상태에 따라 두께가 다르다. 수분량은 나이가 젊은 사람인 경우 함량이 높고 나이가 들수록 수분함량은 감소한다. 표피의 구조 중 무엇을 의미하는지 괄호에 공통으로 들어갈 용어를 쓰시오.
- (㉡)은 빛을 차단하는 작고 투명한 세포로 구성되어 있으며 주로 손바닥, 발바닥의 두꺼운 각질층 바로 밑에 존재하며, 2~3층의 편평한 세포로 되어 있다. 엘라이딘(Eleidin)이라는 반유동성 물질이 함유되어 있어 투명하게 보이며 피부가 윤기 있게 해준다.

048

(㉠)는 약 28일 주기로 수백만 개씩의 매일 새로운 세포가 형성되고 떨어져 나간다. 노화된 피부는 (㉡)의 기능 저하로 인해 각질층이 두꺼워져 잔주름의 원인이 된다. 괄호에 공통으로 들어갈 용어를 쓰시오.

049

(㉠)세포는 대부분 유극층에 존재하며 피부의 면역에 관계한다. 이 세포는 외부에서 들어온 이물질인 항원을 면역 담당 세포인 림프구로 전달해주는 역할을 한다.

050

기저층에는 색소세포인 (㉠)세포가 있으며, 신경섬유의 말단과 연결되어 피부에서 촉각을 감지하는 역할을 하는 촉각세포인 (㉡)가 있다.

051

(㉠)는 피부 내에 존재하는 피지의 친수성 부분을 의미하며 피부의 수분량을 조절하여 피부건조를 방지하는 역할을 한다. (㉠)는 습도가 낮은 상황에서도 수분을 유지하려는 능력이 뛰어나다. 각질층은 약 10%~20%의 수분이 함유되어 있으나 10% 이하의 수분량인 건성피부나 아토피, 건선 등의 경우 이런 (㉠)가 감소되어 각질층이 두꺼워지고 피부가 거칠어지며 피부노화를 촉진 시킨다. 주요 구성물질은 아미노산(40%), 피롤리돈 카프본산염(12%), 젖산염(12%), 요소, 염소, 나트륨, 칼륨, 칼슘, 암모니아, 인산염 등이 있다. 괄호에 공통적으로 들어갈 알맞은 용어는?

✍

052

표피의 (㉠)은 각질 세포의 사이사이를 메워주는 역할을 하는 성분으로서 함량 변화는 피부를 건조하게 하는 원인 중 하나이다. (㉠)은 세포와 세포사이를 더 단단하게 결합하고 수분손실을 막기 위해 (㉡) 구조를 이루고 있다. 구성 성분 중에는 (㉢)가 가장 많이 함유되어 있으며 그 외 지방산, 콜레스테롤, 콜레스테릴 에스테르 등으로 구성되어 있다.

✍

053

(㉠)는 층판소체의 내부물질로서 각질형성세포 사이를 연결하는 단백질 구조로 효소에 의해 분해되어 각질세포의 탈락에 중요한 역할을 한다. (㉠)의 분해가 원활하지 못하면 각질세포의 탈락이 정상적이지 못하여 피부에 쌓이게 되고 수분이 소실되고 단단하고 두꺼운 각질층을 형성하게 된다. 괄호에 공통적으로 들어갈 용어는?

✍

054

다음 중 표피의 유극층에 대한 설명을 모두 고르시오.

〈보기〉

㉠ 죽은세포, 지질,천연보습인자(NMF)가 존재한다.
㉡ 엘라이딘(Eleidin)이라는 반유동성 물질이 함유되어 있다.
㉢ 표피의 대부분을 차지하는 층이다.
㉣ 각화가 시작되는 층이다.
㉤ 케라토히알린 과립이 존재한다.
㉥ 항원 전달세포인 랑게르한스세포가 존재한다.

✍

055

피부 표피의 기저층에 대한 설명으로 틀린 것은?

① 촉각상피세포인 머켈 세포가 존재한다.
② 엘라이딘 때문에 투명하게 보인다.
③ 멜라노사이트에서 멜라닌을 생성한다.
④ 활발한 세포분열을 통해 표피세포를 생성한다.
⑤ 대부분의 각질형성세포가 존재한다.

056

진피의 (㉠)에는 주로 콜라겐 섬유와 탄력섬유 등의 기질 단백질들로 그물모양으로 결합되어 있으며 랑거선, 혈관, 림프관, 신경총, 땀샘 등이 분포한다.

✍

057

진피의 (㉠)은 결합 섬유 사이를 채우고 있는 당단백질로 이루어져 있으며 친수성 다당제로 물에 녹아 끈적한 액체상태로 존재하며 쉽게 마르거나 얼지 않는다.

✍

058

(㉠)는 타원형의 핵을 가지며 편평하고 길쭉한 모양의 세포질은 미토콘드리아·골지체·중심체·소지방체 등을 포함하며 교원 섬유, 탄력섬유를 합성 생산하며 세포간질의 기질인 다당류 생산에도 관여한다.

✍

059

(㉠)는 진피 성분의 90%를 차지하고 있는 단백질로 피부의 결합조직을 구성하는 주요성분이다. 교원질 분자는 섬유아세포에서 만들어지며 탄력섬유와 함께 그물모양으로 서로 짜여 있어 피부에 탄력성과 신축성을 부여한다.

(㉡)는 섬유아세포에서 만들어지며 진피에 있는 섬유 성분 가운데에는 비교적 적은 부분을 차지하고 있다. 탄력성이 강하여 피부의 파열을 방지하는 스프링 역할을 하며 피부탄력을 결정짓는 중요한 요소이다.

✍

060

기저층에 존재하는 (㉠)는 멜라닌을 생성한다. 생성된 멜라닌은 납작한 원모양 또는 둥근 막대형 모양의 특수한 세포소기관인 (㉡)안에 축적되어 각질형성세포로 이동한다.

061

다음 중 멜라닌 형성세포 및 멜라닌에 대한 설명으로 옳지 않은 것을 고르시오.

① 멜라닌형성세포는 표피에 존재하는 세포의 약 5%를 차지하고 있으며 대부분 기저층에 위치해 있다. 멜라닌형성세포와 각질형성세포는 1 : 4~1 : 10의 비율로 존재한다.

② 흑갈색을 띠는 페오멜라닌(pheomelanin)과 붉은색이나 황색을 내는 유멜라닌(eumelanin)은 신체 피부색을 결정하는 가장큰 인자에 해당된다.

③ 멜라닌형성세포 내 멜라노좀(melanosome)에서 만들어진 멜라닌은 세포돌기를 통하여 각질형성세포로 전달된다.

④ 각질형성세포로 전달된 멜라닌이 가득 차 있는 멜라노좀은 표피의 기저층 위 부분으로 확산되어 자외선에 의해 기저층의 세포가 손상되는 것을 막아준다.

⑤ 멜라닌이 함유된 각질형성세포는 점점 각질층으로 이동되며 최종적으로 각질층에서 탈락되어 떨어져 나간다.

062

다음은 피부색을 결정하는 색소에 대한 설명이다. 빈칸에 들어갈 알맞은 단어를 쓰시오.

- 멜라닌은 기저층에서 멜라닌형성세포(melanocyte, 멜라노사이트)에 의해 합성 생성되며 피부, 모발, 눈 등에 분포하며 갈색 또는 흑색을 띄는 색소이다.
- (㉠)은 적혈구 속에 있는 단백질 색소로, 산소 4분자와 결합하여 산소를 운반하는 역할을 한다. 헤모글로빈은 산소와 결합하여 붉은색을 나타내어 혈액이 붉게 보인다. 하지만 산소와 결합하지 못하면 푸른색을 나타낸다.
- (㉡)은 피하조직에 존재하며 비타민 A의 전구물질로 작용하며 피부에 황색을 띠게 하며 황인종에게 많이 나타난다.

063

다음 중 진피에 대한 설명으로 옳지 않은 것은?

① 유두층은 진피가 표피 방향으로 둥글게 물결모양으로 돌출되어 있는 부분이다.

② 유두층에는 모세혈관이 분포하여 표피에 영양을 공급한다.

③ 유두층에는 교원섬유, 탄력섬유를 생산하는 섬유아세포가 존재한다.

④ 교원섬유는 진피 성분의 90%를 차지하고 있는 단백질이다.

⑤ 망상층에는 혈관, 땀샘, 피지선이 존재한다.

064

피하조직에 있는 (   )는 몸을 따뜻하게 보호하며 수분을 조절하고 탄력성을 유지하여 외부의 충격으로부터 몸을 보호하는 기능을 가지고 있다. 여기에서 설명하는 세포는 무엇인가?

✍

065

(㉠) 세포는 동물 진피의 결합조직에 널리 분포하며 염증반응에 중요한 역할을 담당한다. 히스타민과 세로토닌, 헤파린 등을 생성하는 백혈구의 일종이다. 혈액 응고 저지, 혈관의 투과성, 혈압 조절 기능과 알레르기 반응에도 관여한다.
(㉡) 세포는 면역을 담당하는 백혈구의 한 유형으로 세포 찌꺼기 및 미생물, 암세포, 비정상적인 단백질 등을 소화·분해하는 식작용(phagocytosis)이 있다. (㉡) 세포의 세포질에는 리소좀이 있으며, 파고좀과 융합해 효소를 방출하여 이물을 소화하는 식작용을 한다.

✍

066

피부의 구조에 관한 설명으로 옳지 않은 것은?

① 피부의 pH는 약 4~6이며 수용성 산인 젖산, 피롤리돈산, 요산이 원인이다.
② 약산성 피부는 피부를 미생물로부터 보호하는 보호막 역할을 한다.
③ 피부는 표피, 내피, 진피로 구성되어있다.
④ 진피에는 혈관, 피지선, 탄력섬유 등이 존재한다.
⑤ 표피에는 색소세포, 랑게르한스셀 등이 존재한다.

067

한선의 종류 중 (㉠)은 인체의 피부 대부분에 분포하며 특히 손바닥, 발바닥, 이마 등에 많이 분포되어있다. 땀의 액체만을 분비하며 체온 조절 및 노폐물을 배출한다. 땀은 무색무취로 분비 시에 체내에서 염분을 빠져 나오게 하며 필요 이상으로 분비 시 탈진상태에 이른다. 열에 의한 온열성발한, 긴장에 의한 정신성발한, 미각자극에 의한 미각성발한 등이 있다.
(㉡)은 겨드랑이, 배꼽 주변, 사타구니, 젖꼭지 등 특정한 피부 부위에만 분포하는 한선의 종류이다. 직접 피부표면으로 연결되지 않고 모낭과 연결되어 피부표면으로 배출되며 진피의 깊숙한 곳에서 시작되므로 단백질이 많고 특유의 냄새를 가지고 있다. 사춘기가 지나면 분비기능이 시작되어 갱년기에 위축된다.

✍

068

땀의 구성성분에 해당하지 않는 것은?

① 젖산
② 암모니아
③ 아미노산
④ 지방산
⑤ 요소

069

(㉠)은 진피에 있는 분비선으로 손바닥, 발바닥, 입술을 제외한 신체의 대부분에 분포되어 있다. 모낭 옆에 있으며 모공을 통해 지방을 분비하며 피부와 모발에 광택과 유연성을 준다.

✍

070

피지의 성분에 해당하지 않는 것은?

① 왁스에스테르
② 스쿠알렌
③ 콜레스테롤
④ 트리글리세라이드
⑤ 크레아틴

071

다음 중 한선 및 피지선에 대한 설명으로 옳지 않은 것은?

① 소한선은 입술, 음부 등을 제외한 인체의 피부 대부분에 분포한다.
② 소한선의 땀은 무색무취로 분비 시에 체내에서 염분을 빠져 나오게 한다.
③ 대한선은 사람의 체온 조절에 중요한 역할을 하며 대한선에서 배출되는 땀은 특유의 냄새를 가지고 있다.
④ 피지선은 진피의 망상층에 존재하며 얼굴, 두피, 가슴 등의 중앙부위에 많이 분포되어 있다.
⑤ 피지선은 남성호르몬인 안드로겐의 영향을 많이 받으며 피지의 구성성분으로는 트리글리세라이드, 왁스 에스터, 지방산, 스쿠알렌 등이 있다.

072

다음 중 피부의 기능에 대한 설명으로 옳은 것은?

① 보호작용 : 지속적인 박리를 통해 독소물질을 배출
② 분비작용 : 랑게르한스셀은 바이러스, 박테리아 등을 포획하여 림프로 보내 외부로 배출
③ 감각작용 : 머켈 세포가 신경섬유의 말단과 연결되어 피부에서 촉각을 감지하는 역할을 함
④ 체온조절작용 : 혈액을 통해 체온을 조절함
⑤ 각화작용 : 14일을 주기로 각질이 떨어져 나감

073

다음 빈칸에 들어갈 알맞은 단어를 쓰시오.

> 각질층은 천연보습인자(NMF, Natural Moisturizing Factor)와 각질세포 사이에 존재하는 지질층 및 피지선으로부터 분비되는 피지가 수분증발을 막아 수분밸런스를 유지한다. 천연보습인자를 구성하는 수용성의 아미노산은 (㉠)이 상층으로 이동함에 따라서 각질층 내의 단백분해효소에 의해 분해된 것이다.

✍

074

다음 중 피부노화의 현상이 아닌 것은?

① 각질층의 세포 크기가 균일해진다.
② 멜라닌세포수가 감소한다.
③ 망상층이 얇아진다.
④ 광노출로 인한 콜라겐이 손상된다.
⑤ 한선의 수가 증가하여 과다하게 땀을 배출한다.

075

조갑은 (㉠)에서 분화된 표피세포에서 생성되며 세포분열을 통해 손발톱을 생산하며, (㉡) 성분으로 주로 이루어져 있다.

✍

076

다음은 모근부의 구조에 대한 설명이다. 괄호 안에 알맞은 용어를 쓰시오.

> 내모근초는 내측의 두발 주머니로서 외피에 접하고 있는 표피의 각질층인 (㉠)와 과립층의 (㉡), 유극층의 (㉢)(으)로 구성되고 외모근초는 표피층의 가장 안쪽인 기저층에 접하고 있다.

✍

077

다음은 모발의 모근부에 대한 설명이다. 틀린 것을 고르시오.

① 모모세포는 모유두(毛乳頭) 조직 내에 있으면서 두발을 만들어 내는 세포이며, 모유두로 부터 영양분을 받아 세포분열을 한다.
② 내모근초와 외모근초는 모구부에서 발생한 두발을 완전히 각화가 종결될 때까지 보호하고, 표피까지 운송하는 역할을 한다.
③ 내모근초와 외모근초는 모구부 부근에서 세포분열에 의해 만들어진다.
④ 두발의 육성과 함께 모유두와 분리된 휴지기 상태가 되면 외모근초(소)는 입모근 근처(모구의 1/3 지점)까지 위로 밀려 올라간다.
⑤ 외모근초는 두발을 표피까지 운송하여 역할을 다한 후에는 비듬이 되어 두피에서 떨어진다.

078

다음 모발의 구조에 대한 설명이다. 괄호안에 알맞은 단어를 차례대로 쓰시오.

> 모발의 구조는 바깥쪽에서부터 모소피-(㉠)-모수질로 구성되어 있다. (㉡)은/는 모발의 가장 바깥쪽 부분에 위치한 핵이 없는 편평세포로 모발 전체의 10~15%를 차지한다. 물고기의 비늘처럼 사이사이 겹쳐 놓은 것과 같은 구조로 친유성의 성격이 강하고 모피질을 보호하는 큐티클층(Cuticle layer)이다. 모소피는 단단한 케라틴으로 만들어져 마찰에 약하고 자극에 의해 쉽게 부러지는 성질이 있다.

✍

079

모발의 구조에 대한 설명으로 옳은 것은?

① 모발의 모간부는 피부 속에 박혀 있는 부분으로 모낭으로 둘러싸여 있다.
② 모소피는 친수성의 성격이 강하다.
③ 모소피의 주요 성분은 케라틴이다.
④ 연모에는 모피질이 존재하지 않는다.
⑤ 굵고 튼튼한 모발에는 모수질이 없다.

080

다음은 염색의 원리에 대한 설명이다. 괄호 안에 들어갈 알맞은 말을 차례대로 쓰시오.

> (㉠)는 모표피를 손상시켜 염료와 (㉡)가 속으로 잘 스며들 수 있도록 하는 역할을 한다.
> (㉡)는 색소를 파괴하는데, 머리카락 속의 멜라닌 색소를 파괴하여 두발 원래의 색을 지워주는 역할을 한다.

✍

081

다음은 모발의 구조에 대한 설명이다. 옳은 것을 모두 고르시오.

〈보기〉

ㄱ. 모표피는 모발의 색상을 결정하는 멜라닌 색소를 함유한다.

ㄴ. 내근모초는 두발을 표피까지 운송하여 역할을 다한 후에는 비듬이 되어 두피에서 떨어진다.

ㄷ. 모피질은 크게 에피큐티클, 엑소큐티클, 엔도큐티클의 구조로 나뉜다.

ㄹ. 모근부의 외근모초는 내측의 두발 주머니로서 외피에 접하고 있는 표피의 각질층인 초표피와 과립층의 헉슬리층, 유극층의 헨레층으로 구성되어 된다.

ㅁ. 엑소큐티클은 퍼머넌트 웨이브와 같이 시스틴 결합을 절단하는 약품의 작용을 받기 쉬운 층이다.

① ㄱ, ㄹ

② ㄱ, ㅁ

③ ㄴ, ㄹ

④ ㄴ, ㅁ

⑤ ㄷ, ㅁ

082

다음은 모발의 성장주기 순서이다. 괄호 안에 알맞은 용어를 넣으시오.

초기성장기 - 성장기 - 퇴행기 - (㉠) - 탈모

✍

083

모발의 성장주기에 해당하지 않는 것은?

① 초기성장기

② 성장기

③ 유지기

④ 퇴행기

⑤ 휴지기

084

남성 호르몬인 테스토스테론은 모낭에 존재하는 (　　)라는 효소가 작용하여, 디하이드로테스토스테론(DHT)으로 전환된다. 남성형 탈모증은 남성호르몬인 디히드로테스토스테론(DHT, Dihydrotestosterone)호르몬의 영향으로 모발이 점점 얇아지면서 빠지는 대머리 증상을 말한다.

✍

085

다음은 두피의 구조 및 기능에 대한 설명이다. 옳지 않은 것을 고르시오.

① 두피는 피부의 일부분으로 비슷한 구조를 가지고 있으나 특징적으로 다른 부분의 모낭보다 복잡하고 피지선이 많다.

② 두피에는 신경이 조밀하게 분포되어 있어 머리카락을 통해 감각을 느낄 수 있게 한다.

③ 두피의 표면이 산성막으로 되어있어 외부 감염과 미생물의 침입으로부터 두피를 보호한다.

④ 신체를 감싸는 다른 외피에 비해 혈관이 적게 분포되어 있다.

⑤ 비듬은 두피에서 탈락된 세포가 벗겨져 나온 쌀겨 모양의 표피 탈락물이다.

086

다음은 두피의 구조에 대한 설명이다. 빈칸에 들어갈 알맞은 명칭을 차례대로 쓰시오.

> 두피는 세 개의 층으로 구성되어 있으며, 동맥, 정맥, 신경들이 분포한 (㉠)와 두개골을 둘러싼 근육과 연결된 신경조직인 (㉡), 얇고 지방층이 없고 이완된 (㉢)으로 이루어져 있다.

✍

087

다음은 비듬의 원인에 대한 설명이다. 괄호 안에 들어갈 진균의 명칭을 한글로 쓰시오.

> 비듬이 생기는 원인은 여러 가지이며, 두피 피지선의 과다 분비, 호르몬의 불균형, 두피 세포의 과다 증식 등이 있다. 또한 (㉠)라는 진균류가 방출하는 분비물이 표피층을 자극하여 비듬이 발생하기도 한다. 이외에 스트레스, 과도한 다이어트 등이 비듬 발생의 원인이 된다는 연구 결과가 있다.

✍

088

비정상적인 피지의 분비로 인해 지성과 건성의 피부유형이 존재한다. 피지가 많이 분비되는 부분은 모공이 커지고 여드름을 동반하기도 하며, 피지의 분비가 적고 수분함량이 적어 각질이 생기거나 잔주름이 생기기도 한다. 이러한 경우 화장품을 부위별로 다르게 두 가지를 선택하여 사용하는 피부타입은?

✍

089

지성피부에 대한 설명으로 옳지 않은 것은?

① 피부의 피지량이 많다.
② 피지막이 두껍다.
③ 남성호르몬의 영향이 크다.
④ 피지선의 기능이 저하되어 발생하다.
⑤ 한선기능이 감소하여 수분이 부족한 건성피부를 동반하기도 한다.

090

피부 상태의 측정 항목으로 옳지 않은 것은?

① 피부 수분
② 피부 두께
③ 피부 탄력도
④ 피부색
⑤ 피부 건조

091

피부측정방법이 올바르지 않게 연결된 것은?

① 피부수분 - 전기전도도기
② 피부유분 - 카트리지필름
③ 홍반 - 헤모글로빈측정
④ 탄력도 - 음압을 가한 후 복원정도 측정
⑤ 멜라닌 - 멜라닌의 색상 측정

092

피부 상태 분석대상과 피부 상태 분석법의 연결이 옳지 않은 것을 고르시오.

① 피부 보습도 - Replica 분석법
② 피부 보습도 - 경피수분손실량 측정
③ 피부 주름 - 피부 표면 형태 측정
④ 피부 탄력 - 탄력 측정기를 이용한 측정법
⑤ 피부 색소 침착 - UV광을 이용한 측정

093

(   )는 각질층을 통해서 대기 중으로 빠져나가는 수분의 양을 의미한다. 즉 피부로부터 증발 및 발산하는 수분량을 측정함으로써 피부장벽의 상태를 알 수 있다. 피부장벽기능(skin barrier function)의 이상은 과도한 수분량의 손실로 피부의 건조를 유발할수 있다. 건조한 피부나 손상된 피부는 정상인에 비해 높은 값을 나타낸다. 괄호에 알맞은 용어는?

✍

094

화장품의 관능평가에 대한 설명으로 옳지 않은 것은?

① 관능평가는 여러 가지 품질을 인간의 오감에 의하여 평가하는 제품검사를 의미한다.
② 사용감은 피부에 느껴지는 감각으로 매끄럽게 발리거나 바른 후 가볍거나 무거운 느낌, 밀착감, 청량감 등을 말한다.
③ 목적에 따라 분석형 관능검사와 기호형 관능검사로 나뉜다.
④ 기호형 관능평가는 좋고 싫음을 주관적으로 판단하는 것을 말한다.
⑤ 분석형 관능평가는 표준품 및 제품규격서와 비교하여 합격품, 불량품을 주관적으로 판단하는 것을 말한다.

095

다음은 색조제품(파운데이션, 아이섀도, 립스틱 등)의 색상을 판별하는 관능평가 절차이다. 괄호 안에 들어갈 알맞은 말을 쓰시오.

표준견본과 내용물을 (㉠)에 각각 소량씩 묻힌 후 (㉠)로 눌러서 대조되는 색상을 육안으로 확인하거나 손등 혹은 실제 사용 부위(얼굴, 입술)에 발라서 색상 확인한다.

✍

096

다음은 관능평가 종류에 대한 설명이다. 괄호 안에 들어갈 알맞은 용어를 쓰시오.

(㉠)은 제품의 정보를 소비자에게 제공하고 제품에 대한 인식 및 효능이 일치하는지를 조사하는 기호성 관능평가시험이다.

✍

097

다음에서 설명하는 내용이 옳은 것은 ○, 틀린것은 X 를 하시오.

① 맞춤형화장품은 소지자의 피부상태나 선호도 등을 미리 확인하고 혼합·소분하여야 한다. (　　)

② 맞춤형화장품은 원료와 원료를 혼합하여 만들 수 있다. (　　)

③ 맞춤형화장품 사용과 관련된 중대한 유해사례 등 부작용 발생 시 그 정보를 알게 된 날로부터 30일 이내 식품의약품안전처 홈페이지를 통해 보고하거나 우편·팩스·정보통신망 등의 방법으로 보고해야 한다. (　　)

④ 맞춤형화장품판매업자는 원료목록 및 생산실적 등을 기록·보관하여 관리해야 한다. (　　)

⑤ 맞춤형화장품 의뢰 시 취득한 소비자 피부진단 데이터 등을 연구·개발 등의 목적으로 사용하고자 하는 경우, 소비자에게 별도의 사전 안내 및 동의를 받아야 한다. (　　)

⑥ 맞춤형화장품판매업자는 원료 및 내용물의 입고, 사용, 폐기 내역 등에 대하여 기록·관리해야 한다. (　　)

⑦ 화장품의 가격은 일반 소비자가 알기 쉽도록 표시하며, 맞춤형화장품판매업자가 표시할 수 있다. (　　)

098

다음은 맞춤형화장품 매장에서의 대화이다. 맞춤형화장품조제관리사 하은과 매장에 방문한 고객의 대화를 읽고 하은이 고객에게 추천할 제품을 모두 고르시오.

고객 : 요즘 날씨 탓인지 피부가 너무 당기고 화장을 해도 들떠 고민이에요.

하은 : 날씨가 건조한 탓도 있을 것 같습니다. 그럼 피부 측정을 한번 해보시겠어요?

고객 : 네

(피부 측정 후)

하은 : 고객님 피부가 현재 각질이 많은 상태이고 말씀하신대로 건조해서 정상피부보다 수분이 30% 이상 낮은 것으로 측정됩니다. 고객님 피부상태에 맞는 제품 추천해드릴까요?

고객 : 네, 어떤 제품이 좋을까요?

〈추천 제품〉

ㄱ. 토코페롤아세테이트 함유 제품
ㄴ. 세라마이드 함유 제품
ㄷ. 아스코빌글루코사이드 함유 제품
ㄹ. 레티닐팔미테이트 함유 제품
ㅁ. 소듐하이알루로네이트 함유 제품
ㅂ. 아세틱애씨드 함유 제품

✍

099

다음은 맞춤형화장품 매장에서의 대화이다. 맞춤형화장품조제관리사 서영이 상담 고객에게 추천할 성분을 모두 고르시오.

고객 : 최근 들어 얼굴에 주름이 많이 생긴 것 같아 고민입니다.
서영 : 주름 때문에 고민이시군요. 고객님, 피부 측정이 필요할 것 같네요.
고객 : 네, 지난 번 측정결과와 비교할 수 있나요?
서영 : 비교해서 알려드리겠습니다.
(피부 측정 후)
서영 : 고객님, 지난 번과 비교했을 때 주름이 좀 더 깊어진 것이 맞습니다. 색소침착도 10% 증가했네요.
고객 : 색소침착까지…. 걱정이네요. 어떤 제품이 좋을까요?

〈추천 제품〉

ㄱ. 에칠아스코빌에텔 함유 제품
ㄴ. 덱스판테놀 함유 제품
ㄷ. 살리실릭애씨드 함유 제품
ㄹ. 폴리에톡실레이티드레틴아마이드 함유 제품
ㅁ. 알파-비사보롤 함유 제품
ㄹ. 시녹세이트 함유 제품

100

다음은 고객과 맞춤형화장품조제관리사가 대화하는 내용이다. 맞춤형화장품조제관리사가 처방해야 하는 성분으로 알맞은 것은?

고객 : 요새 매일 낮에 조깅을 하다보니 기미가 올라오고 피부가 많이 당깁니다. 잔주름도 늘은 것 같습니다.
조제관리사 : 지용성의 ㉠ 미백 기능성성분과 수용성의 ㉡ 주름개선 기능성성분를 넣어서 알맞은 화장품을 처방하겠습니다.

① ㉠ : 닥나무추출물, ㉡ : 아데노신
② ㉠ : 알파비사보롤, ㉡ : 아데노신
③ ㉠ : 유용성감초추출물, ㉡ : 레티닐팔미테이트
④ ㉠ : 나이아신아마이드, ㉡ : 레티놀
⑤ ㉠ : 유용성감초추출물, ㉡ : 폴리에톡실레이티드레틴아마이드

101

다음은 맞춤형화장품조제관리사 B가 고객 A에게 적합한 맞춤형화장품을 상담하는 내용이다. ( ) 에 들어갈 말을 순서대로 기입하시오(㉠은 숫자로, ㉡, ㉢은 순서 관계없이 한글로 작성).

> A : 저는 평소 등산을 좋아합니다. 그런데 요즘은 햇빛 아래에서 10분만 있어도 피부가 금방 빨개지고 트러블이 생겨요.
> B : 피부 상태를 먼저 측정해 보겠습니다.
> (피부 상태 측정 후)
> B : 고객님은 피부가 흰 편이고, 피부가 건조하여 민감한 상태입니다. 따라서 햇볕을 조금만 쬐어도 피부에 트러블이 생길 수 있어요.
> A : 네, 맞아요. 며칠 뒤 야외에서 6시간 정도 활동이 있습니다. 적합한 자외선차단제를 추천해 주세요.
> B : 고객님의 피부 상태와 야외활동 시간을 고려할 때, SPF (㉠) 이상의 제품을 추천 드리며, 자외선 차단성분 중 (㉡), (㉢) 성분이 들어간 제품을 추천합니다. 백탁현상이 있지만, 민감한 피부에 추천드리는 성분입니다.
> A : 감사합니다.

✍

102

표시량이 100ml인 맞춤형화장품을 소분하려고 한다. 충진량의 총 질량은 몇 g 인가?(비중 0.96)

✍

103 ~ 106

관능평가 시 관능용어에 따른 물리화학적 평가법을 골라 넣으시오.

> 〈보기〉
> 리오미터, 핸디압축시험법, 변색분광측정계, 광택계, 색채측정

103

부드러움 또는 딱딱함.

✍

104

윤기가 있음 또는 윤기가 없음.

✍

105

화장지속력이 좋음 또는 화장이 잘 지워짐.

✍

106

번들거림 또는 번들거리지 않음.

✍

MEMO

맞춤형화장품조제관리사

제1회
모의고사

제1회 모의고사

Ⅰ. 화장품 관련 법령 및 제도 등에 관한 사항

001

맞춤형화장품조제관리사 A씨는 클렌징폼에 "여드름 치료효과가 있음"이라는 표시를 하여 적발되었다. A씨가 받을 1차 행정처분으로 알맞은 것은?

① 해당 품목 판매업무정지 15일
② 해당 품목 광고업무정지 1개월
③ 해당 품목 판매업무정지 2개월
④ 해당 품목 광고업무정지 3개월
⑤ 해당 품목 판매업무정지 3개월

002

「화장품법」에 따라 다음 중 과태료 부과 대상인 경우를 고르시오.

① 화장품제조업을 하려는 자가 등록을 하지 않고 영업을 한 경우
② 거짓이나 부정한 방법으로 천연화장품 및 유기농화장품에 대해 인증 받은 경우
③ 화장품 책임판매업자가 생산실적 또는 수입실적 또는 화장품 원료의 목록 등을 보고하지 않은 경우
④ 영유아 또는 어린이가 사용할 수 있는 화장품의 제품별 안전성 자료를 작성 및 보관하지 않은 경우
⑤ 화장품을 판매할 때에 어린이가 화장품을 잘못 사용하여 인체에 위해를 끼치는 사고가 발생하지 아니하도록 안전용기·포장을 사용하지 않은 경우

003

「화장품법 시행규칙」에 따른 기능성화장품이 아닌 것을 모두 고르시오.

〈보기〉
ㄱ. 흑채
ㄴ. 제모왁스
ㄷ. 나이아신아마이드 3% 함유된 크림
ㄹ. 티타늄디옥사이드 20% 함유된 선크림
ㅁ. 살리실릭애씨드 0.5% 함유된 폼 클렌저

① ㄱ, ㄴ
② ㄱ, ㄴ, ㄷ
③ ㄴ, ㄷ
④ ㄷ, ㅁ
⑤ ㄷ, ㄹ, ㅁ

004

「화장품법 시행규칙」[별표 3]에 따른 화장품 유형에 속하지 않는 것을 고르시오.

① 흑채
② 고형화장비누
③ 제모왁스
④ 아기용 물휴지
⑤ 치약

005

「화장품법 시행규칙」[별표 3]에 따라 다음 중 염모제를 사용해도 되는 경우를 고르시오.

① 신장질환이 있는 경우
② 생리 중인 경우
③ 두피에 비듬이 많은 경우
④ 프로필렌글라이콜 성분에 과민하거나 알레르기 반응을 보였던 적이 있는 경우
⑤ 염모제 사용 시 부종과 같은 부작용이 있었던 경우

006

알파비사보롤 0.5% 함유한 로션제를 기능성화장품으로 신청할 경우 자료제출이 생략되지 않고 반드시 제출해야 하는 서류는?

① 기원 및 개발경위에 관한 자료
② 단회투여독성시험 자료
③ 1차 피부 자극시험자료
④ 제제의 함량
⑤ 기준 및 시험방법에 관한 자료

007

맞춤형화장품판매업 등록 시 필요서류가 아닌 것은?

① 대표자의 의사진단서(정신질환 및 마약이나 그 밖의 유독물질의 중독자가 아님을 증명하는 의사진단서)
② 건축물관리대장
③ 임대차계약서
④ 맞춤형화장품조제관리사 자격증 사본
⑤ 시설명세서 및 평면도

II. 화장품 제조 및 품질관리와 원료의 사용기준 등에 관한 사항

008

다음 중 유성원료이면서 자연계 액상형태인 것만으로 짝지어진 것을 고르시오.

① 난황유, 올리브유, 아이소프로필미리스테이트
② 밍크오일, 글리세린, 마유
③ 포도씨유, 유동파라핀
④ 올리브유, 스쿠알란, 미네랄오일
⑤ 동백유, 라우린산, 세틸알코올

009

다음 중 위해화장품의 위해등급이 전혀 다른 것은?

① 안전용기·포장 등에 위반되는 화장품
② 기능성을 나타나게 하는 주원료의 함량이 기준치에 부적합한 화장품
③ 병원미생물에 오염된 화장품
④ 전부 또는 일부가 변패 된 화장품
⑤ 의약품으로 잘못 인식할 우려가 있게 기재 표시한 화장품

010

식품의약품안전처고시「화장품의 색소 종류와 기준 및 시험방법」에 따라 눈 주위 사용금지 색소와 화장비누 외 사용금지 색소를 옳게 짝지은 것은?

① 적색 2호 - 피그먼트 녹색 7호
② 등색 201호 - 피그먼트 적색 24호
③ 황색 5호 - 피그먼트 자색 23호
④ 적색 223호 - 피그먼트 녹색 7호
⑤ 등색 205호 - 피그먼트 자색 5호

011

다음 중 옳지 않은 것을 고르시오.

① "색소"라 함은 화장품이나 피부에 색을 띠게 하는 것을 주요 목적으로 하는 성분을 말한다.
② "레이크"라 함은 타르색소의 나트륨, 칼륨, 알루미늄, 바륨, 칼슘, 스트론튬 또는 지르코늄염을 기질에 흡착, 공침 또는 단순한 혼합에 의하여 확산시킨 색소를 말한다.
③ "타르색소"라 함은 화장품에 사용할 수 있는 색소 중 콜타르, 그 중간생성물에서 유래되었거나 유기합성하여 얻은 색소 및 그 레이크, 염, 희석제와의 혼합물을 말한다.
④ "순색소"라 함은 중간체, 희석제, 기질 등을 포함하지 아니한 순수한 색소를 말한다.
⑤ "기질"이라 함은 레이크 제조 시 순색소를 확산시키는 목적으로 사용되는 물질을 말한다.

012

다음 중 무기안료에 대한 설명으로 옳은 것을 모두 고르시오.

〈보기〉
ㄱ. 염료, 레이크, 안료가 있다.
ㄴ. 빛에 불안정하다.
ㄷ. 유기 용매에 녹지 않는다.
ㄹ. 색이 풍부하고 선명하다.
ㅁ. 마스카라, 아이라이너의 색소로 주로 사용되고 있다.

① ㄱ, ㄴ
② ㄱ, ㄹ
③ ㄴ, ㄷ
④ ㄴ, ㄹ
⑤ ㄷ, ㅁ

013

다음은 맞춤형화장품조제관리사 가은씨는 맞춤형화장품을 조제하기 전 「화장품법 시행규칙」[별표 3]의 화장품 유형을 읽어 보았다. 〈보기〉는 이의 일부이다. 옳은 설명을 고르시오.

〈보기〉
1. 화장품의 유형(의약외품은 제외한다.)
가. (㉠) 의 (㉡)용 제품류
1) (㉡)용 샴푸, 린스
2) (㉡)용 로션, 크림
3) (㉡)용 오일
4) (㉡) (㉢) 제품
5) (㉡) 목욕용 제품

① ㉠에 들어갈 말은 3세 미만이다.
② ㉠, ㉡에 들어갈 말은 13세 이하, 어린이다.
③ 가은씨는 (㉢)용 샴푸, 린스 벌크에 적색 102호를 추가하여 혼합할 수 있다.
④ 유통화장품의 안전관리 기준에 따라 (㉢)용 오일은 pH가 3.0 ~ 9.0이어야 한다.
⑤ 가은씨는 (㉡)가 사용할 수 있는 로션임을 광고할 시 제품별 안전성 자료를 작성 및 보관해야 하는 규정을 2차위반하면 해당품목 판매업무정지 3개월에 처해진다.

014

「화장품법 시행규칙」[별표 3]에 따라 다음 중 같은 화장품 유형끼리 옳게 짝지어진 것이 아닌 것을 모두 고르시오.

〈보기〉
ㄱ. 볼연지 - 메이크업 픽서티브
ㄴ. 헤어 틴트 - 헤어왁스
ㄷ. 아이 섀도 - 립글로스
ㄹ. 헤어 크림 - 샴푸
ㅁ. 수렴화장수 - 클렌징 오일

① ㄱ, ㄴ
② ㄱ, ㄷ
③ ㄴ, ㄷ
④ ㄴ, ㅁ
⑤ ㄹ, ㅁ

015

다음 중 빈칸에 들어갈 알맞은 말을 고르시오.

〈보기〉
(　　)는 피부에 대한 부착성이 우수하여 뭉침 현상(Caking)을 일으키지 않고, 피부에 광택을 주어 파우더 제품에 주로 사용된다. 운모라고도 부른다.

① 탈크
② 마이카
③ 카올린
④ 실리카
⑤ 산화철

016

다음 중 틀린 것을 모두 고르시오.

〈보기〉
ㄱ. 암모늄라우릴설페이트는 양이온계면활성제이다.
ㄴ. 솔비탄스테아레이트는 피부 자극이 적고 피부 안전성이 높아, 유화제, 가용화제, 분산제, 습윤제 등 대부분의 화장품에서 사용된다.
ㄷ. 베타인, 부틸렌글라이콜, 알부틴, 아데노신 등은 피부에 수분을 주어 피부 표면이 촉촉하고 부드러워지도록 하는 보습제이다.
ㄹ. 벤잘코늄클로라이드는 대전방지제, 소취제, 살균제의 보존제로 주로 사용되며 향취와 독성이 있다.
ㅁ. 비에이치에이(BHA)는 유성성분에 대한 산화방지 효과가 있는 합성산화방지제로 민감한 피부의 경우 알러지를 유발할 수 있다.

① ㄱ, ㄴ, ㄷ
② ㄱ, ㄷ
③ ㄱ, ㄷ, ㅁ
④ ㄴ, ㄷ, ㄹ
⑤ ㄹ, ㅁ

017

다음 중 식물에서 추출한 원료가 아닌 것은?
① 잔탄검(Xanthan Gum)
② 구아검(Guar Gum)
③ 아라비아검(Arabic Gum)
④ 로커스트빈검(Locust Bean Gum)
⑤ 카라기난(Carrageenan)

018

유기농인증표시를 무단으로 사용하여 표시·광고를 한 경우 행정처분은?

① 1차 위반시 판매업무정지 1개월
② 1차 위반시 제조업무정지 1개월
③ 1차 위반시 광고업무정지 1개월
④ 1차 위반시 해당품목판매업무정지 3개월
⑤ 1차 위반시 해당품목 광고업무정지 1개월

019

다음 중 「화장품법 시행규칙」[별표 3]에 따른 제모제 사용할 때의 주의사항으로 옳은 것은?

① 땀발생억제제(Antiperspirant), 향수, 수렴로션(Astringent Lotion)은 이 제품 사용 후 12시간 후에 사용하십시오.
② 광과민반응이 나타날 수 있으므로 이러한 경우 이 제품의 사용을 즉각 중지하고 의사 또는 약사와 상의하십시오.
③ 사용 중 따가운 느낌, 불쾌감, 자극이 발생할 경우 즉시 닦아내어 제거하고 따뜻한 물로 씻으며, 불쾌감이나 자극이 지속될 경우 의사 또는 약사와 상의하십시오.
④ 눈에 들어가지 않도록 하며 눈 또는 점막에 닿았을 경우 미지근한 물로 씻어내고 붕산수(농도 약 3%)로 헹구어 내십시오.
⑤ 제모 제품을 30분 이상 피부에 방치하거나 피부에서 건조시키지 마십시오.

020

식품의약품안전처고시 「화장품 안전기준 등에 관한 규정」에 따라 제조업자 A씨는 샴푸 내용물에 보존제로서 징크피리치온을 첨가하려 한다. 이때 사용할 수 있는 징크피리치온의 사용한도는 ( )의 사용한도와 같다. 빈칸에 들어갈 알맞은 보존제를 고르시오.

① 벤질알코올
② 벤조익애씨드
③ 소르빅애씨드
④ 벤잘코늄클로라이드
⑤ 살리실릭애씨드

021

다음 중 원료명과 그 성격이 잘못 연결된 것은?

① 벤질알코올 - 보존제
② 이디티에이 - 금속이온봉쇄제
③ BHA - 보존제
④ 부틸렌글라이콜 - 보습제
⑤ 잔탄검 - 점증제

022

비타민 성분의 원료 연결이 잘못된 것은?

① 나이아신아마이드 - 비타민B_3
② 레티놀 - 비타민A
③ 덱스판테놀 - 비타민B_7
④ 아스코빅애씨드 - 비타민C
⑤ 토코페롤 - 비타민E

023

다음 중 식품의약품안전처고시「화장품 안전기준 등에 관한 규정」에 따라 사용금지 원료인 것은?

① 메틸렌클로라이드
② 2, 4-다이클로로벤질알코올
③ 벤제토늄클로라이드
④ 피리딘-2-올 1-옥사이드
⑤ 테트라브로모-*o*-크레졸

024

식품의약품안전처고시「천연화장품 및 유기농화장품의 기준에 관한 규정」에 따라 다음 중 천연화장품 및 유기농화장품에 사용할 수 있는 보존제가 아닌 것은?

① 벤질알코올
② 소듐벤조에이트
③ 포타슘솔베이트
④ 살리실릭애씨드
⑤ 징크피리치온

025

식품의약품안전처고시「천연화장품 및 유기농화장품의 기준에 관한 규정」에 따른 유기농화장품에 대한 설명으로 옳지 못한 것은?

① 유기농화장품은 동물성원료, 동물성유래원료를 유기농함량에 포함할 수 있다.
② 유기농화장품은 유기농함량비율계산에 물을 포함한다.
③ 유기농화장품은 유기농함량비율계산에 미네랄을 포함하지 않는다.
④ 미네랄 또는 미네랄 유래원료는 유기농화장품에 사용할 수 있다.
⑤ 석유화학부분을 포함하는 원료인 하이드록시프로필트리모늄클로라이드는 유기농샴푸에 2% 초과하지 않고 사용할 수 있다.

026

식품의약품안전처고시「천연화장품 및 유기농화장품의 기준에 관한 규정」에 따라 다음 중 옳지 않은 것은?

① 천연화장품은 물과 천연 및 천연유래원료의 함량이 95% 이상이어야 한다.
② 유기농화장품은 전체 함량 중 유기농, 유기농유래원료의 함량이 10% 이상이어야 한다.
③ 미네랄 및 미네랄유래원료는 유기농함량에 포함되지 않는다.
④ 미네랄 및 미네랄유래원료는 유기농화장품에 사용할 수 있다.
⑤ 아로마에센셜오일 중 로즈앱솔루트 오일은 유기농화장품에 사용할 수 있다.

027

다음 중 빈칸에 들어갈 알맞은 말을 고르시오.

〈보기〉
자외선차단지수 SPF 평균값이 32일 경우 (㉠) 범위 내 정수인 (㉡) 범위 정수로 표시한다. SPF50 이상은 (㉢)로 표시한다.

	㉠	㉡	㉢
①	-20% 이하	26~32	SPF50+
②	-20% 이하	25~32	SPF50+
③	-20% 이하	25~32	SPF50
④	-10% 이하	25~32	SPF50
⑤	-10% 이하	26~32	SPF50+

028

우수화장품 제조 및 품질관리기준 (CGMP)에 따른 용어의 정의로 옳은 것은?

① "원자재"란 벌크 제품의 제조에 투입하거나 포함되는 물질을 말한다.
② "불만"이란 제품이 규정된 적합판정기준을 충족시키지 못한다고 주장하는 내·외부 정보를 말한다.
③ "위생관리"란 대상물의 표면에 있는 바람직하지 못한 미생물 등 오염물을 감소시키기 위해 시행되는 작업을 말한다.
④ "포장재"란 운송을 위해 사용되는 외부 포장재를 포함한 화장품의 포장에 사용되는 모든 재료를 말한다.
⑤ "공정관리"란 모든 제조, 관리 및 보관된 제품이 규정된 적합판정기준에 일치하도록 보장하기 위하여 우수화장품 제조 및 품질관리기준이 적용되는 모든 활동을 내부 조직의 책임하에 계획하여 변경하는 것을 말한다.

029

화장품 안정성 시험항목에 해당하지 않는 것은?

① 장기보존시험
② 가속시험
③ 가혹시험
④ 항온 안정성시험
⑤ 개봉 후 안정성시험

030

〈보기〉는 「우수화장품 제조 및 품질관리기준(CGMP)」에 따른 설명이다. 옳은 것을 모두 고르시오.

〈보기〉

ㄱ. 모든 작업원은 자신의 업무 범위 내에서 기준을 벗어난 행위나 부적합 발생 등에 대해 보고해야 할 의무가 있다.
ㄴ. 제조업자는 우수화장품 제조 및 품질보증에 대한 목표와 의지를 포함한 관리방침을 문서화하여 전 작업원들이 실행하여야 한다. 원본 문서는 품질관리부서에서 보관하여야 하며, 사본은 작업자가 접근하기 쉬운 장소에 비치·사용하여야 한다.
ㄷ. 품질보증책임자는 일탈이 있는 경우 이의 조사 및 기록을 해야 한다.
ㄹ. 피부에 외상이 있거나 질병에 걸린 직원은 화장품과 직접적으로 접촉되지 않는 업무는 수행할 수 있다.
ㅁ. 품질보증책임자는 회수 업무를 수행하며 회수한 화장품은 구분하여 일정 기간 보관한 후 폐기 등 적정한 방법으로 처리하여야 한다.

① ㄱ, ㄴ, ㄷ
② ㄱ, ㄴ, ㅁ
③ ㄱ, ㄷ, ㄹ
④ ㄴ, ㄷ, ㅁ
⑤ ㄴ, ㄹ, ㅁ

031

다음은 「우수화장품 제조 및 품질관리기준(CGMP)」에 따른 작업장의 위생에 대한 설명이다. 틀린 것을 고르시오.

① 작업장은 곤충, 해충, 쥐 등을 막을 수 있는 방충 및 방서시설을 설치하고 정기적으로 점검을 해야 한다.
② 배기구 및 흡기구에는 트랩을 설치하고 폐수구에는 필터를 설치한다.
③ 작업장의 바닥, 벽, 천장, 창문은 수시로 점검하여 청결을 유지해야 하며 틈이 없어야 한다.
④ 청소, 소독 시에는 틈새까지 세밀하게 관리해야 하며 물청소 후 물기를 제거하여야 한다. 청소는 위쪽에서 아래쪽으로 안쪽에서 바깥쪽으로 청소를 해야 한다.
⑤ 세척실은 UV램프를 사용하여 내부를 멸균하고, 기구 및 도구들은 세척 후 세척사항을 기록한다.

032

「우수화장품 제조 및 품질관리기준(CGMP)」에 따른 청정도 기준으로 옳은 것은?

① 클린 벤치(Clean bench) - 관리기준 부유균 : 10개/hr 또는 낙하균 : 20개/㎥
② 제조실 - 청정공기 순환 20회/hr 이상 또는 차압관리
③ 원료보관소 - 청정공기 순환 10회/hr 이상 또는 차압관리
④ 내용물보관소 - 관리 기준 낙하균 : 30개/hr 또는 부유균 : 200개/㎥
⑤ 미생물시험실 - 환기장치

033

「우수화장품 제조 및 품질관리기준(CGMP)」에 따른 설비 세척의 원칙으로 옳은 것을 고르시오.

〈보기〉

ㄱ. 가능한 한 세제를 사용하지 않는다.
ㄴ. 분해할 수 있는 설비는 분해해서 세척한다.
ㄷ. 증기 세척은 권장하지 않는다.
ㄹ. 브러시 등으로 문질러 지우는 것을 지양한다.
ㅁ. 판정 후의 설비는 건조하며 밀폐하지 않고 보존한다.

① ㄱ, ㄴ
② ㄱ, ㄹ
③ ㄱ, ㅁ
④ ㄴ, ㄷ
⑤ ㄴ, ㄹ

034

식품의약품안전처고시 「천연화장품 및 유기농화장품의 기준에 관한 규정」에 따라 천연화장품과 유기농화장품 제조 작업장 세척 시 사용가능한 원료가 아닌 것은?

① 포타슘카보네이트
② 과초산
③ 아세틱애씨드
④ 식물성비누
⑤ 이소프로필알코올

035

다음은 「우수화장품 제조 및 품질관리기준(CGMP)」 제10조의 내용이다. 설비의 유지관리에 대한 설명으로 옳지 않은 것은?

① 설비의 유지관리란 설비의 기능을 유지하기 위하여 실시하는 정기점검이다.
② 유지관리는 예방적 활동, 유지보수, 정기 검교정으로 나눌 수 있다.
③ 예방적 활동은 주요 설비(제조탱크, 충전 설비, 타정기 등) 및 시험장비에 대하여 실시하며, 정기적으로 교체하여야 하는 부속품들에 대하여 시정 실시를 하지 않는 것이 원칙이다.
④ 설비마다 절차서를 작성해야 한다.
⑤ 유지관리 작업은 제품의 품질에 영향을 주는 것이다.

036

「우수화장품 제조 및 품질관리기준(CGMP)」에 따른 원자재의 입출고관리에 대한 설명으로 옳지 않은 것은?

① 제조업자는 원자재 공급자에 대한 관리감독을 적절히 수행하여 입고관리가 철저히 이루어지도록 하여야 한다.

② 원자재의 입고 시 구매 요구서, 원자재 공급업체 성적서 및 현품이 서로 일치하여야 한다. 필요한 경우 운송 관련 자료를 추가적으로 확인할 수 있다.

③ 원자재 용기에 제조번호가 없는 경우에는 관리번호를 부여하여 보관하여야 한다.

④ 입고된 원자재는 "적합", "부적합", "검사 중" 등으로 상태를 표시하여야 한다. 다만, 동일 수준의 보증이 가능한 다른 시스템이 있다면 대체할 수 없다.

⑤ 원자재 용기 및 시험기록서의 필수 기재 사항은 원자재 공급자가 정한 제품명, 원자재 공급자명, 수령일자, 공급자가 부여한 제조번호 또는 관리번호이다.

037

다음은 우수화장품 제조 및 품질관리기준(CGMP) 인증을 받고자 하는 화장품 제조업자 A씨는 궁금한 점이 생겨 식품의약품안전처 직원B에게 전화하여 문의하였다. 다음 대화 내용 중 옳지 않은 것은?

A: 안녕하세요, CGMP 인증을 받고자 하는데 물 공급 설비는 어떻게 해야 합니까?

B: ① 물 공급 설비는 다음과 같은 사항을 따라야 합니다. 첫 번째, 물의 정체와 오염을 피할 수 있도록 설치돼야 합니다. 두 번째, 물의 품질에 영향이 없어야 합니다. 세 번째, 살균처리가 가능해야 합니다.

A: 제조설비를 세척하려는데 상수를 사용해도 됩니까?

B: ② 네, 제조설비 세척에는 정제수나 상수를 사용하는 것이 적합합니다.

A: 물의 품질관리는 어떻게 하면 됩니까?

B: ③ 물의 품질은 정기적으로 검사해야 하고 필요 시 미생물학적 검사를 시행하여야 합니다.

A: 화장품의 원료로 정제수를 사용하려 합니다. 특별히 지켜야 할 사항이 있나요?

B: ④ 정제수를 사용할 때에는 그 품질기준을 정해 놓아야 하고, 품질검사는 원칙적으로 매일 제조 작업 시행 전에 실시하는 것이 좋습니다.

A: 정제수 품질검사 항목은 무엇이 있습니까?

B: ⑤ 총유기체탄소, 전도도 등을 검사하시면 됩니다. 그리고 사용하고 남은 정제수는 적절한 마개로 밀폐를 해야 장기간 사용 가능합니다.

038

「우수화장품 제조 및 품질관리기준(CGMP)」에 따라 다음 중 제조관리기준서의 제조공정관리에 관한 사항에 들어갈 항목이 아닌 것은?

① 작업소의 출입제한
② 공정검사의 방법
③ 시험결과 부적합품에 대한 처리방법
④ 재작업방법
⑤ 사용하려는 원자재의 적합판정 여부를 확인하는 방법

039

다음 중 보관용 검체에 대한 설명으로 옳지 않은 것은?

① 보관용 검체는 재시험이나 고객 불만 사항의 해결을 위하여 사용한다.
② 제품을 그대로 보관하며, 각 뱃치를 대표하는 검체를 보관한다.
③ 제품이 가장 안정한 조건에서 보관한다.
④ 사용기한 경과 후 1년간 또는 개봉 후 사용 기간을 기재하는 경우에는 제조일로부터 1년간 보관한다.
⑤ 일반적으로는 각 뱃치별로 제품 시험을 2번 실시할 수 있는 양을 보관한다.

040

다음은 「우수화장품 제조 및 품질관리기준(CGMP)」 제20조에 따른 내용이다. 시험관리에 대한 내용으로 틀린 것은?

① 품질관리를 위한 시험업무에 대해 문서화된 절차를 수립하고 유지하여야 한다.
② 원자재, 반제품 및 완제품은 적합판정이 된 것만을 사용하거나 출고하여야 한다.
③ 정해진 보관 기간이 경과된 원자재 및 반제품은 제조에 사용할 수 없다.
④ 기준일탈이 된 경우는 규정에 따라 책임자에게 보고한 후 조사하여야 한다. 조사결과는 책임자에 의해 일탈, 부적합, 보류를 명확히 판정하여야 한다.
⑤ 표준품과 주요시약의 용기에는 명칭, 개봉일, 보관조건, 사용기한, 역가, 제조자의 성명 또는 서명(직접 제조한 경우에 한함)을 기재하여야 한다.

041

〈보기〉는「우수화장품 제조 및 품질관리기준(CGMP)」제23조에 따른 위·수탁제조의 절차이다. 순서대로 알맞게 나열한 것을 고르시오.

> 〈보기〉
> 가. 수탁업체평가
> 나. CGMP 체제 확립
> 다. 제조 또는 시험 개시
> 라. 계약 체결
> 마. 기술 확립
> 바. 기술이전
> 사. 위탁업체에 의한 수탁업체 평가 및 감사

가-(　　)-(　　)-(　　)-(　　)-(　　)-사

① 라, 바, 마, 나, 다
② 라, 바 ,마, 다, 나
③ 마, 다, 라, 바, 나
④ 마, 라, 바, 나, 다
⑤ 마, 라, 다, 바, 나

042

「우수화장품 제조 및 품질관리기준(CGMP)」28조에 따라 다음 〈보기〉의 빈칸에 들어갈 단어를 고르시오.

> 〈보기〉
> (　　)란 무작위로 추출한 검체를 통한 생산 설비의 가동이나 제조공정의 품질 평가를 말한다.

① 제품 감사
② 시스템 감사
③ 규정 준수 감사
④ 내부 감사
⑤ 사전 감사

043

우수화장품 제조 및 품질관리기준(CGMP)」29조의 내용이다. 문서관리에 내한 설명으로 옳지 않은 것을 고르시오.

① 모든 문서의 작성 및 개정·승인·배포·회수 또는 폐기 등 관리에 관한 사항이 포함된 문서관리규정을 작성하고 유지하여야 한다.
② 문서의 작성자·검토자 및 승인자는 서명을 등록한 후 사용하여야 한다.
③ 기록문서를 수정하는 경우에는 수정하려는 글자 또는 문장 위에 선을 그어 수정 전 내용을 알아볼 수 있도록 해야 한다.
④ 문서를 개정할 때는 개정 사유 및 개정연월일 등을 기재하고 권한을 가진 사람의 승인을 받아야 하며 개정 번호를 지정해야 한다.
⑤ 원본 문서는 품질관리부서에서 보관하여야 하며, 사본은 작업자가 접근하기 쉬운 장소에 비치·사용하여야 한다.

044

식품의약품안전처고시「화장품 안전기준 등에 관한 규정」[별표4]에 따라 기체 크로마토그래프 - 질량분석기를 이용한 방법으로 시험하는 성분을 모두 고르시오.

① 수은, 안티몬
② 메탄올, 포름알데하이드
③ 카드뮴, 안티몬, 니켈
④ 카드뮴, 디옥산
⑤ 프탈레이트류, 메탄올

045

다음은 식품의약품안전처고시「화장품 안전기준 등에 관한 규정」[별표 4]에 따른 특정세균시험법에 사용되는 배지이다. 녹농균 시험에서 사용되는 배지를 〈보기〉에서 옳게 고른 것은?

〈보기〉

ㄱ. 대두카제인소화한천배지
ㄴ. 엔에이씨한천배지
ㄷ. 카제인대두소화액체배지
ㄹ. 유당액체배지
ㅁ. 세트리미드한천배지
ㅂ. 맥콘키한천배지

① ㄱ, ㄴ, ㄹ
② ㄱ, ㄴ, ㅁ
③ ㄴ, ㄷ, ㅁ
④ ㄴ, ㄹ, ㅂ
⑤ ㄷ, ㅁ, ㅂ

046

〈보기〉는 식품의약품안전처고시「화장품 안전기준 등에 관한 규정」[별표 4]에 따른 유리알칼리 시험법에 대한 내용이다. 빈칸에 들어갈 알맞은 말을 고르시오.

〈보기〉

[염화바륨법 (모든 연성 칼륨 비누 또는 나트륨과 칼륨이 혼합된 비누)]

연성 비누 약 4.0g을 정밀하게 달아 플라스크에 넣은 후 60% 에탄올 용액 200mL를 넣고 환류 하에서 10분 동안 끓인다. 중화된 염화바륨 용액 15mL를 끓는 용액에 조금씩 넣고 충분히 섞는다. 흐르는 물로 실온까지 냉각시키고 지시약 1mL를 넣은 다음 즉시 0.1N 염산 표준용액으로 (㉠)이 될 때까지 적정한다.

- 지시약 : (㉡) 1g과 치몰블루 0.5g을 가열한 95% 에탄올 용액(v/v) 100mL에 녹이고 거른 다음 사용한다.
- 60% 에탄올 용액 : 이산화탄소가 제거된 증류수 75mL와 이산화탄소가 제거된 95% 에탄올 용액(v/v)(수산화칼륨으로 증류) 125mL를 혼합하고 지시약 1mL를 사용하여 0.1N 수산화나트륨 용액 또는 수산화칼륨 용액으로 (㉢)이 되도록 중화시킨다. 10분 동안 환류하면서 가열한 후 실온에서 냉각시키고 0.1N 염산 표준 용액으로 보라색이 사라질 때까지 중화시킨다.
- 염화바륨 용액 : 염화바륨(2수화물) 10g을 이산화탄소를 제거한 증류수 90mL에 용해시키고, 지시약을 사용하여 0.1N 수산화칼륨 용액으로 (㉢)이 나타날 때까지 중화시킨다.

	㉠	㉡	㉢
①	분홍색	요오드화칼륨	보라색
②	분홍색	요오드화칼륨	황색
③	녹색	요오드화칼륨	보라색
④	녹색	페놀프탈레인	보라색
⑤	녹색	페놀프탈레인	황색

047

우수화장품 제조 및 품질관리기준(CGMP)」에 따라 포장지시서에 포함되어야 하는 사항이 아닌 것은?

① 포장 설비명
② 포장재 리스트
③ 상세한 포장공정
④ 포장생산수량
⑤ 포장재의 폐기기준

048

다음은 우수화장품 제조 및 품질관리기준(CGMP)」 18조의 내용이다. 포장작업에 대한 내용으로 옳지 않는 것은?

① 포장재에는 일차포장재, 이차포장재, 각종 라벨, 봉함 라벨이 포함된다.
② 완제품에 부여된 특정 제조번호는 벌크제품의 제조번호와 동일해야 하며, 완제품에 사용된 벌크 뱃치 및 양을 명확히 확인할 수 있는 문서가 존재해야 한다.
③ 모든 완제품이 규정 요건을 만족시킨다는 것을 확인하기 위한 공정 관리가 이루어져야 한다.
④ 용기는 매 뱃치 입고 시에 무작위 추출하여 육안검사를 실시하여 그 기록을 남긴다.
⑤ 용기(병, 캔 등)의 청결성 확보에는 자사에서 세척할 경우와 용기공급업자에 의존할 경우가 있다.

049

「우수화장품 제조 및 품질관리기준(CGMP)」에 따라 완제품의 입고 및 보관, 출하절차 단계의 순서에 맞게 배열한 것은?

〈보기〉
가. 포장공정
나. 완제품시험 합격
다. 출하
라. 검사 중 라벨 부착
마. 입고대기구역보관
바. 보관
사. 합격라벨부착

가-(　　)-(　　)-(　　)-(　　)-바-다

① 마, 나, 라, 사
② 마, 사, 나, 라
③ 마, 라, 나, 사
④ 라, 마, 사, 나
⑤ 라, 마, 나, 사

050

식품의약품안전처장이 고시한「화장품 표시·광고 실증에 관한 규정」에 따른 기준으로 옳지 않은 것을 모두 고르시오.

〈보기〉

ㄱ. 광고의 경우 인체 외 시험 자료는 합리적인 근거의 시험결과로 인정하지 않는다.
ㄴ. 실증자료는 객관적이고 과학적인 절차와 방법에 따라 작성된 것이어야 한다.
ㄷ. 실증자료의 내용은 광고에서 주장하는 내용과 직접적인 관계가 있어야 한다.

① ㄱ, ㄴ
② ㄱ, ㄷ
③ ㄴ, ㄷ
④ ㄱ
⑤ ㄴ

051

식품의약품안전처고시「화장품 표시·광고 실증에 관한 규정」에 따라 인체 적용시험의 최종시험결과 보고서에 반드시 포함되어야 할 사항이 아닌 것은?

① 시험의 종류
② 시험의뢰자 및 시험기관 관련 정보
③ 시험의뢰자의 명칭과 주소
④ 시험자의 성명 및 나이
⑤ 시험책임자의 성명

052

식품의약품안전처고시 화장품 표시·광고를 위한 인증·보증기관의 신뢰성 인정에 관한 규정에 따라 심의위원회에 대한 설명으로 옳지 않은 것은?

① 심의위원의 임기는 5년으로 한다.
② 식약처장이 화장품에 관한 지식이 있다고 인정한 자를 심의위원으로 위촉할 수 있다.
③ 위원장은 심의위원회 업무를 처리하기 위하여 심의위원회에 간사 1명을 둔다.
④ 심의위원회는 5인 이상의 출석으로 개의하고 출석위원 과반수의 찬성으로 의결한다.
⑤ 심의위원회의 효율적인 심의를 위하여 인증·보증하는 표시·광고의 종류에 따라 심의위원회에 소위원회를 둘 수 있다.

IV. 맞춤형화장품의 특성·내용 및 관리 등에 관한 사항

053

맞춤형화장품판매업을 하는 영업소 폐쇄 및 영업취소 경우에 해당되지 않는 것은?

① 대표자가 피성년후견인을 받은 경우
② 대표자가 파산선고를 받고 복권되지 아니한 경우
③ 업무정지기간 중에 업무를 한 경우
④ 대표자가 불법의약품제조로 금고이상의 형을 선고받은 경우
⑤ 맞춤형화장품조제관리사가 마약중독자인 경우

054 ~ 56

다음 화장품의 전성분 처방을 확인한 후 아래의 물음에 답하시오.

로션 (100g 중)
정제수 78g
유기농라벤더꽃수 10g
유기농호호바오일 3g
티타늄디옥사이드 5g
잔탄검 0.1g
유기농레시틴 1g
유기농비즈왁스 2g
소듐벤조에이트 0.3g
벤질알코올 0.3g
카르복시메칠 0.3g

054

유기농 및 유기농유래원료 함량(%)은?

① 13
② 14
③ 15
④ 16
⑤ 21

055

보존제 함량은 전체 몇 g 해당되는가? 또한 위 처방은 유기농 인증 등록이 가능한가?

② 0.3, 가능하다.
③ 0.3, 불가능하다.
③ 0.4, 불가능하다.
④ 0.6, 가능하다.
⑤ 0.6, 불가능하다.

056

전체 함량 중 유기농 및 천연성분의 합은 몇 g 인가?(유래물질 포함)

① 90g
② 93g
③ 93.1g
④ 96g
⑤ 99g

057

다음은 1차 포장과 2차 포장이 같은 제품이다. 이를 참고하여 〈보기〉에서 반드시 추가 기재·표시해야 하는 사항을 모두 고르시오.

앞면	뒷면
Beauty Woman Bergamot Perfume 뷰티우먼 베르가못 퍼퓸 -13mL-	〈전성분〉 에탄올, 정제수, 향료, 부틸렌글라이콜, 글리세린, 장미추출물, 자스민추출물 〈사용상 주의사항〉 1) 화장품 사용 시 또는 사용 후 직사광선에 의하여 사용부위가 붉은 반점, 부어오름 또는 가려움증 등의 이상 증상이나 부작용이 있는 경우 전문의 등과 상담할 것…(이하 생략) 〈책임판매업자〉 뷰티코스메틱 〈제조업자〉 뷰티코스메틱 〈맞춤형화장품판매업자〉 잘판다코스메틱 경기도 ○○시 ○○구…(이하 생략) 〈제조번호〉 ○○○○○

〈보기〉

ㄱ. 바코드
ㄴ. 제품명칭에 기재된 원료의 성분명과 함량
ㄷ. 가격
ㄹ. 사용기한 또는 개봉 후 사용기간

① ㄱ, ㄴ
② ㄱ, ㄴ, ㄹ
③ ㄴ, ㄷ
④ ㄴ, ㄷ, ㄹ
⑤ ㄷ, ㄹ

058

「화장품법 시행규칙」제19조(화장품 포장의 기재·표시 등)에 따라 "질병의 예방 및 치료를 위한 의약품이 아님"이라는 문구를 반드시 표기해야 하는 기능성 화장품이 아닌 것은?

① 탈모증상의 완화에 도움을 주는 화장품
② 여드름성 피부를 완화하는데 도움을 주는 화장품
③ 미백에 도움을 주는 화장품
④ 튼살로 인한 붉은 선을 엷게 하는데 도움을 주는 화장품
⑤ 피부장벽(피부의 가장 바깥 쪽에 존재하는 각질층의 표피를 말한다)의 기능을 회복하여 가려움 등의 개선에 도움을 주는 화장품

059

「화장품법 시행규칙」제19조 및 [별표 4]에 따라 다음 보기에서 옳지 않은 것을 모두 고르시오.

〈보기〉

ㄱ. 안정화제, 보존제 등 원료 자체에 들어있는 부수 성분으로서 그 효과가 나타나게 하는 양보다 적은 양이 들어 있는 성분은 기재·표시를 생략할 수 있다.
ㄴ. 내용량이 10밀리리터 초과 50밀리리터 이하 또는 중량이 10그램 초과 50그램 이하 화장품의 포장에는 말릭애씨드의 기재·표시가 생략될 수 없다.
ㄷ. 전성분표시의 글자 크기는 7포인트 이상으로 한다.
ㄹ. 화장품 제조에 사용된 함량이 적은 것부터 기재·표시한다. 다만, 1퍼센트 이하로 사용된 성분, 착향제 또는 보존제는 순서에 상관없이 기재·표시할 수 있다.

① ㄱ, ㄴ
② ㄱ, ㄷ
③ ㄴ, ㄷ
④ ㄴ, ㄹ
⑤ ㄷ, ㄹ

060

식품의약품안전처고시「화장품 사용할 때의 주의사항 및 알레르기 유발성분 표시에 관한 규정」에 따라 화장품의 함유 성분과 사용할 때의 주의사항이 잘못 연결된 것은?

① 알부틴 - 인체적용시험자료에서 구진과 경미한 가려움이 보고된 예가 있음.

② 포름알데하이드 0.05% 이상 검출된 제품 - 포름알데하이드 성분에 과민한 사람은 신중히 사용할 것.

③ 부틸파라벤, 프로필렌파라벤, 이소부틸파라벤, 이소프로필파라벤이 함유된 영유아용 샴푸 - 3세 이하 어린이의 기저귀가 닿는 부위에는 사용하지 말 것.

④ 알루미늄 및 그 염류를 함유한 데오도란트 - 신장질환이 있는 사람은 사용 전에 의사, 약사, 한의사와 상의할 것.

⑤ 실버나이트레이트 함유제품 - 눈에 접촉을 피하고 눈에 들어갔을 때는 즉시 씻어낼 것.

061

「화장품법 시행규칙」제18조에 따라 안전용기 및 포장에 관한 설명으로 옳지 않은 것은?

① 3세 이하의 어린이가 개봉하기 어려워야 한다.

② 안전용기에 관한 구체적인 기준과 시험방법은 산업통상자원부장관이 정하여 고시하는 바를 따른다.

③ 방아쇠로 작동되는 분무용기 제품은 안전용기 포장 대상에서 제외한다.

④ 일회용 제품은 안전용기 포장대상에서 제외한다.

⑤ 미네랄오일 10%가 함유된 크림제품은 안전용기 포장 대상에서 제외한다.

062

맞춤형화장품조제관리사 A씨는 맞춤형화장품을 조제하고자 한다. 식품의약품안전처장이 고시한「화장품 안전기준 등에 관한 규정」에 따른 유통화장품 안전관리 기준에 적합한 행위를 한 경우를 모두 고르시오.

〈보기〉

ㄱ. 비소가 6㎍/g 검출된 로션제A와 5㎍/g 검출된 로션제B를 반반씩 섞어서 판매하였다.

ㄴ. 클렌징 오일의 pH가 10으로 측정되어 제품을 판매하지 않았다.

ㄷ. 니켈이 13ppm/g 검출된 립밤을 판매하지 않았다.

ㄹ. 화장 비누의 유리알칼리 성분이 0.03%로 측정되어 판매하지 않았다.

ㅁ. 총호기성 생균수가 600개/g(mL)인 메이크업 베이스를 판매하였다.

① ㄱ, ㄴ

② ㄱ, ㄹ

③ ㄱ, ㅁ

④ ㄴ, ㄷ

⑤ ㄴ, ㅁ

063

화장품의 안전성 시험을 진행하려고 할 때 알코올이 함유되어 있지 않은 기초화장품의 경우 반드시 검사해야 하는 검출 허용한도가 있는 비의도적 유래물질은?

① 납
② 칼슘
③ 메탄올
④ 안티몬
⑤ 포름알데하이드

064

화장품의 안정성 시험 항목에 대한 설명으로 틀린 것은?

① 장기보존시험은 3로트 이상 선정하여 시험을 실시하며 5℃, 25℃, 30℃의 온도에서 실온보관하며 측정한다.
② 마스크팩의 개봉 후 안정성시험은 반드시 실시해야 한다.
③ 가속시험은 25℃와 40℃에서 3로트 이상 시험한다.
④ 가혹시험은 15℃, 25℃, 45℃의 온도를 사이클링하면서 2주~3개월간 시험한다.
⑤ 개봉 후 안정성시험은 미생물한도시험, 살균보존제시험, 유효성성분시험을 실시해야 한다.

065

식품의약품안전처고시「화장품 표시·광고 실증에 관한 규정」[별표]에 따라 인체 외 시험자료를 실증자료로 제출할 수 있는 표시·광고 표현은 무엇인가?

① 여드름성 피부에 사용에 적합
② 항균
③ 피부노화 완화
④ 일시적 셀룰라이트 감소
⑤ 콜라겐 증가, 감소 또는 활성화

066

다음 〈보기〉는 영유아용 샴푸(A), 아이섀도(B), 파우더(C) 제품을 검사한 시험성적서이다. 식품의약품안전처고시「화장품 안전기준 등에 관한 규정」에 따른 유통화장품 안전관리 기준에 적합하지 않은 제품을 모두 고르시오.

〈보기〉

시험 성적서

시험·검사항목		A	B	C
비소(㎍/g)		3	8	9
니켈(㎍/g)		불검출	32	27
안티몬(㎍/g)		7	불검출	2
카드뮴(㎍/g)		3	2	불검출
메탄올(㎍/g)		0.03	0.03	0.05
총호기성 생균수 (개/g(mL))	세균수	295	240	320
	진균수	515	230	355

① A
② A, B
③ A, C
④ B, C
⑤ A, B, C

067

맞춤형화장품조제관리사인 지윤씨는 고객과 다음과 같은 대화를 나눈 후, 제시된 〈전성분〉과 같이 처방하여 맞춤형화장품을 조제하였다. 이 제품에 대한 설명으로 틀린 것을 〈보기〉에서 모두 고르시오.

〈대화〉

하은:특별한 피부 고민이 있으신가요?

고객:요즘 기미가 많이 생겨서 걱정이에요.

하은:그렇군요. 우선 피부 측정부터 해보겠습니다.

피부측정결과

	수분	유분	모공	주름	색소 침착
연령대 평균	7	6	10	7	8
측정값	8	6	8	12	14

지윤:주름, 색소침착의 수치가 연령대 평균보다 높으시네요. 참고하여 맞춤형화장품을 조제하겠습니다.

고객:네, 그렇게 해주세요.

〈전성분〉

정제수, 글리세린, 스쿠알란, 식물성오일, 1,2-헥산다이올, 세테아릴올리베이트, 하이드로제네이티드레시틴, 아스코르빅애씨드, 솔비탄올리베이트, 레티닐팔미테이트, 폴리아크릴레이트-13, 벤질알코올, 폴리솔베이트20, 레시틴, 향료

〈보기〉

ㄱ. 이 제품에 함유된 기능성 성분은 지용성이다.

ㄴ. 이 제품은 알레르기 유발 물질을 함유하므로 테스트 후 사용해야 한다.

ㄷ. 이 제품은 이중기능성 제품이다.

ㄹ. 이 제품에 함유된 레시틴은 천연화장품 또는 유기농화장품에 사용할 수 있는 원료이다.

ㅁ. 이 제품에 함유된 폴리솔베이트20은 양쪽성계면활성제이다.

① ㄱ, ㄴ
② ㄱ, ㅁ
③ ㄴ, ㄷ
④ ㄴ, ㄹ
⑤ ㄷ, ㅁ

068

맞춤형 화장품 작업장의 위생관리 기준에 적합하지 않은 것은?

① 맞춤형 화장품의 소분·혼합 장소와 판매·상담 장소는 구분·구획이 권장된다.
② 작업실에는 적절한 환기시설이 권장된다.
③ 제조소의 작업대, 바닥, 벽, 천장 및 창문은 청결하게 유지되고 창문이 쉽게 개방되어 환기가 잘 되어야 한다.
④ 소분·혼합 전 작업자의 손 세척 및 장비 세척을 위한 세척 시설의 설치가 권장된다.
⑤ 방충·방서에 대한 대책이 마련되고 정기적으로 점검하는 것이 권장된다.

069

맞춤형화장품에 대한 설명으로 옳지 않은 것은?

① 맞춤형화장품은 반드시 맞춤형화장품조제관리사가 조제해야 한다.

② 맞춤형화장품의 제조번호는 혼합·소분일을 의미한다.

③ 맞춤형화장품에 혼합할 수 있는 원료는 식약처에서 고시한 사용할 수 없는 원료와 사용상에 제한이 있는 원료, 기능성 화장품의 효능, 효과를 나타내는 원료를 제외한 나머지 원료를 혼합할 수 있다.

④ 맞춤형화장품은 반드시 고객의 피부 및 성향을 반영하여 고객 상담 후 조제하여야 한다.

⑤ 맞춤형화장품의 유통기한은 혼합·소분일로부터 2년으로 정하는 것이 일반적이다.

070

화장품 포장재의 공간비율에 대한 설명으로 옳지 않은 것을 모두 고르시오.

〈보기〉

ㄱ. 제품의 특성상 1개씩 낱개로 포장한 후 여러 개를 함께 포장하는 단위제품의 경우 낱개의 제품포장은 포장공간비율 및 포장횟수의 적용대상인 포장으로 보지 않는다.

ㄴ. 제품의 제조·수입 또는 판매 과정에서의 부스러짐 방지 및 자동화를 위하여 받침접시를 사용하는 경우에는 이를 포장횟수에서 제외한다.

ㄷ. 종합제품의 경우 종합제품을 구성하는 각각의 단위제품은 제품별 포장공간비율 및 포장횟수기준에 적합하여야 하며, 단위제품의 포장공간비율 및 포장횟수는 종합제품의 포장공간비율 및 포장횟수에 산입(算入)하지 않는다.

ㄹ. 종합제품으로서 복합합성수지재질·폴리비닐클로라이드재질 또는 합성섬유재질로 제조된 받침접시 또는 포장용 완충재를 사용한 제품의 포장공간비율은 25% 이하로 한다.

ㅁ. 포장공간비율의 측정방법은 「산업표준화법」 제12조에 따른 한국산업표준(KS)인 상업포장(소비자포장)의 포장공간비율 측정방법(KS T 1303) 또는 산업통상자원부장관이 고시하는 간이측정방법에 따른다.

① ㄱ, ㄴ

② ㄱ, ㄹ

③ ㄴ, ㄹ

④ ㄷ, ㅁ

⑤ ㄹ, ㅁ

071

피부표피의 구조 중 기저층에 대한 설명으로 옳지 않은 것은?

① 촉각 상피세포인 머켈세포가 존재한다.
② 세포에 핵이 있어 세포분열을 통해 표피세포를 생성한다.
③ 표피의 구조 중 가장 안쪽에 위치한다.
④ 엘라이딘 성분으로 인해 투명하게 보이며 피부를 윤기 있게 해준다.
⑤ 멜라노사이트가 있으며 멜라닌을 생성한다.

072

다음 중 틀린 설명을 고르시오.

① 피부 소구 : 피부 표면의 얇은 줄 사이의 움푹한 곳
② 피부 소릉 : 피부 표면의 약간 올라온 곳
③ 피부결 : 피부 소구와 소릉에 의해 형성된 그물 모양의 표면으로 소구와 소릉의 높이가 차이가 적을수록 피부가 거친편에 속한다.
④ 모공 : 피부 소구가 서로 교차하는 곳에 있는 모구멍
⑤ 한공 : 피부 소릉의 땀구멍

073

다음 중 멜라닌 세포(Melanocyte)에 대한 설명으로 틀린 것은?

① 멜라닌(melanin)세포는 대부분 기저층에 위치하며 여러 동물들의 피부나 눈 등의 조직에 존재하는 색소 세포다.
② 일정량 이상의 자외선을 차단하는 기능이 있어서 피부를 보호하고, 피부의 체온을 유지시켜준다.
③ 피부색이 짙을수록 멜라닌세포의 수가 많다.
④ 멜라닌은 갈색 또는 흑색을 띄는 색소이다.
⑤ 멜라닌이 함유된 각질 형성세포는 각질층으로 이동하여 탈락되어 떨어져 나간다.

074

피부에 있어서 멜라닌의 과도한 침착을 방지하기 위한 방법으로 옳지 않은 것은?

① 자외선차단을 위한 제품 사용
② 티로시나제의 작용 억제를 위한 성분이 함유된 제품 사용
③ 도파의 산화를 촉진시킨다.
④ 하이드로퀴논 등의 멜라닌세포 독성 물질을 사용한다.
⑤ 각질세포의 박리를 촉진하기 위해 AHA 함유 제품을 사용한다.

075

멜라닌은 멜라닌형성세포(melanocyte) 내의 소기관인 멜라노좀(melanosome)에서 합성되며 멜라닌의 합성은 멜라노사이트 내에서 티로신(tyrosin)이라는 아미노산으로부터 출발하여 도파(DOPA)로, 다시 산화하여 도파퀴논(DOPA - quinone)이 생성되는 단계에서 (　　　)라는 산화효소가 구리이온과 결합하여 활성에 관여한다. 빈칸에 들어갈 효소 이름을 고르시오.

① 아밀라아제
② 리파아제
③ 말타아제
④ 티로시나아제
⑤ 락타아제

076

진피의 망상층에 대한 설명으로 옳지 않은 것은?

① 모세혈관이 분포하여 표피에 영양을 공급한다.
② 혈관이 존재한다.
③ 교원섬유, 탄력섬유를 생산하는 섬유아세포가 존재한다.
④ 피지선이 존재한다.
⑤ 교원섬유와 탄력섬유가 존재한다.

077

모발의 구조에 대한 설명으로 옳지 않은 것은?

① 모피질은 피질세포, 케라틴, 멜라닌 등이 존재한다.
② 모발의 웨이브는 케라틴을 구성하는 아미노산인 시스틴에 있는 디설파이드 결합에 의해 결정된다.
③ 모소피의 주요 성분은 멜라닌이다.
④ 모발 뿌리쪽에는 모유두, 모모세포, 색소세포가 있는 모구가 존재한다.
⑤ 모발 염색은 등전점을 이용하여 산성염료를 전기적으로 부착시키는 방법이 이용된다.

078

피부의 자연노화에 대한 설명으로 틀린 것은?

① 각화주기가 길어지면서 각질층이 두꺼워지고 피부가 건조해 진다.
② 각질층의 세포크기가 균일해진다.
③ MMP활성이 증가한다.
④ 멜라닌세포수가 감소한다.
⑤ 한선의 수가 증가한다.

079

피부 상태 측정 항목과 그 측정방법으로 적절하지 않은 것은?

① 피부 수분 - 전기전도도기
② 피부 탄력도 - 음압법
③ 홍반 - 피부의 산성도 측정
④ 피부색 - 피부의 색상측정
⑤ 피부 건조 - 경피수분손실량 측정

080

다음 중 헤모글로빈을 측정하여 수치로 나타내는 피부 측정 항목은?

① 홍반
② 피부색
③ 피부표면
④ 멜라닌
⑤ 피부유분

V. 주관식

081

효능·효과를 나타내는 성분의 함량고시를 하지 않고 기준 및 시험방법만 고시한 기능성화장품의 경우 식품의약품안전처에 제출해야 하는 서류를 〈보기〉에서 모두 골라 쓰시오.

〈보기〉

가. 기원 및 개발경위에 관한 자료
나. 안전성에 관한 자료
다. 유효성 또는 기능에 관한 자료
라. 기준 및 시험방법에 관한 자료

082

〈보기〉는 「화장품법」 제4조의2에 대한 내용이다. 빈칸에 들어갈 알맞은 말을 쓰시오.

〈보기〉

영유아 및 어린이 사용화장품의 경우 책임판매관리자는 다음 각 호의 자료인 안전성자료를 작성 보관해야 한다.

가. 제품 및 (㉠)에 대한 설명 자료
나. 화장품의 (㉡)평가자료
다. 제품의 효능. 효과에 대한 증명자료

083

다음의 화장품책임판매업자A와 맞춤형화장품조제관리사B의 〈대화〉를 읽고 빈칸에 들어갈 알맞은 행정처분을 순서대로 쓰시오.

〈대화〉

A : 이틀 전에 품질관리 업무 절차서를 작성하지 않은 것이 적발 됐어. 1차 위반으로 행정처분 받겠네.

B : 그럼 행정처분 어떻게 받으려나?

A : 나도 모르겠어. 통지 받아보면 알겠지.

B : 나는 판매내역서를 작성하지 않은게 이번에 또 적발되서, 2차 위반으로 행정처분 받게 되었어. 처음 적발되고 나서 잘 작성할걸. 후회중이야.

A : 판매업무정지 (㉠)개월

B : 판매 또는 해당품목 판매업무정지 (㉡)개월

084

감염초기에 세균, 진균, 바이러스 및 그 항원, 항체, 유전자등을 검출할 수 없는 기간을 ( )라고 한다.

085

(㉠)란 인체의 건강을 해치거나 해칠 우려가 있는 화학적, 생물학적, 물리적 요인을 말하며 (㉡)란 (㉠)가 인체의 건강을 해치거나 해칠 우려가 있는지의 여부와 그 정도를 과학적으로 평가하는 것을 말한다.

086

( )은/는 자외선B를 사람의 피부에 조사한 후 16~24시간의 범위 내에 조사영역의 전 영역에 홍반을 나타낼 수 있는 최소한의 자외선 조사량으로 멜라닌색소가 적을수록 그 값이 낮다.

087

다음은 만수국꽃 추출물 또는 오일의 사용한도를 나타낸 것이다. 빈칸에 알맞은 숫자를 쓰시오.

[사용한도]
- 사용 후 씻어내는 제품에 (㉠)%
- 사용 후 씻어내지 않는 제품에 (㉡)%

[비고]
- 원료 중 알파 테르티에닐(테르티오펜) 함량은 (㉢)% 이하
- 자외선 차단제품 또는 자외선을 이용한 태닝(천연 또는 인공)을 목적으로 하는 제품에는 사용금지
- 만수국아재비꽃 추출물 또는 오일과 혼합 사용 시 '사용 후 씻어내는 제품'에 (㉠)%, '사용 후 씻어내지 않는 제품'에 (㉡)%를 초과하지 않아야 함

088

화장품의 제형 중 (㉠)은/는 유화제등을 넣어 유성성분과 수성성분을 균질화하여 점액상으로 만든 것이며 (㉡)은/는 반고형상으로 만든 것이다(괄호에 각각 알맞은 용어를 넣으시오).

089

영·유아용 화장품은 포장지에 반드시 (㉠)의 성분 함량을 표시해야 하며 제품 및 제조방법에 대한 설명자료, 화장품의 (㉡)자료, 제품의 (㉢)에 대한 증명자료를 작성·보관해야 한다(괄호에 각각 알맞은 용어를 넣으시오).

090

( )은/는 자외선A의 차단효과의 정도를 나타내며 약칭으로 PA로 나타낸다.

091

(   ): 1품목으로 신청하는 2제형 산화염모제 또는 2제형 탈색·탈염제 중 제1제와 제2제가 칸막이로 나뉘어져 있는 일체형 용기에 서로 섞이지 않게 각각 분리·충전되어 있다가 사용 시 하나의 배출구(노즐)로 배출되면서 기계적(자동)으로 섞이는 제품

092

안전용기, 포장 등에 위반되는 화장품의 위해등급은 (㉠)등급이며 (㉡)을/를 함유한 네일에나멜리무버, 미네랄오일과 같은 탄화수소류 (㉢)함유하고 운동점도가 (㉣)인 비에멀젼 타입의 (㉤)상태의 제품, 개별포장당 메틸살리실레이트 (㉥)함유하는 액체 상태의 제품은 반드시 안전용기포장을 해야 한다.

093

(   )란 주문 준비와 관련된 일련의 작업과 운송수단에 적재하는 활동으로 제조소 외의 장소로 제품을 운반하는 것을 말한다.

094

(㉠)란 제조공정 단계에 있는 것으로서 필요한 제조 공정을 더 거쳐야 벌크 제품이 되는 것을 말하며 (㉡)제품이란 충전 이전의 제조단계까지 끝낸 제품을 말한다.

095

다음은 로션 포장에 기재해야 하는 표시사항이다. 빈칸에 알맞은 용어를 넣으시오.

로션 용기 :
1. 화장품의 명칭
2. 영업자의 상호
3. (㉠)
4. 사용기한 또는 (㉡)

단박스 :
1. 화장품의 명칭
2. 영업자의 상호 및 주소
3. 전성분
4. 내용물의 용량 및 중량
5. (㉠)
6. 사용기한 또는 (㉡)
7. 가격
8. (㉢)
9. 바코드
10. 기능성화장품 글자 또는 도안
11. 재활용표시

✍

096

자료제출이 생략되는 고시된 기능성 성분의 최대함량을 써 넣으시오.

아데노신 - (㉠)
닥나무추출물 - (㉡)
알파비사보롤 - (㉢)

✍

097

(　　)란 인간의 오감을 이용하여 평가하는 화장품 품질관리검사를 말한다.

✍

098

표피의 유극층은 기저층과 함께 말피기층이라고 하며, 세포핵이 있어 세포를 만들 수 있으며 면역에 관여 하는 (　　)세포가 존재한다.

✍

099

멜라닌의 종류는 전환과정에서 흑갈색을 띠는 (㉠)과 붉은색이나 황색을 내는 (㉡)으로 나누어진다.

100

(㉠)은/는 전신 피부의 밑과 근육, 뼈 사이에 위치하고 지방을 함유하고 있으며 진피 아래층을 말한다. (㉠)은/는 진피보다 더 두꺼운 층으로 외부의 충격이나 압력에 대해 내부 조직을 보호하는 기능을 한다. 피하지방은 아랫배, 허벅지, 엉덩이, 팔뚝에 많이 분포하며 두께에 따라 비만의 정도가 결정된다.

맞춤형화장품조제관리사

제2회
모의고사

제2회 모의고사

Ⅰ. 화장품 관련 법령 및 제도 등에 관한 사항

001

「화장품법」 제27조에 따라 청문을 해야하는 경우가 아닌 것은?

① 천연화장품에 대한 인증의 취소
② 업무의 전부에 대한 정지
③ 소비자화장품감시원의 해촉
④ 영업소 폐쇄
⑤ 품목의 판매 금지

002

「화장품법」제2조에 따라 옳은 것을 모두 고르시오.

〈보기〉

ㄱ. "천연화장품"이란 동식물 및 그 유래 원료 등을 함유한 화장품이다.
ㄴ. "안전용기·포장"이란 5세 이하의 어린이가 개봉하기 어렵게 설계·고안된 용기나 포장을 말한다.
ㄷ. "사용기한"이란 화장품이 제조된 날부터 적절한 보관 상태에서 제품이 고유의 특성을 간직한 채 소비자가 안정적으로 사용할 수 있는 최대한의 기한을 말한다.
ㄹ. "2차 포장"이란 1차 포장을 수용하는 1개 또는 그 이상의 포장과 보호재 및 첨부문서 등을 말한다.
ㅁ. "표시" 란 화장품의 용기·포장에 기재하는 문자·숫자·도형 또는 기호 등을 말한다.

① ㄱ, ㄷ
② ㄱ, ㄹ
③ ㄱ, ㅁ
④ ㄴ, ㄷ
⑤ ㄴ, ㅁ

003

다음 중 3년 이하의 징역 또는 3천만 원 이하의 벌금에 처해지는 경우를 고르시오.

① 거짓이나 부정한 방법으로 천연화장품 및 유기농화장품의 인증을 받은 경우
② 그 밖에 사실과 다르게 소비자를 속이거나 소비자가 잘못 인식하도록 할 우려가 있는 표시 또는 광고를 한 경우
③ 영유아 또는 어린이가 사용할 수 있는 화장품의 제품별 안전성 자료를 작성 및 보관하지 않은 경우
④ 안전용기 포장법을 위반한 경우
⑤ 의약품으로 잘못 인식할 우려가 있는 표시 또는 광고를 한 경우

004

<보기>는 탈모 기능성화장품 (가), (나), (다)의 광고 중 일부이다. 식품의약품안전처 직원 A, B의 <대화>를 읽고 옳은 내용을 모두 고르시오.

> **<보기>**
>
> (가) 탈모 방지 및 모발 굵기 증가에 탁월한 제품입니다.
>
> (나) 이 제품은 최고의 탈모 기능성 화장품입니다.
>
> (다) 홍길동 의사가 10년간 연구·개발한 제품입니다.

> **<대화>**
>
> A:이번에도 1차 위반으로 행정처분을 내릴 곳이 많네요. 우선 (가)화장품의 표시·광고부터 검토해봅시다.
>
> B: ㉠ (가)화장품의 표시·광고는 의약품으로 잘못 인식할 우려가 있습니다. 해당 품목 판매업무정지 2개월 또는 해당 품목 광고업무정지 2개월의 행정처분이 내려지겠군요.
>
> A: ㉡ (나)화장품의 회사는사실 유무와 관계없이 다른 제품을 비방하거나 비방한다고 의심이 되는 표시·광고를 하여 1차위반시 내려지는 행정처분과 같은 처분을 받겠네요.
>
> B: ㉢ (다)화장품의 회사는 해당 품목 판매업무정지 2개월 또는 해당 품목 광고업무정지 2개월의 처분을 받겠네요.

① ㉠

② ㉢

③ ㉠, ㉡

④ ㉠, ㉢

⑤ ㉡, ㉢

005

「화장품법 시행규칙」제7조에 따른 책임판매관리자의 업무에 대한 내용이다. 옳지 않은 것을 고르시오.

① 회수한 화장품은 구분하여 일정 기간 보관한 후 폐기 등 적정한 방법으로 처리한다.

② 품질관리 업무에 종사하는 사람들에게 품질관리 업무에 관한 교육·훈련을 정기적으로 실시하고 그 기록을 작성, 보관한다.

③ 품질관리에 관한 기록 및 화장품제조업자의 관리에 관한 기록을 작성하고 이를 해당 제품의 제조일(수입의 경우 수입일을 말한다)부터 1년간 보관한다.

④ 안전확보 업무가 적정하고 원활하게 수행되는 것을 확인하여 기록·보관한다.

⑤ 학회, 문헌, 그 밖의 연구보고 등에서 안전관리 정보를 수집·기록한다.

006

「화장품법 시행규칙」제14조의2 등에 따라 다음 중 옳은 설명을 고르시오.

① 책임판매관리자를 두지 않고 판매한 화장품은 위해성 등급 다등급에 해당된다.

② 회수대상화장품이라는 사실을 안 날부터 5일 이내에 회수계획서에 회수확인서, 제조기록서, 판매량의 기록을 첨부하여 지방식품의약품안전청장에게 제출해야 한다.

③ 대장균에 오염된 화장품은 위해성 등급 나등급에 해당한다.

④ 회수계획량의 4분의 1 이상 3분의 1 미만을 회수했을 때, 행정처분이 업무정지 또는 품목의 제조·수입·판매 업무정지인 경우에는 정지처분기간의 3분의 1 이하의 범위에서 경감한다.

⑤ 회수 대상 화장품을 회수하지 않거나 회수하는 데에 필요한 조치를 하지 않은 경우 2차 위반 시 판매 또는 제조업무정지 3개월의 행정처분에 처해진다.

007

「개인정보보호법」에 따라 다음 중 개인정보 동의서에 명확히 표시하여야 하는 사항이 아닌 것은?

① 개인정보 동의서에는 개인정보의 수집·이용 목적 중 재화나 서비스의 홍보 및 판매권유, 기타 이와 관련된 목적으로 개인정보를 이용하여 정보주체에게 연락할 수 있다는 사항을 표시할 수 있다.

② 개인정보 동의서에는 개인정보의 보유 및 이용 기간를 표시해야 한다.

③ 글씨는 7포인트 이상의 크기로 하되 다른 내용보다 20퍼센트 이상 크게 해야 한다.

④ 다른 색의 글씨, 굵은 글씨 또는 밑줄 등을 사용하여 명확히 드러나게 해야 한다.

⑤ 중요한 내용이 많은 경우에는 별도로 요약하여 제시한다.

II. 화장품 제조 및 품질관리와 원료의 사용기준 등에 관한 사항

008

다음 중 계면활성제의 종류와 성분 연결이 옳은 것을 고르시오.

① 음이온계면활성제 - 베헨트라이모늄클로라이드
② 양이온계면활성제 - 코카미도프로필베타인
③ 양쪽성계면활성제 - PEG - 100캐스터오일
④ 비이온계면활성제 - 소듐라우릴설페이트
⑤ 음이온계면활성제 - 암모늄라우릴설페이트

009

화장품에 사용된 성분의 특성으로 틀린 것은?

① 미리스틱애씨드(미리스틴산)은 거품이 조밀한 비누를 만들 때 많이 사용된다.
② 칸데리라왁스는 로션, 크림의 보습제로 사용된다.
③ 합성 에스테르오일은 피부의 침투성이 좋고 에몰리언트 효과로 인해 많이 사용되는 오일 중 하나이며 대표적으로 아이소프로필미리스테이트가 있다.
④ 실리콘오일은 끈적임이 적고 매끄러워 썬크림 및 헤어 로션에 많이 사용된다.
⑤ 글리세린은 비누의 제조과정에서 생성되는 부산물이며 흡습성이 강하여 보습제로 사용되는 다가알코올에 해당된다.

010

식품의약품안전처고시「화장품의 색소 종류와 기준 및 시험방법」에 따라 사용제한이 없는 색소와 눈 주위 사용금지 색소를 옳게 짝지은 것은?

① 황색 5호 - 적색 2호
② 적색 40호 - 녹색3호
③ 등색 401호 - 황색203호
④ 녹색 201호 - 등색205호
⑤ 적색 223호 - 등색 201호

011

식품의약품안전처고시「화장품의 색소 종류와 기준 및 시험방법」에 따른 색소에 대한 설명으로 틀린 것을 모두 고르시오.

〈보기〉

ㄱ. 적색2호와 적색102호는 영유아 제품에만 사용할 수 없다.
ㄴ. 적색104호는 눈 주위 제품에 사용할 수 있다.
ㄷ. 황색4호는 모든 화장품에 사용 가능하다.
ㄹ. 적색221호는 적용 후 바로 씻어내는 제품이나 염모제에만 사용 가능하다.
ㅁ. 피그먼트 자색23호는 화장비누에만 사용 가능하다.

① ㄱ, ㄴ
② ㄱ, ㄷ
③ ㄱ, ㄹ
④ ㄴ, ㄷ
⑤ ㄴ, ㅁ

012

다음 성분 중 알레르기를 유발하거나 가려움 및 알레르기가 보고된 바가 있는 성분이 아닌 것은?

① 알부틴
② 카민
③ 코치닐
④ 폴리에톡실레이티드레틴아마이드
⑤ 토코페롤

013

식품의약품안전처고시「화장품 안전기준 등에 관한 규정」에 따른 사용상의 제한이 필요한 원료와 그 사용한도가 옳지 않은 것을 고르시오.

① 과산화수소 및 과산화수소 생성물질 : 두발용 제품류에 과산화수소로서 3%, 손톱경화용 제품에 과산화수소로서 2%
② 알에이치 올리고펩타이드-1 : 0.001%
③ 퀴닌 및 그 염류 : 샴푸에 퀴닌염으로서 0.5%, 헤어로션에 퀴닌염로서 0.2%
④ 실버나이트레이트 : 속눈썹 및 눈썹 착색용도의 제품에 5%
⑤ 징크피리치온 : 비듬 및 가려움을 덜어주고 씻어내는 제품(샴푸, 린스) 및 탈모증상의 완화에 도움을 주는 화장품에 총 징크피리치온으로서 1.0%

014

식품의약품안전처고시「화장품 안전기준 등에 관한 규정」에 따라 화장품에 사용할 수 없는 원료가 아닌 것은?

① 베헤닐알코올
② 리도카인
③ 헥산
④ 하이드로퀴논
⑤ 천수국꽃 추출물

015

맞춤형화장품조제관리사가 수렴화장수 500g을 만들었다. 여기에 향료를 0.3g 혼합하였는데 다음은 그 향료의 조성목록이다. 향료로 표기하지 않고 알레르기 성분명을 전성분에 표시해야 하는 것을 모두 고르시오.

시트로넬올 - 6%	페녹시에탄올 - 2%
유제놀 - 4%	제라니올 - 1%
시트랄 - 2%	

① 시트로넬올, 시트랄, 페녹시에탄올
② 시트로넬올, 유제놀, 시트랄
③ 시트로넬올, 유제놀, 페녹시에탄올
④ 시트로넬올, 유제놀, 시트랄, 제라니올
⑤ 시트로넬올, 유제놀

016

다음 중 맞춤형화장품을 옳게 조제한 것은?

① 적색405호를 넣어 립글로즈를 조제함
② 살리실릭애씨드 0.5%를 넣고 폼클렌저를 조제함
③ 나이아신아마이드 2%를 넣고 크림을 조제함
④ 소듐하이알루로네이트를 넣고 로션을 조제함
⑤ 벤조익애씨드 0.5%를 첨가한 크림을 조제함

017

다음은 천연 유래와 석유화학 부분을 모두 포함하고 있는 허용합성원료이다. 두발 또는 수염에 사용하는 제품에만 사용 가능한 원료를 고르시오.

① 디알킬카보네이트
② 알킬아미도프로필베타인
③ 디알킬디모늄클로라이드
④ 알킬메칠글루카미드
⑤ 카르복시메칠-식물 폴리머

018

식품의약품안전처고시「천연화장품 및 유기농화장품의 기준에 관한 규정」에 따라 옳은 설명을 모두 고르시오.

〈보기〉

ㄱ. 천연 함량 비율(%)은 천연 원료 비율과 천연유래 원료 비율을 더한 값이다.
ㄴ. 물은 유기농 함량 비율 계산에 포함하지 않는다.
ㄷ. 동결건조, 여과멸균, 오존분해는 허용된 물리적 공정이다.
ㄹ. 천연화장품은 아마이드형성 공정을 통해 제조될 수 있다.
ㅁ. 동일한 식물의 유기농과 비유기농이 혼합되어 있는 경우 이 혼합물은 유기농으로 간주되지 않는다.

① ㄱ, ㄴ, ㄷ
② ㄱ, ㄴ, ㅁ
③ ㄴ, ㄷ, ㄹ
④ ㄴ, ㄹ, ㅁ
⑤ ㄷ, ㄹ, ㅁ

019

식품의약품안전처고시 「천연화장품 및 유기농화장품의 기준에 관한 규정」에 따라 다음 중 옳은 것을 고르시오.

① "유기농 원료"란 친환경농·어업 육성 및 유기식품 등의 관리·지원에 관한 법률」에 따른 유기농수산물 또는 이를 이 고시에서 허용하는 물리적, 화학적 공정에 따라 가공한 것이다.

② 해조류와 같은 해양식물이나 버섯과 같은 균사체 그 자체로서 가공하지 않거나, 이를 가지고 이 고시에서 허용하는 물리적 공정에 따라 가공한 화장품 원료는 천연원료이다.

③ 동물의 세포, 조직 또는 장기를 가공하지 않거나, 이 고시에서 허용하는 물리적 공정에 따라 가공한 화장품 원료는 동물성 원료이다.

④ 미네랄 원료는 천연원료가 아니다.

⑤ "유기농유래 원료"란 유기농 원료를 이 고시에서 허용하는 물리적 공정에 따라 가공한 원료를 말한다.

020 ~ 21

〈보기 1〉는 기능성화장품의 심사를 위하여 제출하여야 하는 자료의 종류이다. 〈보기 2〉에서 식품의약품안전처고시 「기능성화장품 심사에 관한 규정」에 따라 틀린 설명을 모두 고르시오.

〈보기1〉

(가) 기원 및 개발경위에 관한 자료
(나) 안전성에 관한 자료
(다) 유효성 또는 기능에 관한 자료
(라) 자외선차단지수(SPF), 내수성자외선차단지수(SPF), 자외선A차단등급(PA) 설정의 근거자료
(마) 기준 및 시험방법에 관한 자료

020

〈보기2〉

ㄱ. 자료(나)에는 유전독성시험자료를 포함한다.
ㄴ. 자료(나)는 식품의약품안전처에서 고시한 「임상시험관리기준」에 따라 시험한 자료여야 한다.
ㄷ. 자료(나)는 식약처장이 고시한 독성시험법에 따르는 것을 원칙으로 하며 기타 독성시험법에 대해서는 「의약품등의 독성시험기준」을 따라야 한다.
ㄹ. 자료(나)에는 시험방법 및 평가기준 등이 과학적·합리적으로 타당성이 인정되거나 WTO 또는 식품의약품안전처가 인정하는 동물대체시험법인 경우에는 규정된 시험법을 적용하지 아니할 수 있다.

① ㄱ, ㄴ
② ㄱ, ㄴ, ㄷ
③ ㄱ, ㄴ, ㄹ
④ ㄴ, ㄹ
⑤ ㄷ, ㄹ

021

〈보기2〉

ㄱ. 자료(다) 중 효력시험 자료는 심사대상 효능을 뒷받침하는 성분의 효력에 대한 비임상시험자료로서 효과발현의 작용기전이 포함되어야 한다.

ㄴ. 자료(다) 중 효력시험 자료는 국내·외 대학 또는 전문 연구기관에서 시험한 것으로서 당해 기관의 장이 발급한 자료일 수 있으며, 이 경우 시험시설 개요, 설비의 사양, 연구인력의 구성, 시험자의 연구경력에 관한 사항이 포함되어야 한다.

ㄷ. 자료(다) 중 인체적용시험자료는 과학논문인용색인(Science Citation Index 또는 Science Citation Index Expanded)에 등재된 전문학회지에 게재된 자료일 수 있다.

ㄹ. 자료(다) 중 인체적용시험자료는 사람에게 적용 시 효능·효과 등 기능을 입증할 수 있는 자료로서, 관련분야 전문의사, 연구소 또는 병원 기타 관련기관에서 3년 이상 해당 시험경력을 가진 자의 지도 및 감독 하에 수행·평가되어야 한다.

① ㄱ, ㄹ
② ㄱ, ㄷ, ㄹ
③ ㄴ, ㄷ
④ ㄴ, ㄷ, ㄹ
⑤ ㄷ, ㄹ

022

원료에 대한 기준 및 시험방법 작성 시 원칙적으로 기재해야 하는 항목이 아닌 것은?

① 명칭
② 구조식 또는 시성식
③ 함량기준
④ 확인시험
⑤ 순도시험

023

식품의약품안전처고시「기능성화장품 심사에 관한 규정」에 따라 자료제출이 생략되는 기능성화장품의 종류에 대한 설명으로 옳은 것을 고르시오.

① 피부를 곱게 태워주거나 자외선으로부터 피부를 보호하는데 도움을 주는 제품은 화장품의 유형 중 영·유아용 제품류 중 로션, 크림 및 오일, 기초화장용 제품류, 눈 화장용 제품류에 한한다.
② 디갈로일트리올리에이트의 자료제출이 생략되는 최대함량은 10%이다.
③ 여드름성 피부를 완화하는데 도움을 주는 제품의 용법·용량은 "본품 적당량을 취해 피부에 골고루 펴 바른다. 또는 본품을 피부에 붙이고 10~20분 후 지지체를 제거한 다음 남은 제품을 골고루 펴 바른다(침적 마스크에 한함)"이다.
④ 여드름성 피부를 완화하는데 도움을 주는 제품의 자료제출이 생략되는 제형은 액제, 로션제, 크림제, 침적마스크제이다.
⑤ 체모를 제거하는 기능을 가진 제품의 자료제출이 생략되는 제형에는 액제, 크림제, 로션제, 에어로졸제가 있다.

024

식품의약품 안전처장이 기준 및 시험방법을 고시하여 자료제출이 생략되는 피부의 미백 및 주름개선에 도움을 주는 이중 기능성화장품의 고시된 제형이 잘못 연결된 것은?

① 아스코빌글루코사이드·아데노신-액제, 로션제, 크림제
② 알부틴·아데노신-액제, 로션제, 크림제, 침적마스크
③ 알파-비사보롤·아데노신-액제, 로션제, 크림제, 침적마스크
④ 유용성감초추출물·아데노신-액제, 로션제, 크림제
⑤ 알부틴·레티놀-크림제

025

식품의약품안전처고시「기능성화장품 기준 및 시험방법」[별표 1]에 따라 옳은 것을 모두 고르시오.

① 밀봉용기란 일상의 취급 또는 보통 보존상태에서 외부로부터 고형의 이물이 들어가는 것을 방지하고 고형의 내용물이 손실되지 않도록 보호할 수 있는 용기를 말한다.
② 가온한용매(온용매)란 그 용매의 비점 부근의 온도로 가열한 것을 말한다.
③ 표준온도는 25℃이다.
④ 약산성의 pH범위는 약 4~6이다.
⑤ 냉침은 15~25℃에서 실시한다.

026

화장품법 시행규칙 [별표 3]에 따라 염모제(산화염모제와 비산화염모제)의 포장에 기재·표시 될 주의사항으로 옳지 않은 것을 모두 고르시오.

〈보기〉

ㄱ. 피부시험(패치 테스트, patch test)의 결과, 이상이 발생한 경험이 있는 분은 사용하지 마십시오. 사용 후 피부나 신체가 과민상태로 되거나 피부이상반응(부종, 염증 등)이 일어나거나, 현재의 증상이 악화될 가능성이 있습니다.

ㄴ. 테스트 부위의 관찰은 테스트액을 바른 후 50분 그리고 48시간 후 총 2회를 반드시 행하여 주십시오. 도포 부위에 발진, 발적, 가려움, 수포, 자극, 피부 등의 이상이 있는 경우에는 손으로 만지지 말고 바로 씻어내고 염모는 하지 말아 주십시오. 테스트 도중, 48시간 이전이라도 위와 같은 피부이상을 느낀 경우에는 바로 테스트를 중지하고 테스트액을 씻어내고 염모는 하지 말아 주십시오.

ㄷ. 이 제품에 첨가제로 함유된 프로필렌글리콜에 의하여 알레르기를 일으킬 수 있으므로 이 성분에 과민하거나 알레르기 반응을 보였던 적이 있는 분은 사용 전에 의사 또는 약사와 상의하여 주십시오.

ㄹ. 염모액 또는 머리를 감는 동안 그 액이 눈에 들어가지 않도록 하여 주십시오. 눈에 들어가면 심한 통증을 발생시키거나 경우에 따라서 눈에 손상(각막의 염증)을 입을 수 있습니다. 만일, 눈에 들어갔을 때는 절대로 손으로 비비지 말고 바로 물 또는 차가운 물로 15분 이상 잘 씻어 주시고 곧바로 안과 전문의의 진찰을 받으십시오. 임의로 안약 등을 사용하지 마십시오.

ㅁ. 부종, 홍반, 가려움, 피부염(발진, 알레르기), 광과민반응, 중증의 화상 및 수포 등의 증상이 나타날 수 있으므로 이러한 경우 이 제품의 사용을 즉각 중지하고 의사 또는 약사와 상의하십시오.

① ㄱ, ㄷ, ㄹ
② ㄱ, ㄹ, ㅁ
③ ㄴ, ㄷ, ㅁ
④ ㄴ, ㄷ, ㄹ
⑤ ㄴ, ㄹ, ㅁ

027

식품의약품안전처고시 기능성화장품 심사에 관한 규정 [별표 4]에 따라 피부를 곱게 태워주거나 자외선으로부터 피부를 보호하는 데 도움을 주는 제품의 성분과 그 최대함량이 옳게 연결된 것은?

① 부틸메톡시디벤조일메탄 5% - 벤조페논-3 4%
② 페닐벤즈이미다졸설포닉애씨드 4% - 시녹세이트 10%
③ 디갈로일트리올리에이트 5% - 멘틸안트라닐레이트 4%
④ 에칠헥실살리실레이트 5% - 드로메트리졸트리실록산 10%
⑤ 디메치코디에칠벤잘말로네이트 10% - 디에칠헥실부타미도트리아존 10%

Ⅲ. 화장품 유통 및 안전관리 등에 관한 사항

028

우수화장품 제조 및 품질관리기준 (CGMP)에 따른 용어의 정의로 틀린 것은?

① "적합 판정 기준"이란 시험 결과의 적합 판정을 위한 수적인 제한, 범위 또는 기타 적절한 측정법을 말한다.
② "관리"란 적합 판정 기준을 충족시키는 검증을 말한다.
③ "수탁자"는 직원, 회사 또는 조직을 대신하여 작업을 수행하는 사람, 회사 또는 외부 조직을 말한다.
④ "회수"란 판매한 제품 가운데 품질 결함이나 안전성 문제 등으로 나타난 제조번호의 제품을 거두어들여 폐기하는 것을 말한다.
⑤ "위생관리"란 대상물의 표면에 있는 바람직하지 못한 미생물 등 오염물을 감소시키기 위해 시행되는 작업을 말한다.

029

우수화장품 제조 및 품질관리기준(CGMP)에 따른 모든 작업원의 책임으로 옳지 않은 것은?

① 조직 내에서 맡은 지위 및 역할을 인지해야 할 의무
② 자신의 업무 범위 내에서 기준을 벗어난 행위나 부적합 발생 등에 대해 보고해야 할 의무
③ 품질에 관련된 모든 문서와 절차를 검토할 의무
④ 개인위생 규정을 준수해야 할 의무
⑤ 정해진 책임과 활동을 위한 교육훈련을 이수할 의무

030

우수화장품 제조 및 품질관리기준(CGMP)에 따른 작업소의 기준으로 옳지 않은 것은?

① 제조하는 화장품은 종류·제형에 따라 적절히 구획·구분되어 있어야 한다.
② 바닥, 벽, 천장은 가능한 청소하기 쉽게 매끄러운 표면을 지녀야 한다.
③ 환기가 잘되고 청결해야 한다.
④ 수세실과 화장실은 접근이 쉬워야 하나 생산구역과 분리되어 있어야 한다.
⑤ 제품의 품질에 적절한 영향을 주는 소모품을 사용해야 한다.

031

우수화장품 제조 및 품질관리기준(CGMP)에 따른 제조 및 품질관리에 필요한 설비 등의 기준으로 옳지 않은 것은?

① 사용목적에 적합하고, 청소가 가능하며, 필요한 경우 위생·유지 관리가 가능하여야 한다. 자동화 시스템을 도입한 경우도 또한 같다.
② 사용하지 않는 연결 호스와 부속품은 청소 등 위생관리를 하며, 건조한 상태로 유지하고 먼지, 얼룩 또는 다른 오염으로 부터 보호할 것
③ 용기는 먼지나 수분으로부터 내용물을 보호할 수 있을 것
④ 제품과 설비가 오염되지 않도록 배관 및 배수관을 설치하며, 배수관은 역류되지 않아야 하고, 청결을 유지할 것
⑤ 천정 주위의 대들보, 파이프, 덕트 등은 청소가 용이하게 노출되도록 설계하고, 파이프는 받침대 등으로 고정하고 벽에 닿지 않게 하여 청소가 용이하도록 설계할 것

032

다음은 「우수화장품 제조 및 품질관리기준(CGMP)」에 따른 작업장의 위생에 대한 설명이다. 틀린 것을 고르시오.

① 세척은 잔류물, 먼지 등의 오염물을 제거하는 과정이며, 소독은 오염 미생물 수를 허용 기준 이하로 감소시키기 위한 위생관리 단계이다.
② 창문은 차광하여 야간에 빛이 밖으로 새어나가지 않도록 조치해야 한다.
③ 청소, 소독 시에는 틈새까지 세밀하게 관리해야 하며 물청소 후 물기를 제거하여야 한다. 청소는 위쪽에서 아래쪽으로 안쪽에서 바깥쪽으로 청소를 해야 한다.
④ 실내압을 외부(실외)보다 낮게 한다.
⑤ 반제품 작업실 및 원료보관실은 품질 저하를 방지하기 위하여 적절한 실내 온도를 유지해야 한다.

033

다음은 「우수화장품 제조 및 품질관리기준(CGMP)」에 따른 화장품 작업장의 시설기준에 대한 설명이다. 잘못된 것을 고르시오.

① 수세실과 화장실은 접근이 쉬워야 하므로 생산구역 내에 있어야 한다.
② 작업소의 전등은 파손에 대비한 보호조치를 취해야 한다.
③ 제조실은 햇볕이 들어오지 않도록 검은 썬팅을 한다.
④ 적절한 온도와 습도를 유지하도록 공기조화시설을 한다.
⑤ 폐수구에 트랩을 단다.

034

「우수화장품 제조 및 품질관리기준(CGMP)」에 따른 청정도 기준으로 옳은 것을 모두 고르시오.

〈보기2〉

ㄱ. 내용물보관소는 환기장치만 있으면 된다.
ㄴ. 포장실에는 HEPA-filter 사용이 권장된다.
ㄷ. 미생물시험실의 관리기준은 낙하균:30개/hr 또는 부유균:200개/㎥이다.
ㄹ. 원료보관소에서는 작업복, 작업모, 작업화 착용이 필수이다.
ㅁ. 일반시험실은 차압관리하지 않아도 된다.

① ㄱ, ㄴ
② ㄱ, ㄹ
③ ㄴ, ㄷ
④ ㄷ, ㄹ
⑤ ㄷ, ㅁ

035

「우수화장품 제조 및 품질관리기준(CGMP)」에 따라 제품표준서에 포함되어야 할 사항이 아닌 것은?

① 제품명
② 시험지시서
③ 효능·효과(기능성 화장품의 경우) 및 사용상의 주의사항
④ 공정별 상세 작업내용 및 제조공정흐름도
⑤ 작업 중 주의사항

036

화장품의 품질보증책임자의 승인이 필요 없는 것은?

① 생산공정 중 일탈
② 제조공정변경
③ 원자재 변경
④ 위생관리
⑤ 회수 반품제품의 폐기물처리

037

「우수화장품 제조 및 품질관리기준(CGMP)」에 따라 파레트에 적재된 모든 재료(또는 기타 용기 형태)에 표시되어야 하는 사항이 아닌 것은?

① 입고날짜
② 명칭 또는 확인 코드
③ 제조번호
④ 제품의 품질을 유지하기 위해 필요할 경우, 보관조건
⑤ 불출 상태

038

「우수화장품 제조 및 품질관리기준(CGMP)」에 따라 검체의 채취 및 보관 및 폐기처리 등에 대한 설명으로 틀린 것을 모두 고르시오.

〈보기〉

ㄱ. 제품 검체채취는 품질관리부서가 실시하는 것이 일반적이다.

ㄴ. 완제품의 보관용 검체는 적절한 보관조건 하에 지정된 구역 내에서 제조단위별로 사용기한 경과 후 1년간 보관하여야 한다. 다만, 개봉 후 사용기간을 기재하는 경우에는 제조일로부터 1년간 보관하여야 한다.

ㄷ. 부적합 제품은 제조 책임자가 기준일탈의 원인 조사를 실시한다.

ㄹ. 기준일탈이 된 완제품 또는 벌크제품은 반드시 폐기해야한다.

ㅁ. 품질에 문제가 있거나 회수·반품된 제품의 폐기 또는 재작업 여부는 품질보증 책임자에 의해 승인되어야 한다.

① ㄱ, ㄴ

② ㄴ, ㄷ

③ ㄴ, ㄹ

④ ㄷ, ㄹ

⑤ ㄷ, ㅁ

039

영철씨는 품질관리부서에 처음 입사하여 품질관리부서 직원 A, B, C에게 교육을 받았다. 「우수화장품 제조 및 품질관리기준(CGMP)」제20조에 따라 영철씨에게 틀린 설명을 한 사람을 모두 고르시오.

〈보기〉

A:자, 오늘은 품질관리 중 시험관리를 어떻게 하는지에 대해서 영철님께 설명해드리겠습니다. 저번에 CGMP의 3대요소에 대해 가르쳐 드렸죠? 그 3대요소 중 하나는 고도의 품질관리체계 확립입니다. 이를 위해서는 업무에 대한 체계적인 문서화가 필요합니다. 품질관리를 위한 시험업무에 대해서도 마찬가지 입니다. 시험업무에 대해 문서화된 절차를 수립하고 유지하여야 합니다.

B:맞습니다. 또한 품질관리는 원자재, 반제품 및 완제품에 대한 적합 기준을 마련하고 뱃치별로 시험기록을 작성하고 유지하여야 합니다. 또한 시험결과 적합 또는 부적합인지 분명히 기록하여야 하는 것을 잊지 마세요.

영철:네, 잊지 않고 기억하겠습니다. 그런데 궁금한 것이 있습니다. 원자재, 반제품 및 완제품은 적합판정이 된 것만을 사용하거나 출고하여야 되죠?

C:네, 원자재, 반제품 및 완제품은 적합판정이 된 것만을 사용하거나 출고하여야 됩니다. 그리고 정해진 보관 기간이 경과된 원자재 및 반제품은 제조에 사용하면 안되고 반드시 폐기처리 해야 합니다.

A:아, 그리고 영철님께 한가지 더 알려드릴 사항이 있습니다. 모든 시험이 적절하게 이루어졌는지 시험기록을 검토한 후에는 적합, 부적합, 보류를 판정하여야 합니다. 그리고 만약 기준일탈이 된 경우에는 규정에 따라 영철씨가 책임자님께 보고한 후 조사하여야 합니다. 그런 다음 영철씨가 조사결과를 통해 일탈, 부적합, 보류를 명확히 판정하여 이를 책임자님께 보고하면 됩니다.

① A, B
② A, C
③ A, B, C
④ B, C
⑤ C

040

다음은「우수화장품 제조 및 품질관리기준(CGMP)」에 따른 재작업의 절차에 관한 내용이다. 틀린 것을 고르시오.

① 제조책임자가 규격에 부적합이 된 원인 조사를 지시한다.
② 재작업 전의 품질이나 재작업 공정의 적절함 등을 고려하여 제품 품질에 악영향을 미치지 않는 것을 재작업 실시 전에 예측한다.
③ 재작업 처리 실시의 결정은 품질보증 책임자가 실시한다.
④ 재작업 한 최종 제품 또는 벌크제품의 제조기록, 시험기록을 충분히 남긴다.
⑤ 품질이 확인되고 품질보증 책임자의 승인을 얻을 수 있을 때까지 재작업품은 다음 공정에 사용할 수 없고 출하할 수 없다.

041

「우수화장품 제조 및 품질관리기준(CGMP)」제23조에 따른 설명으로 옳지 않은 것을 고르시오.

① 위탁업체는 수탁업체의 계약 수행능력을 평가하고 그 업체가 계약을 수행하는데 필요한 시설 등을 갖추고 있는지 확인해야 한다.
② 제조업무를 위탁하고자 하는 자는 제30조에 따라 반드시 식품의약품안전처장으로부터 우수화장품 제조 및 품질관리기준 적합판정을 받은 업소에 위탁제조해야 한다.
③ 위탁업체는 수탁업체와 문서로 계약을 체결해야하며 정확한 작업이 이루어질 수 있도록 수탁업체에 관련 정보를 전달해야 한다.
④ 위탁업체는 수탁업체에 대해 계약에서 규정한 감사를 실시해야 하며 수탁업체는 이를 수용하여야 한다.
⑤ 수탁업체에서 생성한 위·수탁 관련 자료는 유지되어 위탁업체에서 이용 가능해야 한다.

042

「우수화장품 제조 및 품질관리기준(CGMP)」에 따라 다음 중 중대하지 않은 일탈을 모두 고르시오.

〈보기〉

ㄱ. 관리 규정에 의한 관리 항목(생산 시의 관리 대상 파라미터의 설정치 등)보다도 상위 설정의 관리 기준에 의거하여 작업이 이루어진 경우
ㄴ. 작업 환경이 생산 환경 관리에 관련된 문서에 제시하는 기준치를 벗어났을 경우
ㄷ. 벌크제품과 제품의 이동·보관에 있어서 보관 상태에 이상이 발생하고 품질에 영향을 미친다고 판단될 경우
ㄹ. 제조 공정에 있어서의 원료 투입에 있어서 동일 온도 설정 하에서의 투입 순서에서 벗어났을 경우
ㅁ. 생산 작업 중에 설비·기기의 고장, 정전 등의 이상이 발생하였을 경우

① ㄱ, ㄴ
② ㄱ, ㄹ
③ ㄴ, ㄷ
④ ㄹ, ㅁ
⑤ ㄷ, ㅁ

043

일탈처리의 흐름을 순서대로 나열한 것을 고르시오.

〈보기〉

ㄱ. 일탈의 발견 및 초기평가
ㄴ. 후속조치/종결
ㄷ, 문서작성/문서추적 및 경향분석
ㄹ. 즉각적인 수정조치
ㅁ. SOP에 따른 조사·원인분석 및 예방조치

① ㄱ - ㄹ - ㄷ - ㅁ - ㄴ
② ㄱ - ㄹ - ㅁ - ㄴ - ㄷ
③ ㄱ - ㄹ - ㅁ - ㄷ - ㄴ
④ ㄱ - ㅁ - ㄷ - ㄴ - ㄷ
⑤ ㄱ - ㅁ - ㄹ - ㄷ - ㄴ

044

「우수화장품 제조 및 품질관리기준(CGMP)」28조에 따라 옳지 않은 설명을 고르시오.

① 외부 감사란 도급계약자나 공급자와 같은 회사 외부의 피 감사 대상 부서나 조직에 대한 감사를 말한다.
② 감사자는 감사대상과는 독립적이어야 하며, 자신의 업무에 대하여 감사를 실시하여서는 아니 된다.
③ 품질보증체계가 계획된 사항에 부합하는지를 주기적으로 검증하기 위하여 내부감사를 실시하여야 하고 내부감사 계획 및 실행에 관한 문서화된 절차를 수립하고 유지하여야 한다.
④ 감사자는 시정조치에 대한 후속 감사활동을 행하고 이를 기록하여야 한다.
⑤ 감사 결과는 기록되어져야 하며 감사결과는 피 감사 부서에게 공유되어서는 안 된다.

045

제조실 및 기구의 대한 세척에 관한 설명으로 옳지 않은 것을 고르시오.

① 세척은 제품 잔류물과 흙, 먼지, 기름때 등의 오염물을 제거하는 과정이다.
② 소독은 오염 미생물 수를 허용 수준 이하로 감소시키기 위해 수행하는 절차다.
③ 세척 완료 후, 세척 상태에 대한 평가를 실시하고 세척완료 라벨을 설비에 부착한다.
④ 화장품 제조를 위해 제조 설비의 세척과 소독은 세척자가 임의로 결정한 방식을 따라도 된다.
⑤ 세척과 소독 주기는 주어진 환경에서 수행된 작업의 종류와 횟수에 따라 결정한다.

046

다음 〈시험성적서〉는 (가) 물휴지, (나) 로션, (다) 립스틱을 검사하여 검출된 성분을 나타낸 것이다. 식품의약품안전처고시「화장품 안전기준 등에 관한 규정」제6조에 따른 기준을 위반한 화장품은 무엇인가?

〈시험성적서〉

	(가)	(나)	(다)
검출 성분	카드뮴: 8.7㎍/g	납: 10.6㎍/g	디옥산: 80.3㎍/g
	디옥산: 12.1㎍/g	비소: 8.2㎍/g	니켈: 32.6㎍/g
	메탄올: 0.02㎍/g	수은: 0.3㎍/g	포름알데하이드: 208.0㎍/g

① (가), (나)
② (가), (다)
③ (가), (나), (다)
④ (나), (다)
⑤ (다)

047

화장용 고형 비누에 관한 내용으로 옳지 않은 것을 모두 고르시오.

〈보기〉

ㄱ. 수분이 포함된 비누의 중량을 수분 포함 중량으로 표기한다.
ㄴ. 인체세정용 제품류에 해당된다.
ㄷ. 비누 3개를 가지고 시험할 때 그 평균 내용량이 표기량에 대하여 97% 이상이어야 한다.
ㄹ. 비누의 경우 건조감량을 내용량으로 한다.
ㅁ. 화장용 고형비누를 소분하여 판매할 경우 맞춤형화장품 조제관리사가 필요하다.

① ㄱ
② ㄱ, ㄷ
③ ㄴ
④ ㅁ
⑤ ㄹ, ㅁ

048

다음은 식품의약품안전처고시「화장품 바코드 표시 및 관리요령」에 관한 내용이다. 옳지 않은 것을 모두 고르시오.

〈보기〉

ㄱ. “화장품코드”란 숫자나 문자 등의 데이터를 일정한 약속에 의해 컴퓨터에 자동 입력시키기 위한 다음 각 목의 하나에 여백 및 광학적문자판독(Optical Character Recognition) 폰트의 글자로 구성되어 정보를 표현하는 수단으로서, 스캐너가 읽을 수 있도록 인쇄된 심벌(마크)을 말한다.

ㄴ. 화장품바코드 표시대상품목은 국내에서 제조되는 화장품만을 대상으로 한다.

ㄷ. 내용량이 15밀리리터 이하 또는 15그램 이하인 제품의 용기 또는 포장이나 견본품, 시공품 등 비매품에 대하여는 화장품바코드 표시를 생략할 수 있다.

ㄹ. 화장품바코드 표시는 제조업자가 한다.

ㅁ. 폐쇄된 유통경로를 이용하는 경우에는 국제표준바코드가 아닌 자체 바코드를 사용 가능하다.

ㅂ. 바코드의 인쇄크기와 색상은 자율적으로 정할 수 있다.

① ㄱ, ㄴ, ㄹ

② ㄱ, ㄷ, ㅂ

③ ㄱ, ㄹ, ㅁ

④ ㄴ, ㄷ, ㅁ

⑤ ㄴ, ㄹ, ㅂ

049

식품의약품안전처고시「화장품 표시·광고 실증에 관한 규정」에 따른 표시·광고 실증을 위한 조사결과의 요건으로 옳지 않은 것은?

① 조사기관은 사업자와 독립적이어야 하며, 조사할 수 있는 능력을 갖추어야 한다.

② 조사목적이 적정하여야 하며, 조사 목적에 부합하는 표본의 대표성이 있어야 한다.

③ 기초자료의 결과는 정확하게 보고되어야 한다.

④ 질문사항은 표본설정, 질문사항, 질문방법이 그 조사의 목적이나 통계상 방법과 일치하여야 한다.

⑤ 조사는 공정하게 이루어져야 하고, 피조사자는 조사목적을 정확히 인지한 후에 진행되어야 한다.

050

다음은 식품의약품안전처고시「화장품 안전기준 등에 관한 규정」[별표 4]에 따른 내용량 측정법에 대한 것이다. 틀린 내용을 고르시오.

① 화장비누(수분 포함) : 상온에서 저울로 측정(g)하여 실중량은 전체 무게에서 포장 무게를 뺀 값으로 하고, 소수점 이하 1자리까지 반올림하여 정수자리까지 구한다.

② 화장비누(건조) : 검체를 작은 조각으로 자른 후 약 10g을 0.01g까지 측정하여 접시에 옮긴다. 이 검체를 103±2℃ 오븐에서 1시간 건조 후 꺼내어 냉각시키고 다시 오븐에 넣고 1시간 후 접시를 꺼내어 데시케이터로 옮긴다. 실온까지 충분히 냉각시킨 후 질량을 측정하고 2회의 측정에 있어서 무게의 차이가 0.01g 이내가 될 때까지 1시간 동안의 가열, 냉각 및 측정 조작을 반복한 후 마지막 측정 결과를 기록한다.

③ 길이로 표시된 제품 : 길이를 측정하고 연필류는 연필심지에 대하여 그 반지름과 길이를 측정한다.

④ 용량으로 표시된 제품 : 내용물이 들어있는 용기에 뷰렛으로부터 물을 적가하여 용기를 가득 채웠을 때의 소비량을 정확하게 측정한 다음 용기의 내용물을 완전히 제거하고 물 또는 기타 적당한 유기용매로 용기의 내부를 깨끗이 씻어 말린 다음 뷰렛으로부터 물을 적가하여 용기를 가득 채워 소비량을 정확히 측정하고 전후의 용량차를 내용량으로 한다. 다만, 150mL 이상의 제품에 대하여는 메스실린더를 써서 측정한다.

⑤ 질량으로 표시된 제품 : 내용물이 들어있는 용기의 외면을 깨끗이 닦고 무게를 정밀하게 단 다음 내용물을 완전히 제거하고 물 또는 적당한 유기용매로 용기의 내부를 깨끗이 씻어 말린 다음 용기만의 무게를 정밀히 달아 전후의 무게차를 내용량으로 한다.

051

식품의약품안전처고시「화장품 안전기준 등에 관한 규정」[별표4]에 따라 비소, 니켈, 납을 검출하기 위한 공통적인 시험방법이 아닌 것을 모두 고르시오.

〈보기〉

가. 디티존법
나. 비색법
다. 원자흡광광도법(AAS)
라. 유도결합플라즈마분광기를 이용하는 방법(ICP)
마. 유도결합플라즈마-질량분석기를 이용하는 방법(ICP-MS)

① 가, 나
② 가, 라
③ 나, 라
④ 나, 마
⑤ 다, 마

052

다음의 표는 식품의약품안전처고시「화장품 안전기준 등에 관한 규정」[별표4]에 기재된 총호기성생균수 배지성능시험용 균주 및 배양조건이다. 빈칸에 들어갈 알맞은 숫자를 고르시오.

	시험균주		배양
세균	Escherichia coli	ATCC 8739, NCIMB 8545, CIP53.126, NBRC 3972 또는 KCTC 2571	호기배양 (㉠)℃ (㉡) 시간
세균	Bacillus subtilis	ATCC 6633, NCIMB 8054, CIP 52.62, NBRC 3134 또는 KCTC 1021	
세균	Staphylo-coccus aureus	ATCC 6538, NCIMB 9518, CIP 4.83, NRRC 13276 또는 KCTC 3881	
진균	Candida albicans	ATCC 10231, NCPF 3179, IP48.72, NBRC1594 또는 KCTC 7965	호기배양 (㉢)℃ (㉣)일

	㉠	㉡	㉢	㉣
①	10 ~ 15	36	20 ~ 25	5
②	20 ~ 25	36	10 ~ 15	3
③	20 ~ 25	48	30 ~ 35	5
④	30 ~ 35	36	10 ~ 15	3
⑤	30 ~ 35	48	20 ~ 25	5

IV. 맞춤형화장품의 특성·내용 및 관리 등에 관한 사항

053

맞춤형화장품 판매내역서에 기재해야 하는 필수 기재사항이 아닌 것은?

① 판매일자
② 판매량
③ 제조번호
④ 구매자명
⑤ 사용기한 또는 개봉 후 사용기간

054

<보기>에서 화장품의 포장에 표시를 생략할 수 있는 경우로 옳지 못한 것을 모두 고르시오.

<보기>

ㄱ. 15mL 이하의 제품에 바코드 표시 생략
ㄴ. 10mL 이하의 로션 포장에 전성분 및 주의사항, 바코드를 생략
ㄷ. 50mL 이하의 아이크림 포장에 나이아신아마이드성분을 비롯한 전성분 표기를 생략
ㄹ. 10밀리리터 초과 50밀리리터 이하 제품의 타르색소, 금박, 과일산, 기능성성분, 샴푸의 인산염, 사용기준이 고시된 원료를 제외한 전성분표시를 생략. 단 속눈썹용 퍼머넌트웨이브 제품, 외음부 세정제는 전성분 표시
ㅁ. 13세 이하의 어린이가 사용할 수 있는 제품임을 표시한 로션의 보존제 성분명은 표시하되 그 함량은 생략

① ㄱ, ㅁ
② ㄴ, ㅁ
③ ㄴ, ㄹ
④ ㄷ, ㄹ
⑤ ㄷ, ㅁ

055

「화장품법 시행규칙」[별표 3]에 따라 외음부세정제의 포장에 기재·표시하여야 하는 주의사항으로 표기해야 되는 내용이 아닌 것은?

① 정해진 용법과 용량을 잘 지켜 사용할 것
② 13세 이하 어린이에게는 사용하지 말 것
③ 임신 중에는 사용하지 않는 것이 바람직하다.
④ 프로필렌글라이콜을 함유하고 있으므로 이 성분에 과민하거나 알레르기 병력이 있는 사람은 신중히 사용할 것
⑤ 상처가 있는 부위 등에는 사용을 자제할 것

056

맞춤형화장품 1차 포장에 반드시 기재·표시해야 하는 사항이 아닌 것은?

① 화장품의 명칭
② 영업자의 상호
③ 영업자의 주소
④ 사용기한 또는 개봉 후 사용기간
⑤ 제조번호

057

맞춤형화장품을 혼합·소분할 때 지켜야 하는 안전관리기준에 해당하지 않는 것은?

① 맞춤형화장품조제관리사의 관리 하에 직원들이 맞춤형화장품에 대한 상담 및 혼합·소분할 것.
② 혼합·소분 전에는 손을 소독할 것.
③ 혼합·소분에 사용되는 장비 또는 기구는 사용 후에 세척할 것.
④ 혼합·소분에 사용되는 내용물 또는 원료에 대한 품질성적서를 확인할 것.
⑤ 혼합·소분 전 일회용 장갑 착용 시 손소독은 생략할 수 있다.

058

다음 〈보기〉는 맞춤형화장품에 대한 법을 위반한 경우이다. 2차 위반한 경우의 행정처분을 각각 순서대로 나열하시오.

〈보기〉

ㄱ. 맞춤형화장품의 안전관리기준을 미준수한 경우
ㄴ. 판매내역서 작성 보관을 하지 않은 경우
ㄷ. 혼합·소분에 사용된 내용물·원료의 내용 및 특성 및 맞춤형화장품 사용할 때의 주의사항을 소비자에게 설명하지 않은 경우
ㄹ. 맞춤형화장품 사용과 관련된 부작용 발생사례에 대해서 지체 없이 식품의약품안전처장에게 보고하지 않은 경우

① 15일 - 1개월 - 7일 - 1개월
② 1개월 - 1개월 - 7일 - 1개월
③ 15일 - 1개월 - 1개월 - 1개월
④ 1개월 - 1개월 - 1개월 - 7일
⑤ 1개월 - 7일 - 1개월 - 1개월

059

다음 중 「화장품법 시행규칙」제18조에 따라 안전용기·포장을 사용하여야 하는 품목에 해당되는 것을 모두 고르시오.

〈보기〉

ㄱ. 아세톤을 함유하는 네일 에나멜 리무버
ㄴ. 개별 포장당 미네랄오일을 35000ppm 함유하는 바디오일
ㄷ. 개별포장당 메틸 살리실레이트를 6퍼센트 함유하는 크림
ㄹ. 에어로졸 용기에 충전된 제모제

① ㄱ
② ㄱ, ㄴ
③ ㄱ, ㄴ, ㄹ
④ ㄱ, ㄷ
⑤ ㄱ, ㄹ

060

〈품질성적서〉는 맞춤형화장품조제관리사가 화장품책임판매업자로 부터 받은 것으로서 화장품 내용물의 시험 결과를 나타낸 것으로 〈보기〉는 화장품 내용물의 전성분을 표시한 것이다. 다음 〈대화〉 중 맞춤형조제관리사 A가 손님 B에게 옳게 설명한 것을 고르시오.?

〈품질성적서〉

시험 항목	시험 결과
알파-비사보롤	0.5%
납	12.6ppm
카드뮴	2.8ppm
디옥산	19.5ppm
포름알데하이드	232.1ppm

〈보기〉

전성분:글리세린, 카프릴릭/카프릭트라이글리세라이드, 캐모마일꽃추출물, 알파-비사보롤, 에틸헥실스테아레이트, 소듐하이알루로네이트, 정제수, 소듐스테아로일글루타메이트, 식물성스쿠알란, 벤제토늄클로라이드, 알란토인, 코치닐추출물, 하이드롤라이즈드소듐하이알루로네이트

〈대화〉

A:요즘 피부상태는 어떠신가요?
B:요즘 들어 기미가 생기고 있어요. 또한 각질 때문에 얼굴이 거칠어졌어요.
A:네. 그렇다면 미백 기능성 화장품을 사용하셔야 되겠군요. ① 수용성 미백 기능성 성분을 포함한 내용물에 시트릭애씨드 성분을 추가·혼합하겠습니다.
B:잠시만요. 내용물의 전성분과 품질성적서를 확인하고 싶습니다. 전성분을 보니 보존제 성분이 없네요?
A: ② 네, 저희는 보존제 무첨가 화장품 내용물을 사용하므로 안심하고 사용하셔도 됩니다.
B:화장품 내용물에 알레르기 유발성분이 있나요?

A: ③ 네 알레르기 유발 가능성이 있는 성분이 있습니다. 이 ○○○성분에 과민하거나 알레르기가 있으시다면 신중히 사용하셔야 합니다.
B:품질성적서를 보니 알파-비사보롤이 0.5%를 함유하고 있네요. 더 좋은 건가요?
A: ④ 네, 알파-비사보롤을 0.5% 를 함유하고 있으므로 미백에 큰 효과를 줍니다.
B:이 제품에 비의도적 유래물질들이 있군요. 검출허용한도를 넘은 성분이 있습니까?
A: ⑤ 품질성적서를 다시 확인해보니 검출허용한도를 넘은 성분이 있군요. 죄송합니다, 판매하지 못하겠네요. 책임판매자를 통하여 회수 조치하도록 하겠습니다.

061

맞춤형화장품에 대한 설명으로 옳지 않은 것은?

① 제조 또는 수입된 화장품의 벌크에 다른 화장품의 벌크를 혼합한 화장품
② 개인의 피부타입, 선호도 등이 반영된 화장품
③ 기능성화장품으로 심사 또는 보고가 완료된 벌크를 소분한 화장품
④ 고형 화장비누를 소분한 화장품
⑤ 개인의 피부 특성 및 취향에 따라 맞춤형화장품 조제관리사가 혼합·소분한 화장품

062

화장품법 시행규칙 [별표 2]에 따른 책임판매 후 안전관리기준으로 옳지 않은 것을 고르시오.

① "안전관리 정보"란 화장품의 품질, 안전성·유효성, 그 밖에 적정 사용을 위한 정보를 말한다.
② "안전확보 업무"란 화장품책임판매 후 안전관리 업무 중 정보 수집, 검토 및 그 결과에 따른 필요한 조치에 관한 업무를 말한다.
③ 책임판매관리자는 수집한 안전관리 정보의 검토 결과 조치가 필요하다고 판단될 경우 회수, 폐기, 판매정지 또는 첨부문서의 개정, 화장품책임판매업자에게 보고 등 안전확보 조치를 해야 한다.
④ 책임판매관리자는 안전확보 조치계획을 화장품책임판매업자에게 문서로 보고한 후 그 사본을 보관해야 한다.
⑤ 책임판매관리자는 학회, 문헌, 그 밖의 연구보고 등에서 안전관리 정보를 수집·기록해야 한다.

063

다음 화장품유형 중 기초화장용 제품류가 아닌 것은?

① 팩, 마스크
② 핸드크림
③ 메이크업리무버
④ 바디크림
⑤ 애프터셰이브로션

064

맞춤형화장품조제관리사인 수연씨는 고객과 다음과 같은 대화를 나눈 후 이를 참고하여 맞춤형화장품을 〈보기〉와 같이 처방하였다. 수연씨가 고객에게 설명할 내용으로 옳지 않은 것은?

〈대화〉

수연:어서오세요. 손님, 어떤 화장품을 원하십니까?

고객:요즘 햇빛이 강해서 선크림 제품을 구입하고 싶습니다.

수연:혹시 다른 기능성 성분이 포함된 제품을 원하십니까?

고객:네, 요즘 눈가에 주름이 많아진 것 같아서 주름 기능성 성분이 들어있으면 좋겠어요.

수연:고민이 많으시겠어요. 우선 피부측정부터 해보겠습니다.

측정 결과

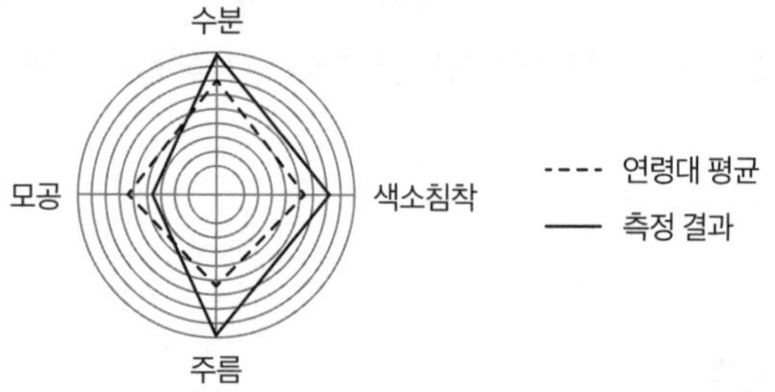

수연:측정결과를 보니 주름이 연령대 평균보다 많으시네요. 색소침착도도 조금 높은 편이십니다. 주름 기능성 성분과 미백기능성 성분을 포함한 선크림을 조제해드리겠습니다.

고객:음, 저는 주름 기능성 성분만 포함된 제품을 원합니다. 그리고 무기성분의 자외선차단제성분이 포함된 선크림으로 조제해주세요.

수연:네, 알겠습니다. 그렇게 조제해드리겠습니다.

〈보기〉

전성분:정제수, 징크옥사이드, C12-15알킬벤조에이트, 카프릴릴메티콘, 티타늄디옥사이드, 트라이실록세인, 부틸옥틸살리실레이트, 메틸트라이메티콘, 코코-카프릴레이트/카프레이트, 다이카프릴릴카보네이트, 프로판다이올, 카프릴릭/카프릭트라이글리세라이드, 리모넨, 디에칠헥실부타미도트리아존, 글리세린, 메틸메타크릴레이트크로스폴리머

① 이 제품에는 알레르기 유발성분이 있으므로 테스트 후 사용하세요.

② 이 제품에는 유기성분의 자외선차단제 성분이 포함되어 있습니다.

③ 이 제품에는 자외선을 물리적으로 차단시키는 성분이 포함되어 있습니다.

④ 화장품 사용 시 또는 사용 후 직사광선에 의하여 사용 부위가 붉은 반점, 부어오름 또는 가려움증 등의 이상 증상이나 부작용이 있는 경우 전문의 등과 상담하세요.

⑤ 상처가 있는 부위 등에는 사용을 금지합니다.

065

다음 중 옳지 않은 설명을 고르시오.

〈보기〉

(가) 소비자에게 판매 시 가격을 표시하지 않은 화장품

(나) 메텐아민을 0.2% 사용한 화장품

(다) 나이아신아마이드를 2% 함유한 액제 100g로 보고한 기능성화장품을 제조할 시 나이아신아마이드를 1.85g 함유한 화장품

(라) 비누화과정이 완료된 후 남아있는 유리알칼리 성분을 1% 함유한 화장 비누

(마) 안전용기·포장을 하지 않은 페트롤라툼을 150000ppm 함유하고 운동점도가 21센티스톡스(섭씨 40도 기준) 이하인 바디오일 제품

① (나)는 위해성등급이 가등급인 화장품이다.
② (라)는 위해성등급이 나등급인 화장품이다.
③ (마)는 위해성등급이 나등급인 화장품이다.
④ (가)는 위해성등급이 다등급인 화장품이다.
⑤ (다)는 위해성등급이 다등급인 화장품이다.

066

화장품 포장에 전성분 표시방법으로 옳지 않은 것은?

① 용량이 11mL인 화장품의 전성분표시에 클로로펜의 기재·표시를 생략하면 안 된다.
② 글자의 크기는 5포인트 이상으로 한다.
③ 혼합원료의 개별 성분은 기재하지 않아도 된다.
④ 화장품 제조에 사용된 함량이 많은 것부터 기재하며 1% 이하의 경우 함량과 상관없이 기재한다.
⑤ 산성도 조절을 목적으로 사용되는 성분 또는 비누화반응을 거치는 성분은 그 성분을 표시하는 대신 중화반응 또는 비누화반응에 따른 생성물로 기재·표시할 수 있다.

067

다음 중 맞춤형 화장품의 규정으로 옳지 않은 것을 고르시오.

① 맞춤형화장품판매업자는 책임판매업자와 계약하고, 맞춤형화장품 혼합 및 소분 시 책임판매업자와 계약 사항을 준수해야 한다.
② 맞춤형화장품 판매 시 해당 맞춤형화장품의 혼합 또는 소분에 사용되는 내용물 및 원료 사용할 때의 주의사항을 소비자에게 설명할 것이다.
③ 소재지 변경의 경우 30일 이내에 맞춤형화장품 판매업 변경신고를 관할지역 지방식품의약품안전청장에게 제출해야 한다.
④맞춤형화장품판매업자는 화장품책임판매업자가 화장품에 부여한 제조번호를 사용해야 한다.
⑤ 맞춤형화장품의 내용물 및 원료 입고 시 품질관리 여부를 확인하고 품질성적서를 구비한다.

068

식품의약품안전처고시 「화장품 안전기준 등에 관한 규정」에 따른 사용상의 제한이 필요한 원료와 그 사용한도가 옳지 않은 것을 고르시오.

① 땅콩오일, 추출물 및 유도체 - 0.5PPM 초과하지 않아야 한다.
② 만수국꽃 추출물 및 오일 - 씻어내지 않는 제품에 0.01% 초과하지 않아야 한다.
③ 토코페롤 - 20% 초과하지 않아야 한다.
④ 과탄산나트륨-12%를 초과하지 않아야 한다.
⑤ 엠디엠하이단토인 - 0.2%를 초과하지 않아야 한다.

069

다음 〈보기〉는 주름개선 기능성화장품의 전성분 표시이다. 기능성화장품 주름개선 고시 성분을 자료 제출이 생략되는 범위 내에서 최대함량으로 사용하고, 사용상의 제한이 필요한 원료를 최대 사용한도로 사용하여 제조하였다. 이를 통해 추측할 수 있는 캐모마일꽃추출물의 함량의 범위는 얼마인가?(단 0.1% 이하의 함량도 원료함량 순서대로 나열됨)

〈보기〉
정제수, 디프로필렌글라이콜, 부틸렌글라이콜, 글리세린, 하이드로제네이티드폴리데센, 이소프로필팔미테이트, 페트롤라툼, 카프릴릭/카프릭트리글리세라이드, 글리세릴스테아레이트, 폴리에톡실레이티드레틴아마이드, 폴리소르베이트60, 캐모마일꽃추출물, 소르비탄세스퀴올리에이트, 소르빅애씨드, 쉐어버터, 옥틸도데실미리스테이트

① 1 ~ 2%
② 0.2% ~ 0.5%
③ 0.2 ~ 0.6%
④ 0.5 ~ 1%
⑤ 0.5 ~ 2%

070

다음은 식품의약품안전처고시「화장품 안전기준 등에 관한 규정」의 유통화장품 안전관리 시험방법에 의거한 치오글라이콜릭애씨드 또는 그 염류를 주성분으로 하는 가온2욕식 헤어퍼머넌트웨이브용 제품에 대한 기준이다. 다음 중 틀린 것을 고르시오.

① pH : 4.5 ~ 9.6
② 알칼리 : 0.1N염산의 소비량은 검체 1mL에 대하여 5mL 이하
③ 산성에서 끓인 후의 환원성 물질(치오글라이콜릭애씨드) : 1.0 ~ 5.0%
④ 산성에서 끓인 후의 환원성 물질이외의 환원성 물질(아황산염, 황화물 등) : 검체 1mL 중의 산성에서 끓인 후의 환원성 물질이외의 환원성 물질에 대한 0.1N 요오드액의 소비량이 0.6mL 이하
⑤ 중금속 20㎍/g 이하

071

다음 중 피부장벽에 대한 설명으로 옳지 않은 것을 고르시오.

① 각질층은 외부물질의 침입을 막는 피부장벽의 역할을 한다.
② 각질층은 외부로부터 방어 및 피부의 보습유지 역할을 한다.
③ 각질층의 pH는 약 4.5 ~ 5.5이다.
④ 표피의 층구조는 유극층에서 유래한 각질형성세포가 유극층, 과립층, 기저층으로 분화하면서 죽은각질세포로 분화하여 최종적으로 피부장벽을 형성한다.
⑤ 각질층 구조의 이상은 피부장벽기능의 약화를 초래하여 다양한 피부 질환 및 피부 노화를 유발할 수 있다.

072

다음 설명 중 옳지 않은 것을 고르시오.

① 세포간지질의 주성분은 세라마이드, 포화지방산, 콜레스테롤의 혼합으로 이루어졌다.
② 피부장벽이 파괴되면, 초기에 표피 상층 세포의 층판과립이 즉각 방출되고, 이어서 콜레스테롤과 지방산의 합성이 촉진된다.
③ 정상적인 지질층의 구성은 각질세포의 정상적인 분열, 분화와 밀접한 관계가 있다.
④ 과립층에 존재하는 지질 과립인 층판소체는 각질층으로 이동하여 세라마이드, 콜레스테롤, 자유지방산 등으로 이루어진 세포간지질이 된다.
⑤ 필라그린은 각질층 상층에 이르는 과정에서 엘라스타아제 등의 활동에 의해서 최종적으로 아미노산으로 분해된다.

073

다음 중 각질층에 대한 설명으로 틀린 것은?

① 각질층은 20~25개의 층의 죽은 세포로 구성되어있다.
② 케라틴(50%), 지질, 천연보습인자를 함유하고 있다.
③ 각질층의 모양은 피부 표면에 가까울수록 길고 얇은 모양이다.
④ 각질층의 수분함유 상태에 따라 각질층의 두께가 다르다.
⑤ 각질층의 수분량은 나이가 젊은 사람인 경우 함량이 낮고 나이가 들수록 각질층의 수분함량은 증가한다.

074

피부 표피의 구조에 대한 설명으로 옳지 않은 것은?

① 기저층에는 촉각 상피세포인 머켈세포가 존재한다.
② 기저층의 세포에는 핵이 있어 세포분열을 통해 표피세포를 생성한다.
③ 유극층의 랑게르한스는 세포는 외부에서 들어온 이물질인 항원을 면역 담당 세포인 림프구로 전달해주는 역할을 한다.
④ 과립층은 이물질이나 물의 침투에 대한 방어막 역할과 피부 내부로부터의 수분이 증발되는 것을 막아 준다.
⑤ 각질형성세포와 멜라닌형성세포는 1:4~1:10의 비율로 존재한다.

075

다음 중 피부색을 결정하는 색소에 대한 설명으로 틀린 것을 고르시오.

① 피부 색소에는 멜라닌, 헤모글로빈, 카로틴이 있다.
② 멜라닌은 티로신(tyrosine)이라는 아미노산에서 시작하여 티로시나아제(tyrosinase)의 효소 작용에 의해 변화하면서 유멜라닌과 페오멜라닌이 생성된다.
③ 흑갈색을 띠는 페오멜라닌과 붉은색이나 황색을 내는 유멜라닌은 신체 피부색을 결정하는 가장 큰 인자에 해당된다.
④ 멜라닌색소는 기저층에서 멜라닌형성세포에 의해 합성·생성되며 피부, 모발, 눈 등에 분포하며 갈색 또는 흑색을 띄는 색소이다.
⑤ 인종에 따라 멜라닌형성세포의 양적인 차이는 없으나 멜라닌 생성 양의 차이와 합성된 멜라닌 색소의 종류에 따라 차이가 난다.

076

다음 중 두피에 대한 설명으로 틀린 것을 고르시오.

① 두피는 피부의 일부분으로 피부와 비슷한 구조를 가지고 있다.

② 두피는 다른 부분의 모낭보다 단순하고 피지선이 많다.

③ 두피에는 신체를 감싸는 다른 외피보다 모낭이 많이 분포되어 있다.

④ 진피층에는 모세혈관이 분포되어 있어 두부의 외상에 의해 출혈이 발생하며, 조밀한 신경분포를 통해 머리카락을 통한 감각을 느낄 수 있게 한다.

⑤ 두피는 세 개의 층으로 구성되어 있으며, 동맥, 정맥, 신경들이 분포한 외피와 두개골을 둘러싼 근육과 연결된 신경조직인 두개피, 얇고 지방층이 없고 이완된 두개 피하조직으로 이루어졌다.

077

다음 중 비듬에 대한 설명으로 옳지 않은 것을 고르시오.

① 비듬은 두피에서 탈락된 세포가 벗겨져 나온 쌀겨 모양의 표피 탈락물이다.

② 두피에 국한된 대표적인 동반 증상은 가려움증이다. 증상이 심해지면 뺨, 코, 이마에 각질을 동반한 구진성 발진이 나타나거나, 바깥귀길의 심한 가려움증을 동반한 비늘이 발생하는 등 지루성 피부염의 증상이 발생한다.

③ 비듬이 생기는 원인은 여러 가지이며, 일반적인 원인에는 두피 피지선의 과다 분비, 호르몬의 불균형, 두피 세포의 과다 증식 등이 있다.

④ 말라쎄지아라는 진균류가 방출하는 분비물이 표피층을 자극하여 비듬이 발생하기도 한다.

⑤ 클림바졸은 비듬방지용 샴푸에 사용되며 사용한도는 1%이다.

078

〈그림〉은 모발의 구조를 나타낸 것이다. 모간부의 구조에 대한 설명으로 옳은 것을 〈보기〉에서 모두 고르시오.

〈보기〉

ㄱ. 모피질은 피질세포(케라틴)와 세포 간충질로 구성되어 있으며 모발의 85%~90% 차지한다. 친유성의 성격이 강하며 퍼머와 염색제가 작용하는 부분이며 모발의 색상을 결정하는 멜라닌 색소를 함유하고 있다.

ㄴ. 모소피는 모발의 가장 바깥쪽 부분에 위치한 핵이 없는 편평세포로 모발 전체의 10~15%를 차지한다.

ㄷ. 모소피의 에피큐티클은 연한 케라틴 층으로 시스틴이 많이 포함되어 있고, 퍼머넌트 웨이브와 같이 시스틴 결합을 절단하는 약품의 작용을 받기 쉬운 층이다.

ㄹ. 엔도큐티클은 가장 안쪽에 있는 층으로 시스틴 함유량이 적으며, 친수성이며 알칼리에 약하다.

ㅁ. 모수질이 많은 모발은 웨이브 펌이 잘된다.

① ㄱ, ㄴ, ㅁ

② ㄱ, ㄴ, ㄹ

③ ㄱ, ㄷ, ㄹ

④ ㄴ, ㄷ, ㅁ

⑤ ㄴ, ㄹ, ㅁ

079

다음 중 관능용어와 물리화학적 평가법이 올바르게 연결된 것을 고르시오.

① 보들보들함 - 유연성 측정
② 빠르게 스며듦 - 핸디압축 시험법
③ 피부가 탄력이 있음 - 변색분광측정계
④ 화장 지속력이 좋음 - 확대비디오관찰
⑤ 번들거림 - 분광측색계를 통한 명도측정

080

다음 중 피부측정 항목과 피부측정방법이 틀리게 연결된 것은?

① 피부유분 - 현미경과 비젼프로그램을 이용하여 측정
② 피부수분 - 전기전도도기
③ 홍반 - 헤모글로빈 측정
④ 피부건조 - 경피수분손실량(TEWA) 측정
⑤ 두피상태 - 현미경을 통해 확인

V. 주관식

081

다음은 「화장품법 시행규칙」 제10조의5 본문이다. 빈칸에 들어갈 정확한 용어를 쓰시오.

〈보기〉

법 제4조의2제2항(영유아 또는 어린이가 사용할 수 있는 화장품임을 표시·광고하려는 경우에는 제품별로 안전과 품질을 입증할 수 있는 자료)에 따른 (㉠)계획에는 다음 각 호의 사항이 포함되어야 한다.

ⓐ (㉠)을/를 위한 기본 방향과 목표
ⓑ (㉠)을/를 위한 단기별 및 중장기별 추진 정책
ⓒ (㉠) 추진을 위한 환경 여건 및 관련 정책의 평가
ⓓ (㉠) 추진을 위한 조직 및 재원 등에 관한 사항
ⓔ 그 밖에 제1호부터 제4호까지의 사항과 유사한 것으로서 (㉠)을/를 위해 식품의약품안전처장이 필요하다고 인정하는 사항

✍

082

다음 〈보기〉는 제조업자 A와 화장품책임판매업자 B의 대화 내용이다. A와 B가 받게 될 과태료를 순서대로 쓰시오.

〈보기〉

A : 저번에 알부틴을 2% 함유한 기능성화장품의 안전성 및 유효성에 관해서 식약처에 보고서를 제출했었거든? 그런데 이번에 알부틴을 3% 첨가해서 제조 및 판매를 했어. 요즘 업무가 너무 바빠서 변경심사를 안 받고 있는데 언젠가는 해야지.

B : 나도 연초에 너무 바빠서 2월말까지 생산실적 보고를 못했어. 나는 과태료 내게 생겼어. 나처럼 과태료 물지 말고, 적발되기 전에 빨리 변경심사 신청해.

A : 과태료 (㉠)만원
B : 과태료 (㉡)만원

083

〈보기〉의 각각 경우에 내려질 행정처분은 무엇인가? 빈칸에 들어갈 숫자를 순서대로 쓰시오(1차 위반 시).

〈보기〉

(가) 법 제5조의2제1항(안전용기포장, 영업의금지, 판매등의 금지)을 위반하여 회수 대상 화장품을 회수하지 않거나 회수하는 데에 필요한 조치를 하지 않은 경우

(나) 법 제8조제1항에 따라 식품의약품안전처장이 고시한 화장품의 제조 등에 사용할 수 없는 원료를 사용한 화장품을 판매하거나 판매의 목적으로 제조·수입·보관 또는 진열한 경우

(가) : 판매 또는 제조업무정지 (㉠)개월
(나) : 제조 또는 판매업무 정지 (㉡)개월

084

〈보기〉는 식품의약품안전처고시「기능성화장품 심사에 관한 규정」제6조(제출자료의 면제 등)의 본문 중 일부이다. 빈칸에 들어갈 알맞은 말을 차례대로 쓰시오.

〈보기〉

⑤ 자외선차단지수(SPF) (㉠) 이하 제품의 경우에는 제4조제1호라목의 자료 제출을 면제한다.

⑥ 자외선을 차단 또는 산란시켜 자외선으로부터 피부를 보호하는 기능을 가진 제품의 경우 이미 심사를 받은 기능성화장품[제조판매업자가 같거나 제조업자(제조업자가 제품을 설계·개발·생산하는 방식으로 제조한 경우만 해당한다)가 같은 기능성화장품만 해당한다]과 그 효능·효과를 나타내게 하는 원료의 종류, 규격 및 분량(액상의 경우 농도), 용법·용량 및 제형이 동일한 경우에는 제4조제1호의 자료 제출을 면제한다. 다만, 내수성 제품은 이미 심사를 받은 기능성화장품[제조판매업자가 같거나 제조업자(제조업자가 제품을 설계·개발·생산하는 방식으로 제조한 경우만 해당한다)가 같은 기능성화장품만 해당한다]과 (㉡), (㉢)를 제외한 모든 원료의 종류, 규격 및 분량, 용법·용량 및 제형이 동일한 경우에 제4조제1호의 자료 제출을 면제한다.

✍

085

〈보기〉는 식품의약품안전처고시「기능성화장품 심사에 관한 규정」[별표 2]의 내용 중 일부이다. 빈칸에 들어갈 알맞은 단어를 쓰시오.

〈보기〉

나. 기타시험기준

품질관리에 필요한 기준은 다음과 같다. 다만, 근거가 있는 경우에는 따로 설정할 수 있다.

근거자료가 없어 자가시험성적으로 기준을 설정할 경우 3롯트 당 3회 이상 시험한 시험성적의 평균값(이하 "( )"라 한다.)에 대하여 기준을 정할 수 있다.

(1) pH

원칙적으로 실측치에 대하여 ±1.0으로 한다.

(2) 〈삭 제〉

(3) 〈삭 제〉

(4) 염모력시험

효능·효과에 기재된 색상으로 한다.

✍

086

〈보기〉의 빈칸에 들어갈 알맞은 말을 쓰시오.

〈보기〉

(　　)는 피부표피의 세포지질 구성 성분중 가장 많이 함유된 성분으로 피부에서 손실되는 수분을 차단하고 외부의 유해물질로부터 방어하는 역할을 한다. 본래는 보습제가 아니지만 이러한 성질로 인해 아토피와 같은 건조로 인한 피부질환의 경우 세라마이드 성분을 보습제로 추천하는 경우가 많아지고 있다.

✍

087

체모를 제거하는 기능을 가진 제품의 성분 및 함량이 고시된 치오글리콜산의 경우 기준및 시험방법이 고시된 제형은 (㉠)이며 고시된 함량은 치오글리콜산 80% 액제의 치오글리콜산으로서 함량은 (㉡)이다.

✍

088

〈보기〉의 빈칸에 공통으로 들어갈 말을 쓰시오.

〈보기〉

- 천연화장품 또는 유기농화장품을 제조하는 작업장 및 제조설비는 (㉠)이 발생하지 않도록 충분히 청소 및 세척되어야 한다.
- 제조하는 화장품의 종류·제형에 따라 적절히 구획·구분되어 있어 (㉠) 우려가 없을 것

✍

089

위해화장품의 회수종료는 가등급의 위해성은 회수를 시작한 날로부터 (㉠)일 이내, 나등급, 다등급의 경우에는 (㉡)일 이내에 회수를 종료해야 한다.

✍

090

위해화장품의 위해 등급이 (㉠)인 경우에는 1개 이상의 전국일간신문 및 영업자의 인터넷 홈페이지에 게재하고 식약처 홈페이지 게재를 요청하여야 한다. 다만 (㉡)의 경우에는 전국일간신문의 게재는 생략할 수 있다.

091

영업자가 동물실험을 실시한 화장품을 유통·판매한 경우 화장품을 회수하지 않거나 회수하는데 필요한 조치를 취하지 않는 경우 처해지는 행정처분 중 과태료는 (㉠), 1차 위반 시 판매 또는 제조업무정지 1개월, 4차 이상 위반 시 (㉡) 처분을 받는다.

092

맞춤형화장품판매업자는 맞춤형화장품 판매 시 (㉠)을/를 작성하여 보관하여야 하며, 제조번호, 판매일자, (㉡), 사용기한 또는 개봉 후 사용기한을 기재해야 한다.

093

개인정보 처리에 관한 업무를 총괄해서 책임지거나 업무처리를 최종적으로 결정하는 자로 개인정보의 처리에 관한 업무를 총괄하는 책임자를 무엇이라 하는가?

094

유기농화장품은 천연 및 천연유래, 유기농, 유기농 유래원료의 함량이 전체함량 중 95% 이상이고 유기농 및 유기농유래원료는 전체함량에서 (㉠) 이상, 허용합성원료는 전체함량에서 (㉡) 이내, 석유화학부분은 (㉢)를 초과하면 안 된다.

✍

095

맞춤형화장품조제관리사, 화장품책임판매관리자는 매년 (㉠)회 화장품의 안전성확보 및 (㉡)에 관한 교육을 받아야 한다.

✍

096

다음은 식품의약품안전처고시 「화장품 안전기준 등에 관한 규정」에 따른 트리클로산의 사용한도를 나타낸 것이다. 빈칸에 들어갈 알맞은 말을 순서대로 적으시오.

〈보기〉

- 사용한도 : 사용 후 씻어내는 (㉠), 데오도런트(스프레이 제품 제외), 페이스파우더, 피부결점을 감추기 위해 국소적으로 사용하는 파운데이션(예 : 블레미쉬 컨실러)에 (㉡)%
- 비고 : 기타 제품에는 사용금지

✍

097

진피의 (㉠)에는 (㉡)에서 생성된 콜라겐, 엘라스틴이 그물모양으로 결합되어있어서 탄력적인 성질을 가지고 있다. 괄호 안에 들어갈 각각의 알맞은 용어를 차례대로 쓰시오.

✍

098

투명층은 빛을 차단하는 작고 투명한 세포로 구성되어 있다. 주로 손바닥, 발바닥의 두꺼운 각질층 바로 밑에 존재하며, 2~3층의 편평한 세포로 되어 있다. 투명층에는 (　　)이라는 반유동성 물질이 함유되어 있어 투명하게 보이며 피부가 윤기 있게 해준다.

099

<보기>의 빈칸에 들어갈 알맞은 단어를 쓰시오.

> **<보기>**
>
> (㉠)에는 모낭과 모유두가 완전히 분리되고 모낭도 더욱더 위축되어 모근은 위쪽으로 더 밀려 올라가 모발이 빠지게 된다. (㉠)의 기간은 약 2~3개월이며, 이 기간 동안 모유두는 쉬게 된다. 이 (㉠)에 해당하는 모발의 수는 전체 모발의 약 10%에 해당되며 (㉠)에 들어선 후 약 3~4개월은 두피에 머무르다가 차츰 자연스럽게 빠지게 된다. (㉠) 상태의 모발이 약 20% 이상이 되어 탈모되는 수가 많아질 때는 그 원인을 파악해서 더 이상 탈모가 진행되지 않도록 두피 및 모발관리를 해야 한다.

100

자연보습인자(NMF)를 구성하는 수용성의 아미노산은 (　　)이 각질층세포의 하층으로부터 표층으로 이동함에 따라서 각질층 내의 단백분해효소에 의해 분해된 것이다.

MEMO

맞춤형화장품조제관리사

PART 01

화장품법의 이해
정답 및 해설

화장품법의 이해

001

답 ④

해 화장품법 시행령은 대통령령, 시행규칙은 총리령, 세부규정은 식품의약품안전처가 제 정 고시하는 법령체계를 갖추고 있다.

ㄱ. 화장품법에 따른 영업의 세부 종류와 그 범위는 대통령령으로 정한다.

ㄷ. 화장품제조업을 등록하려는 자는 총리령으로 정하는 시설기준을 갖추어야 한다.

ㅁ. 맞춤형화장품판매업을 하려는 자는 총리령으로 정하는 바에 따라 식품의약품안전처장에게 신고하여야 한다.

002

답 ④

해 화장품이란 피부, 모발의 건강을 유지 또는 증진하기 위한 것이며 의약품에 해당하는 물품은 제외한다. 화장품법은 국민보건향상과 화장품 산업의 발전에 기여함을 목적으로 한다.

003

답 ⑤

해 유기농화장품이란 유기농 원료, 동식물 및 그 유래 원료 등을 함유한 화장품으로서 식품의약품안전처장이 정하는 기준에 맞는 화장품을 말한다. 유기농화장품은 중량 기준으로 유기농 함량이 전체 제품에서 10% 이상이어야 하며, 유기농 함량을 포함한 천연 함량이 전체 제품에서 95% 이상으로 구성되어야 한다.

004

답 ④

해 소비자용 화장품은 혼합, 소분이 불가능하다.

005

답 ②

해 멜라닌 색소를 없애주는 제품은 의약외품 또는 의약품에 해당하며 일시적인 모발 색상을 변화하는 제품과 물리적 왁싱제품, 모발을 굵어보이게 하는 제품은 기능성화장품에 속하지 않는다.

006

답 ③

해 ① 안전용기·포장은 5세 미만의 어린이가 개봉하기 어렵게 설계·고안되어야 한다.

② 사용기한은 화장품이 제조된 날부터 적절한 보관상태에서 제품이 고유의 특성을 간직한 채 소비자가 안정적으로 사용할 수 있는 최소한의 기한을 말한다.

④ 라디오·텔레비전·신문·잡지 등에 화장품에 대한 정보를 나타내거나 알리는 행위는 광고이다.

⑤ 화장품 제조업이란 화장품의 전부 또는 일부를 제조(2차 포장 또는 표시만의 공정은 제외)하는 영업을 말한다.

007

답 ④

해 "화장품제조업"이란 화장품의 전부 또는 일부를 제조(2차 포장 또는 표시만의 공정은 제외)하는 영업을 말한다. 화장품의 2차 포장은 화장품제조시설이 아니어도 가능하다.

TIP 화장품 충전은 1차 포장에 해당한다.

영업의 종류	영업의 세부 종류와 범위 (시행령 제2조)
화장품 제조업	가. 화장품을 직접 제조하는 영업 나. 화장품 제조를 위탁받아 제조하는 영업 다. 화장품의 포장(1차 포장만 해당)을 하는 영업

008

답 ③

해 화장품 제조업은 가) 화장품을 직접 제조하는 영업 나) 화장품 제조를 위탁받아 제조하는 영업 다) 화장품의 포장(1차 포장만 해당)을 하는 영업으로 나뉜다.

009

답 ㄴ, ㄹ

해 ㄴ. 맞춤형화장품 혼합은 맞춤형화장품조제관리사가 직접해야 한다.

ㄹ. 고형비누를 단순 소분한 것은 맞춤형화장품에서 제외된다.

010

답 ②

011

답 ④

해 ④ 전문대학에서 화장품 관련 분야를 전공 후 화장품 제조 또는 품질관리업무에 1년 이상 종사한 자

012

답 ㄱ, ㄴ, ㄷ, ㄹ

해 ㄱ. 영유아용 제품류에는 샴푸, 린스, 로션, 크림, 오일, 인체세정용, 목욕용 제품이 있다.

ㄴ. 폼클렌저, 바디클렌저는 인체 세정용 제품류에 속한다. 버블배스, 목욕용 소금류는 목욕용 제품류에 속한다.

ㄷ. 마스카라는 눈화장용 제품류이다.

ㄹ. 헤어틴트, 헤어컬러스프레이, 염모제 등은 두발 염색용 제품류에 속한다.

013

답 ㉠ 3, ㉡ 오일, ㉢ 목욕용

014

답 ㉠ 소금류, ㉡ 버블배스

015

답 ㉠ 인체세정, ㉡ 바디클렌저, ㉢ 화장비누

016

답 ㉠ 바디페인팅, ㉡ 페이스페인팅, ㉢ 분장

017

답 ㉠ 헤어 컬러스프레이

018

답 ㉠ 애프터셰이브 로션

019

답 ㉠ 화장비누, ㉡ 흑채, ㉢ 제모왁스

020

답 샴푸, 린스, 버블배스, 클렌징워터

해 샴푸, 린스 - 두발용제품, 버블배스 - 목욕용제품, 클렌징워터 - 기초화장용제품

021

답 아이 메이크업 리무버, 폼 클렌저

해 아이메이크업 리무버 - 눈화장용 제품류, 폼클렌저 - 인체세정용 제품류

022

답 ㉠ 두발용 제품류, ㉡ 체모제거용 제품류, ㉢ 기초화장용 제품류

023

답 디퓨져, 룸스프레이

024

답 1) X, 2) X, 3) ○, 4) ○, 5) X, 6) ○, 7) X, 8) X, 9) X, 10) ○, 11) X, 12) X, 13) X

해 1) 어린이용 제품류가 아닌 영유아용 제품류이다(어린이용 제품류는 존재하지 않음).
2) 바디 클렌저는 인체 세정용 제품류에 속한다.
5) 아이섀도는 눈 화장용 제품류에 속한다.
7) 입술화장용 제품류는 존재하지 않는다.
8) 바디페인팅, 페이스페인팅, 분장용 제품은 색조 화장용 제품류에 속한다.
9) 샴푸와 린스는 두발용 제품류에 속한다.
11) 메이크업 리무버는 기초화장용 제품류에 속한다.
12) 액취방지제는 의약외품이다.
13) 제모왁스는 물리적으로 체모를 제거하는 제품이므로 기능성 화장품이 아니다.

025

답 ④

해 ㄱ. 화장품영업은 화장품제조업, 화장품책임판매업, 맞춤형화장품판매업이 있으며 맞춤형화장품판매업은 신고허가제로 신고필증이다.
ㄴ. 화장품제조업은 2차 포장 또는 표시만의 공정은 제외한다.
ㄹ. 화장품제조업자는 원자재의 입고부터 출고에 이르기까지 필요한 시험과 검사를 진행하며 품질기준에 따른 화장품책임판매업자의 지도 및 감독에 따라야 한다.

026

답 ㄷ, ㅁ

해 ㄷ. 품질관리에 관한 기록 및 화장품제조업자의 관리에 관한 기록을 작성하고 이를 해당 제품의 제조일(수입의 경우 수입일을 말한다.)부터 3년간 보관한다.
ㅁ. 품질관련 모든 문서와 절차를 검토, 승인하고 품질검사가 규정대로 진행되는지 확인하는 것은 품질보증책임자의 의무사항이다.

027

답 화장품책임판매업자

해 화장품책임판매업을 신고할 때에는 품질관리기준서, 책임판매 후 안전관리기준서를 재정하여 반드시 제출하여 승인받도록 되어있다.

028

답 ③

해 원료 및 자재 입고에 따른 시험검사는 제조업자 또는 품질관리부서의 직무에 해당된다.

029

답 안정성

해 화장품 내용물에 유화제 및 점증제 등이 부족한 경우 물질이 분리되면 미생물의 번식이 쉬워지는 환경이 되어 쉽게 변질된다. 이 경우 내용물이 안정적이지 못하므로 안정성시험을 다시 실시해야 한다.

030

답 ③

해 화학적 변화로 변질, 변색, 변취, 오염, 결정 석출이 있다. 겔화는 물리적 변화이다.

031

답 ③

해 ① **산화 안정성**: 산소 및 화학성분과의 산화 반응이 발생되지 않고 화장품 성분이 일정한 상태를 유지하는 성질
② **열 안정성**: 유통 과정상 발생할 수 있는 조건의 다양한 온도 변화 조건에도 화장품 성분이 일정한 상태를 유지하는 성질
③ **광 안정성**: 햇빛, 자외선, 형광등 불빛 등 다양한 광 조건에서 화장품 성분이 일정한 상태를 유지하는 성질
④ **미생물 안정성**: 미생물이 증식하여 화장품 성분이 변화되지 않고 일정한 상태를 유지하는 성질

032

답 ⑤

해
- **물리적 시험**: 비중, 융점, 경도, pH, 유화상태, 점도 등
- **화학적 시험**: 시험물가용성성분, 에테르불용 및 에탄올가용성성분, 에테르 및 에탄올 가용성 불검화물, 에테르 및 에탄올 가용성 검화물, 에테르 가용 및 에탄올 불용성 불검화물, 에테르 가용 및 에탄올 불용성 검화물, 증발잔류물, 에탄올 등

033

답 ④

해 안전확보 업무의 원활한 수행에 대해 확인하여 기록 및 보관하는 업무는 책임판매관리자의 업무이다.

034

답 ③

해 ㄴ. 소비자화장품감시원은 해당 소비자화장품감시원을 위촉한 지방식약청의 관할 구역 내에서 직무수행을 하는 것을 원칙으로 한다.
ㄹ. 소비자화장품감시원으로 위촉받고자 하는 자는 교육과정을 최소 4시간 이상 이수하여야 한다.

035

답 C, F, H

해 임기는 2년이며 연임이 가능하다. 지자체 도지사 및 시장이 추천한 사람은 감시공무원에 해당된다.

036

답 청문

037

답 ⑤

해 청문
① 인증의 취소
② 인증기관 지정의 취소
③ 업무의 전부에 대한 정지
④ 등록의 취소, 영업소 폐쇄
⑤ 품목의 제조·수입 및 판매의 금지 또는 업무의 전부에 대한 정지
⑥ 맞춤형화장품조제관리사 자격의 취소

038

답 ②

해 ㄹ. 인증절차, 인증기관의 지정기준, 그 밖에 인증제도 운영에 필요한 사항은 총리령으로 정한다.
ㅁ. 인증의 유효기간을 연장 받으려는 자는 유효기간 만료 90일 전에 총리령으로 정하는 바에 따라 연장신청을 하여야 한다.

039

답 ④

해 ㄷ. 대표자가 정신질환이나 마약, 유독물질 중독자가 아님을 증명하는 서류를 제출해야 하는 것은 화장품 제조업에 해당한다.
ㄹ. 상시근로자수가 10명 이하인 화장품책임판매업을 경영하는 화장품책임판매업자는 책임판매관리자의 직무를 수행할 수 있다. 이 경우 책임판매관리자를 둔 것으로 본다.

040

답 ②

해 3호~11호의 규정에 따른 준수 사항을 이행하지 않을 경우 행정처분
- **1차 위반** : 시정명령
- **2차 위반** : 판매 또는 해당품목 판매업무정지 1개월
- **3차 위반** : 판매 또는 해당품목 판매업무정지 3개월
- **4차 위반** : 판매 또는 해당품목 판매업무정지 6개월

041

답 안전성

042

답 ①, ⑤

해 영유아 및 어린이 화장품의 제품별 안전성자료를 작성 또는 보관하지 않은 경우 행정처분

- **1차 위반** : 판매 또는 해당품목 판매업무정지 1개월
- **2차 위반** : 판매 또는 해당품목 판매업무정지 3개월
- **3차 위반** : 판매 또는 해당품목 판매업무정지 6개월
- **4차 위반** : 판매 또는 해당품목 판매업무정지 12개월

043

답 ①

해 법 제5조의2제1항(안전용기포장, 영업의 금지, 판매 등의 금지)을 위반하여 회수 대상 화장품을 회수하지 않거나 회수하는 데에 필요한 조치를 하지 않은 경우

- **1차위반** : 판매 또는 제조업무정지 1개월
- **2차위반** : 판매 또는 제조업무정지 3개월
- **3차위반** : 판매 또는 제조업무정지 6개월
- **4차이상위반** : 등록취소

044

답 ㉠ 1, ㉡ 3

해 제조유형변경 위반 행정처분

- **1차위반** : 제조업무정지 1개월
- **2차위반** : 제조업무정지 2개월
- **3차위반** : 제조업무정지 3개월
- **4차위반** : 제조업무정지 6개월

사용상의 제한이 필요한 원료에 대하여 식품의약품안전처장이 고시한 사용기준을 위반한 화장품

- **1차** : 해당품목 제조 또는 판매업무 정지 3개월
- **2차** : 해당품목 제조 또는 판매업무 정지 6개월
- **3차** : 해당품목 제조 또는 판매업무 정지 9개월
- **4차** : 해당품목 제조 또는 판매업무 정지 12개월

045

답 ⑤

해 질병을 진단·치료·경감·처치 또는 예방, 의학적 효능·효과 관련 표시·광고는 의약품으로 잘못 인식할 우려가 있는 표시 또는 광고이다. 1년 이하의 징역 또는 1천만 원 이하의 벌금형과 영업정지가 함께 부과된다.

위반 내용	1차 위반	2차 위반	3차 위반	4차 이상 위반
1) 의약품으로 잘못 인식할 우려가 있는 표시·광고를 한 경우 2) 기능성화장품, 천연화장품 또는 유기농화장품으로 잘못 인식할 우려가 있는 표시·광고를 한 경우 3) 사실 유무와 관계없이 다른 제품을 비방하거나 비방한다고 의심이 되는 표시·광고를 한 경우	해당품목 판매업무 정지 3개월 (표시위반) 또는 해당 품목 광고 업무정지 3개월 (광고위반)	해당품목 판매업무 정지 6개월 (표시위반) 또는 해당 품목 광고 업무정지 6개월 (광고위반)	해당품목 판매업무 정지 9개월 (표시위반) 또는 해당 품목 광고 업무정지 9개월 (광고위반)	

046

답 ㉠ 100, ㉡ 50

047

답 ④

해 ① **제8조제1항 또는 제2항에 따른 화장품에 사용할 수 없는 원료를 사용하였거나 같은 조 제8항에 따른 유통화장품 안전관리 기준에 적합하지 아니한 화장품**: 3년 이하의 징역 또는 3천만 원 이하의 벌금

② **표시·광고 중 사실과 관련한 사항에 대하여 식품의약품안전처장의 실증자료 제출을 요청받고도 15일 기간 내 이를 제출하지 않고 계속하여 표시·광고를 하고 실증자료를 제출할 때까지 그 표시·광고 행위의 중지명령을 따르지 아니한 자**: 1년 이하의 징역 또는 1천만 원 이하의 벌금

③ **의약품으로 잘못 인식할 우려가 있는 표시 또는 광고를 한 경우**: 1년 이하의 징역 또눈 1천만원 이하의 벌금

④ **기능성화장품의 품목별로 안전성 및 유효성에 관해 제출한 보고서나 심사받은 사항을 변경시 변경심사를 받지 않은 경우**: 과태료 100만 원

⑤ **판매의 목적이 아닌 제품의 홍보·판매촉진 등을 위하여 미리 소비자가 시험·사용하도록 제조 또는 수입된 화장품을 판매한 경우**: 1년 이하의 징역 또는 1천만 원 이하의 벌금

048

답 ①, ②, ④

해 ③ 맞춤형화장품조제관리사 자격증을 대여하여 영업한 경우 - 1년 이하의 징역 또는 1천만 원 이하의 벌금

⑤ 의약품으로 잘못 인식할 우려가 있는 표시 또는 광고를 한 경우 - 1년 이하의 징역 또는 1천만 원 이하의 벌금

049

답 ㉠ 화장품의 명칭, ㉡ 제조번호

050

답 ①

해 해당 화장품 제조에 사용된 모든 성분(인체에 무해한 소량 함유 성분 등 총리령으로 정하는 성분은 제외)을 기재·표시한다.

051

답 ②

해 '유해사례'는 화장품의 사용 중 발생한 바람직하지 않고 의도되지 않은 증상 또는 질병을 말하며, 당해 화장품과 반드시 인과관계를 가져야 하는 것은 아니다. '위해사례'는 위해화장품으로 보고된 사례, 화장품 사용 후 안전성에 문제가 있다고 보고된 위해화장품 사례를 말한다.

052

답 ④

해 사람의 생명이나 신체에 기형 또는 기능 저하 등을 초래하는 경우를 의미한다.

053

답 ①

해 ① 화장품 안전성 정보는 보고, 수집, 평가, 전파 등 관리체계로 되어있다(이론서 상 48p참고).

054

답 ⑤

해 ㄱ. 아세톤을 함유하는 네일 리무버는 5세 미만의 어린이가 개봉하기 어렵도록 안전용기를 사용해야 한다.

ㄴ. 화장품책임판매업자 또는 맞춤형화장품판매업자가 화장품의 안전용기 포장에 관한 기준을 2차 위반할 시 해당 품목 판매업무 정지 6개월의 행정처분을 받는다.

ㄷ. 안전용기·포장의 개봉하기 어려운 정도의 구체적인 기준 및 시험방법은 산업통상자원부장관이 정하여 고시하는 바에 따른다.

055

답 ㄷ

해 ㄱ. 에탄올이 아닌 아세톤을 함유하는 네일 에나멜 리무버 및 네일 폴리시 리무버가 안전용기·포장의 대상이다.

ㄴ. 탄화수소를 10퍼센트 미만으로 함유했으므로 안전용기·포장의 대상이 아니다.

ㄷ. 메틸 살리실레이트를 5퍼센트 이상 함유하는 액체상태의 제품이므로 안전용기·포장의 대상이다.

ㄹ. 용기 입구 부분이 펌프 또는 방아쇠로 작동되는 분무용기 제품은 안전용기·포장의 대상이 아니다.

ㅁ. 에어로졸용 제품은 안전용기·포장의 대상이 아니다.

056

답 ②

해 ㄱ. 아세톤을 함유하는 네일 에나멜 리무버 및 네일 폴리시 리무버는 안전용기·포장을 사용해야 한다.

ㄴ. 10000ppm = 1% 이므로 120000ppm = 12%이다. 따라서 탄화수소류를 10% 이상 함유한다. 하지만 크림은 에멀젼 타입이므로 안전용기·포장을 사용할 필요가 없다.

ㄷ. 메틸 살리실레이트를 5% 이상 함유하는 액체상태의 제품이므로 안전용기·포장을 사용해야 한다.

ㄹ. 일회용 제품, 용기 입구 부분이 펌프 또는 방아쇠로 작동되는 분무용기 제품, 압축 분무용기 제품(에어로졸 제품 등)은 안전용기·포장을 사용할 필요가 없다.

057

답 ④

해 원료의 사용상 주의사항에 관한 자료는 제출서류에 해당하지 않는다.

- **구비서류**: 제출자료 전체의 요약본, 원료의 기원, 개발 경위, 국내·외 사용기준 및 사용현황 등에 관한 자료, 원료의 특성에 관한 자료, 안전성 및 유효성에 관한 자료(유효성에 관한 자료는 해당하는 경우에만 제출), 원료의 기준 및 시험방법에 관한 시험성적서.

058

답 ㄱ. 화장품의 명칭, ㄹ. 영업자의 상호, ㅁ. 사용기한 또는 개봉 후 사용기간, ㅅ. 제조번호

059

답 A 안전관리, B 안전확보

해 책임판매 후 안전관리기준 - 시행규칙 제7조(별표 2) 참조

060

답 ②

해 ① 품질관리는 화장품책임판매업자가 실시하며 화장품제조업자에 대한 감시와 제품의 품질확보를 위해 실시한다.

③ 안전확보 업무는 화장품 책임판매 후 안전관리 업무 중 정보수집, 검토 및 그 결과에 따른 필요한 조치에 관한 업무이다.

④ 화장품책임판매업자는 품질관리에 관한 기록을 작성하고 이를 해당 제조일로부터 3년간 보관해야 한다.

⑤ 회수 업무의 수행은 책임판매관리자가 해야 한다.

061

답 ③

해 하나의 위반행위가 둘 이상의 과태료 부과기준에 해당하는 경우에는 그 중 금액이 큰 과태료 부과기준을 적용한다. 과태료와 벌금의 적용기준은 다르다.

062

답 ㄴ, ㅁ

해 [등록취소가 가능한 위반 내용] 참고

ㄴ. 책임판매 후 안전관리기준을 준수하지 않은 경우

- **1차위반**: 경고
- **2차위반**: 판매 또는 해당 품목 판매업무정지 1개월
- **3차위반**: 판매 또는 해당 품목 판매업무정지 3개월
- **4차이상위반**: 판매 또는 해당 품목 판매업무정지 6개월

ㅁ. 실제 내용량이 표시된 내용량의 90퍼센트 이상 97퍼센트 미만인 화장품

- **1차위반**: 시정명령
- **2차위반**: 해당 품목 제조 또는 판매업무 정지 15일
- **3차위반**: 해당 품목 제조 또는 판매업무 정지 1개월
- **4차이상위반**: 해당 품목 제조 또는 판매업무 정지 2개월

위반 내용	처분기준			
	1차 위반	2차 위반	3차 위반	4차 이상 위반
1) 제조소의 소재지 변경등록을 하지 않은 경우	제조업무 정지 1개월	제조업무 정지 3개월	제조업무 정지 6개월	등록취소
2) 화장품책임판매업소의 소재지 변경등록을 하지 않은 경우	판매업무 정지 1개월	판매업무 정지 3개월	판매업무 정지 6개월	등록취소
3) 제조 또는 품질검사에 필요한 시설 및 기구의 전부가 없는 경우	제조업무 정지 3개월	제조업무 정지 6개월	등록취소	
4) 국민보건에 위해를 끼쳤거나 끼칠 우려가 있는 화장품을 제조·수입한 경우	제조 또는 판매업무 정지 1개월	제조 또는 판매업무 정지 3개월	제조 또는 판매업무 정지 6개월	등록취소
5) 심사를 받지 않거나 거짓으로 보고하고 기능성 화장품을 판매한 경우	판매업무 정지 6개월	판매업무 정지 12개월	등록취소	
6) 품질관리 업무 절차서를 작성하지 않거나 거짓으로 작성한 경우	판매업무 정지 3개월	판매업무 정지 6개월	판매업무 정지 12개월	등록취소
7) 회수 대상 화장품을 회수하지 않거나 회수하는 데에 필요한 조치를 하지 않은 경우	판매 또는 제조업무 정지 1개월	판매 또는 제조업무 정지 3개월	판매 또는 제조업무 정지 6개월	등록취소
8) 회수계획을 보고하지 않거나 거짓으로 보고한 경우	판매 또는 제조업무 정지 1개월	판매 또는 제조업무 정지 3개월	판매 또는 제조업무 정지 6개월	등록취소
9) 법 제8조제1항에 따라 식품의약품안전처장이 고시한 화장품의 제조 등에 사용할 수 없는 원료를 사용한 화장품	제조 또는 판매업무 정지 3개월	제조 또는 판매업무 정지 6개월	제조 또는 판매업무 정지 12개월	등록취소
10) 검사·질문·수거 등을 거부하거나 방해한 경우	판매 또는 제조업무 정지 1개월	판매 또는 제조업무 정지 3개월	판매 또는 제조업무 정지 6개월	등록취소
11) 시정명령·검사명령·개수명령·회수명령·폐기명령 또는 공표명령 등을 이행하지 않은 경우	판매 또는 제조업무 정지 1개월	판매 또는 제조업무 정지 3개월	판매 또는 제조업무 정지 6개월	등록취소
12) 회수계획을 보고하지 않거나 거짓으로 보고한 경우	판매 또는 제조업무 정지 1개월	판매 또는 제조업무 정지 3개월	판매 또는 제조업무 정지 6개월	등록취소
13) 업무정지기간 중에 해당 업무를 한 경우(광고 업무에 한정하여 정지를 명한 경우는 제외한다)	등록취소			

063

답 ①

해 ② 고유식별정보에는 전화번호가 포함되지 않는다.
③ 개인정보를 정보주체에게 개인정보 수집동의를 받지 않고 수집한 경우 벌금 5천만 원 이하이다.
④ **개인정보보호책임자**: 개인정보 처리에 관한 업무를 총괄해서 책임지거나 업무처리를 최종적으로 결정하는 자로 개인정보의 처리에 관한 업무를 총괄하는 책임자
개인정보처리자: 업무를 목적으로 개인정보파일을 운용하기 위하여 스스로 또는 다른 사람을 통하여 개인정보를 처리하는 공공기관, 법인, 단체 및 개인 등
⑤ 정보주체에게 동의를 거부할 권리가 있다는 사실을 고지해야하며 동의거부 시 불이익이 있는 경우 그 불이익에 대한 내용은 고지해야한다.

064

답 ①, ⑤

해 ② 1천 명 이상의 정보주체에 관한 개인정보가 유출된 경우에는 전문기관(행정안전부, 한국인터넷진흥원)에 5일 이내 신고를 하고 서면 등의 방법과 함께 인터넷 홈페이지에 정보주체가 알아보기 쉽도록 7일 이상 게시하여야 한다. 다만, 인터넷 홈페이지를 운영하지 아니하는 개인정보처리자의 경우에는 서면 등의 방법과 함께 사업장 등의 보기 쉬운 장소에 법 제34조제1항 각 호의 사항을 7일 이상 게시하여야 한다.
③ 글씨의 크기는 최소한 9포인트 이상으로 다른 내용보다 20% 이상 글씨를 크게 작성하여 알아보기 쉽게 한다.
④ 개인 정보를 보존해야 하는 경우, 해당 부분만 따로 보관하고 나머지는 파기한다.

065

답 ②

해 고유식별정보는 주민등록번호, 여권번호, 운전면허의 면허번호, 외국인등록번호를 말한다.

066

답 ㉠ 5천만 원, ㉡ 5년

067

답 ②

해 14세 미만 아동의 개인정보처리를 위해서는 법정대리인의 동의를 받아야 한다. 이를 위반 시 5년 이하 또는 5천만 원 이하의 벌금형에 처해진다.

068

답 ㉠ 개인정보보호책임자, ㉡ 개인정보처리자

069

답 ㄱ, ㄹ, ㅁ

해 ㄱ. 보유기간의 경과, 개인정보의 처리 목적 달성 등 그 개인정보가 불필요하게 되었을 때에는 지체 없이 5일 이내 그 개인정보를 파기해야 한다.
ㄹ. 전자적 파일 형태인 경우 복원이 불가능한 방법으로 영구 삭제하고 인쇄물은 소각, 파쇄 처리한다.
ㅁ. 개인정보처리자가 개인정보의 파기에 관한 사항을 기록 및 관리하고 개인정보 보호책임자가 개인정보파기 시행 후, 파기결과를 확인한다.

070

답 법정대리인

071

답 ㉠ 설치근거, ㉡ 촬영범위

072

답 200만 원 이하

073

답 가혹시험

074

답 개봉 후 안정성시험

075

답 가속시험

076

답 ㉠ 과산화화합물, ㉡ 효소

077

답 ①

해 수입대행형거래를 목적으로 하는 책임판매업자는 아래의 사항을 적용하지 않는다.
① 적정한 제조관리 및 품질관리 확보에 관한 절차
② 교육·훈련에 관한 절차
③ 시장출하에 관한 기록 절차
④ 화장품제조업자가 화장품을 적정하고 원활하게 제조한 것임을 확인하고 기록할 것
⑤ 시장출하에 관하여 기록할 것
⑥ 제조번호별 품질검사를 철저히 한 후 그 결과를 기록할 것
⑦ 품질관리에 관한 기록 및 화장품제조업자의 관리에 관한 기록을 작성하고 이를 해당제품의 제조일(수입의 경우 수입일)부터 3년간 보관할 것
⑧ 교육·훈련

078

답 화장품책임판매관리자

079

답 수입통관일

080

답 맞춤형화장품조제관리사

081

답 ②

해 피성년후견인은 결격사유에 해당되지만 파산선고한 자는 해당되지 않는다.

082

답 개수

083

답 1년

084

답 대통령령

085

답 양벌 규정

086

답 ㉠ 시정, ㉡ 검사

087

답 ㉠ 업무정지, ㉡ 10억 원, ㉢ 100만 원

088

답 ④

해

구분/ 결격사유	1. 정신질 환자	2. 마약류 중독자	3. 피성년 후견인	4. 파산 선고	5. 보건 범죄/ 금고형	5. 영업취 소 1년 미만
화장품 제조업	○	○	○	○	○	○
화장품 책임판 매업	X	X	○	○	○	○
맞춤형 화장품 판매업	X	X	○	○	○	○
맞춤형 화장품 조제관 리사	○	○	○	X	○	자격취 소 3년 이 지나 지 않은 경우

089

답 ③

해 회수계획서를 거짓으로 보고하여 4차 이상 위반한 경우

090

답 ③

해 제15조(민감정보 및 고유식별정보의 처리)

식품의약품안전처장(제14조에 따라 식품의약품안전처장의 권한을 위임받은 자 또는 법 제3조의4제3항에 따라 자격시험 업무를 위탁받은 자를 포함한다)은 다음 각 호의 사무를 수행하기 위하여 불가피한 경우 「개인정보 보호법」 제23조에 따른 건강에 관한 정보, 같은 법 시행령 제18조제2호에 따른 범죄경력자료에 해당하는 정보, 같은 영 제19조제1호 또는 제4호에 따른 주민등록번호 또는 외국인등록번호가 포함된 자료를 처리할 수 있다.

1. 법 제3조에 따른 화장품제조업 또는 화장품책임판매업의 등록 및 변경등록에 관한 사무 1의2. 법 제3

조의2제1항에 따른 맞춤형화장품판매업의 신고 및 변경신고에 관한 사무 1의3. 법 제3조의4제1항에 따른 맞춤형화장품조제관리사 자격시험에 관한 사무

2. 법 제4조에 따른 기능성화장품의 심사 등에 관한 사무
3. 법 제6조에 따른 폐업 등의 신고에 관한 사무
4. 법 제18조에 따른 보고와 검사 등에 관한 사무 4의 2. 법 제19조에 따른 시정명령에 관한 사무
5. 법 제20조에 따른 검사명령에 관한 사무
6. 법 제22조에 따른 개수명령 및 시설의 전부 또는 일부의 사용금지명령에 관한 사무
7. 법 제23조에 따른 회수·폐기 등의 명령과 폐기 또는 그 밖에 필요한 처분에 관한 사무
8. 법 제24조에 따른 등록의 취소, 영업소의 폐쇄명령, 품목의 제조·수입 및 판매의 금지명령, 업무의 전부 또 는 일부에 대한 정지명령에 관한 사무
9. 법 제27조에 따른 청문에 관한 사무
10. 법 제28조에 따른 과징금의 부과·징수에 관한 사무
11. 법 제31조에 따른 등록필증 등의 재교부에 관한 사무

091

답 ⑤

092

답 ④

해 **O/W형 크림**: 대표적인 유화타입의 크림으로 유성성분이 내상인 산뜻한 사용감을 느끼는 친수성 크림이다.

093

답 ②

094

답 ㉠ 케라틴, ㉡ 퍼머넌트웨이브

해 • 헤어퍼머넌트웨이브 세부 유형
- 두발의 주요 구성 단백질은 케라틴이며, 케라틴 단백질의 세부 결합 형태에 따라 두발의 형태가 달라진다. 따라서, 두발 케라틴 단백질 간의 공유 결합인 이황화결합(disulfide bond, -S-S-)을 환원제로 끊어 준 다음 원하는 두발의 모양을 틀을 이용하여 고정화하고, 산화제로 재결합시켜서 두발의 웨이브를 만들어 변형시키는 것을 퍼머넌트웨이브라고 한다. 제1제 환원제에 사용되는 주요 성분의 종류에 따라, 치오글리콜릭애씨드 퍼머넌트웨이브, 시스테인 퍼머넌트웨이브, 티오락틱애씨드 퍼머넌트웨이브로 구분할 수 있다.

• 헤어퍼머넌트웨이브 사용 목적
- 산화·환원 반응을 통해 두발에 웨이브를 준다.
- 두발을 일정한 형태로 유지시켜 주기 위함이다.

095

답 ③

해 화장품 용기 시험항목
1. 성능평가: 사용의 편리성, 미려성, 포장작업의 용이성(경제성 관련)
2. 안전성평가
1) 강도시험(오염방지 등)
2) 화학시험
① 재질 중에 포함되어 있는 물질의 종류 함량 측정
② 재질 중에 포함되어 있는 용출 정도의 측정
3) 생물시험
① 원료의 독성시험
② 용출물의 독성시험
4) 미생물시험
① 오염정도의 측정
5) 오염시험
① 잔류물, 소재의 열화도 측정(반복 사용되는 리필용기)

096

답 ⑤

해 • **가혹시험**: 보존 기간 중 제품의 안정성이나 기능성에 영향을 주는 분해과정 및 분해산물의 생성유무를 확인한다. 화장품의 운반, 보관, 진열 및 사용 과정에서 뜻하지 않게 일어나는 가능성 있는 가혹한 환경 조건에서 품질 변화를 검토하기 위해 시험을 수행한다.

① 온도 편차 및 극한 조건의 온도 사이클링(cycling) 또는 "동결-해동(freeze-thaw)" 시험을 통해 문제점을 보다 신속하게 파악할 수 있다.
동결-해동 시험 시 현탁(분해산물의 결정 형성 또는 흐릿해지는 경향) 발생 여부, 유제와 크림제의 안정성 결여, 포장 문제(예 표시·기재 사항 분실이나 구겨짐, 파손 또는 찌그러짐), 알루미늄 튜브 내부 래커의 부식 여부 등을 관찰한다. 시험은 저온 시험, 고온 시험, 동결-해동 시험이 있다.

② 기계·물리적 충격시험, 진동시험을 통한 분말제품의 분리도 시험 등, 유통, 보관, 사용조건에서 제품특성상 운반 과정에서 화장품 또는 포장이 손상될 가능성을 조사하는 데 사용한다.

- **진동 시험(vibration testing)**: 분말 또는 과립 제품의 혼합상태가 깨지거나(de-mixing) 또는 분리 발생 여부를 판단하기 위해 수행
- **기계적 충격 시험(mechanical shock testing)**: 운반 과정에서 화장품 또는 포장이 손상될 가능성을 조사하기 위해 수행

③ 화장품이 빛에 노출될 수 있는 상태로 포장된 화장품은 광안정성 시험을 실시한다.

097

답 ⑤

해 • **내용물에 의한 용기 마찰 시험**: 내용물에 따른 인쇄문자, 핫스탬핑, 증착 또는 코팅막의 용기 표면과의 마찰을 측정

- **용기의 내열성 및 내한성 시험**: 내용물이 충전된 용기 또는 용기를 구성하는 각종 소재의 내한성 및 내열성 측정

MEMO

맞춤형화장품조제관리사

PART 02

화장품 제조 및 품질 관리 정답 및 해설

화장품 제조 및 품질관리

001

답 ③

해 세틸알코올은 유성원료인 고급알코올에 해당되며 미백색의 미립자 분말이다.

002

답 ④

해 왁스류에는 식물성 왁스, 동물성 왁스가 있다.

003

답 ②

해 폴리쿼터늄-10, 폴리쿼터늄-18은 양이온성 계면활성제이다. 음이온성 계면활성제의 종류는 소듐라우릴설페이트, 소듐라우레스설페이트, 암모늄라우릴설페이트 등이 있다.

004

답 ②

해 스쿠알란은 탄화수소 오일이다.

005

답 ④

해 수성원료는 물에 녹는 성격의 원료를 말한다. 디메치콘은 실리콘오일로 유성원료에 해당된다.

006

답 ③

해 유지는 오일과 지방 두 종류가 있으며 시어버터는 고체상태의 지방(Fat) 에 해당된다.

007

답 ④

해 카나우바왁스는 야자수에서 채취한 식물성 왁스이다.

008

답 ④

해 카나우바 왁스는 카나우바 야자나무 잎에서 추출한 식물성 왁스이다.

009

답 ⑤

해 비즈왁스[밀랍]은 벌집에서 추출한 동물성 왁스이다.

• 왁스 종류

분류	유래	왁스 종류
탄화수소	석유화학유래	파라핀왁스, 마이크로크리스탈린왁스
	미네랄유래	오조케라이트, 세레신, 몬탄왁스
천연유래	동물유래	밀랍, 라놀린, 경납
	식물유래	카나우바왁스, 칸데리라왁스, 제팬왁스, 호호바오일

010

답 ④

해 ①, ② 파라핀왁스, 마이크로크리스탈린왁스는 석유화학유래 왁스이다.
③, ⑤ 라놀린, 경납은 동물유래왁스이다.
④ 오조케라이트는 광물유래[미네랄유래] 왁스이다.

011

답 ④

해

물질	표면장력(dynes/cm)
물	72.8
글리세린	63.4
피마자오일	39
올레익에씨드	32.5
에탄올	22.3

012

답 ③

해 양쪽성계면활성제는 자극성, 독성이 낮아 베이비 전용제품, 저자극 제품에 사용된다.

013

답 ②

해 HLB 값이 4~6이면 W/O(Water in Oil Type) 유화제로 쓰인다.

HLB 값	용도
1~3	소포제
4~6	W/O유화제
7~9	습윤제
8~18	O/W유화제
13~15	세정제
15~18	가용화제

014

답 ①

해 피부자극이 적다는 것은 세정력이 약하다는 의미와 상통한다 기초화장품의 경우 씻어내는 제품이 아닌 경우에는 피부자극이 적은 계면활성제를 사용해야 한다.

015

답 ④

해 ~설페이트로 끝나는 경우 음이온계면활성제에 속하며 폴리스르베이트80은 비이온계면활성제로 가용화제로 사용된다. 코카마이드MEA는 비이온계면활성제로 유화제의 점도를 높여주는 유화보조제로 사용이 되며 레시틴은 천연계열의 비이온계면활성제로 가용화제나 유화제로 사용이 된다.

016

답 ㉠ 미셀(마이셀), ㉡ 임계미셀농도(CMC : Critical Micelle Concentration)

017

답 ㉠ 가용화(solubilization), ㉡ 유화액(Emulsion, 에멀젼)

018

답 ⑤

해 원료투입순서가 바뀌면 내상과 외상이 바뀌어 안정성을 감소시키는 원인이 된다.

019

답 글리세린

해 ~글리콜 : 2가알코올, 글리세린 : 3가알코올, 펜티톨 : 5가알코올, 솔비톨 : 6가알코올

020

답 ⑤

021

답 ②

022

답 ㉠ 메칠클로로이소치아졸리논(CMIT), ㉡ 0.0015%

023

답 ㉠ 벤질알코올

024

답 ㉠ 0.02, ㉡ 0.01, ㉢ 0.0075

025

답 ②

해 보존제는 화장품의 변질 방지 목적으로 사용하며 화장품 품질을 일정하게 유지하기 위해 사용하는 것은 산화방지제로 종류로 BHT, BHA 등이 있다.

026

답 ㉠ 타르색소, ㉡ 레이크, ㉢ 알루미늄레이크

027

답 산화철

해 광물에서 얻은 자철석, 적철석과 산소의 화합물로 빛에 강하여 색이 잘 변하지 않아 색조화장품의 원료로 많이 사용된다.

028

답 ③

해

체질안료	특성
마이카(운모)	피부에 대한 부착성이 우수하여 뭉침 현상(Caking)을 일으키지 않고, 피부에 광택을 주어 파우더 제품에 주로 사용된다.(예 백운모)
탈크(활석)	매끄러운 사용감과 흡수력이 좋아 베이비파우더, 투웨이케익 등 메이크업 제품에 많이 사용된다.
카올린(고령토)	땀이나 피지의 흡수력이 좋아 피부 부착성은 좋지만 매끄러운 사용감은 탈크에 비해 떨어진다. 주로 머드팩에 많이 사용된다.

029

답 ④

해 적색 223호, 황색 203호는 눈 주위 사용금지 색소이고, 등색 401호는 점막에 사용금지 색소이다.

구분	색소
사용제한이 없음	자색 201호 청색 1호, 2호, 201호, 204호, 205호 녹색 3호, 201호, 202호 황색 4호, 5호, 201호, 202호의(1) 적색 40호, 201호, 202호, 220호, 226호, 227호, 228호, 230호
눈 주위에 사용할 수 없음	등색 201호, 205호 황색 203호 적색 103호의(1), 104호의(1),(2), 218호, 223호
점막에 사용할 수 없음	등색 401호
영유아 및 13세 이하 어린이용 제품에 사용할 수 없음	적색 2호, 적색 102호
화장비누 외 사용금지	피그먼트 적색 5호, 피그먼트 자색 23호, 피그먹트 녹색 7호

030

답 ②

해 체질안료는 점토 광물을 희석제로 사용하는 안료이다. 파우더 제품류의 많은 부분을 차지하는 기본 베이스로 피지의 흡착과 광택 등에 관여한다.

031

답 ⑤

해 착색안료는 황색산화철, 흑색산화철, 적색산화철이 있다.

032

답 징크옥사이드(산화아연), 25% 또는 티타늄디옥사이드(이산화타이타늄), 25%

033

답 ㉠ 염료

034

답 ④

해 ① 기질이란 레이크 제조 시 순색소를 확산시키는 목적으로 사용되는 물질을 말한다.
② 순색소란 중간체, 희석제, 기질 등을 포함하지 않은 순수한 색소를 말한다.
③ 색소란 화장품이나 피부에 색을 띄게 하는 것을 주요 목적으로 하는 성분을 말한다.
⑤ 타르색소란 화장품에 사용할 수 있는 색소 중 콜타르, 그 중간생성물에서 유래되었거나 유기 합성하여 얻은 색소 및 그 레이크, 염, 희석제와의 혼합물을 말한다.

035

답 ②

036

답 ②

해 등색 401호는 점막에 사용할 수 없다.

037

답 ①, ⑤

해 적색2호는 영유아 및 13세 이하 어린이용 제품에 사용할 수 없는 색소이며, 청색204호는 사용제한이 없는 색소이다.

038

답 ④

해 황색203호는 눈 주위에 사용할 수 없는 색소로 입술에 사용가능하다. 녹색204호, 황색202호의 (2), 적색205호, 황색204호는 눈 주위 및 입술에 사용할 수 없는 색소이다.

039

답 ⑤

해 염모용색소를 제외한 영유아 및 13세 이하 어린이용 제품에 사용할 수 없는 타르색소는 적색2호, 적색102호이다.

040

답 ⑤

해 녹색3호, 녹색201호, 녹색202호는 사용제한이 없으며 모든 화장품에 사용이 가능하다.

041

답 피그먼트 적색 5호, 피그먼트 자색 23호, 피그먼트 녹색 7호

042

답 ⑤

해 자연에서 채취한 TiO2는 불순물이 있어 계면활성제로 정제되며 자외선을 산란시키는 물리적 작용을 하는 무기물질로 분류된다.

043

답 ⑤

해 **눈 주위 사용금지**: 등색 205호, 황색 203호
눈, 입술 사용금지: 녹색 204호, 적색 205호

044

답 ⑤

해 외국 정부(미국, 일본, 유럽연합 등)에서 정한 기준에 따른 인증기관으로부터 유기농수산물로 인정받거나 이를 고시에 허용하는 물리적 공정에 따라 가공한 것은 유기농 원료에 포함된다. 화학적 공정에 의한 것은 유기농유래원료이다.

045

답 ㉠ 미네랄 원료, ㉡ 미네랄 유래원료

046

답 광물성

047

답 실리콘오일

048

답 ㉠ 5, ㉡ 2

049

답 ㄴ, ㅁ, ㅂ, ㅅ

해 • 천연화장품 및 유기농화장품에 금지되는 공정은 니트로스아민류 배합 및 생성, 유전자 변형 원료의 배합, 수은화합물을 사용한 처리 등이 있으며 방향족 탄화수소는 오염 물질로 이에 오염된 원료는 사용할 수 없다.
• 에스텔화, 이온교환, 오존분해는 허용된 화학적·생물학적 공정이다.

050

답 ㅁ, ㅅ

해 천연화장품 및 유기농화장품 제조의 세척제에 사용 가능한 원료에 염산, 프로필렌옥사이드는 해당되지 않는다.

051

답 ③

해 물은 제품에 직접 함유 또는 혼합원료의 구성요소 일 수 있다. 만약 없다면 유기농화장품에는 물을 사용할 수 없다는 뜻이므로 문맥이 맞지 않다 따라서 물은 유기농화장품에 사용되지만 천연함량으로 계산되고 유기농함량으로는 계산하지 않는다.

052

답 ①

해 • 물로만 추출한 원료의 경우

> 유기농 함량 비율(%)
> =(신선한 유기농 원물/추출물)×100

• 신선한 원물로 복원하기 위해서는 중량에 아래 일정 비율을 곱해야 한다.
- 나무, 껍질, 씨앗, 견과류, 뿌리 1:2.5
- 잎, 꽃, 지상부 1:4.5
- 과일(예 살구, 포도) 1:5
- 물이 많은 과일(예 오렌지, 파인애플) 1:8

→ 20gx5=100g (신선한 살구)
(100/700)x100=14

053

답 ⑤

해 • 수용성 추출물 원료의 경우

> **1단계**: 비율(ratio)=[신선한 유기농 원물/(추출물-용매)] 비율(ratio)이 1 이상인 경우 1로 계산
> **2단계**: 유기농 함량 비율(%)={[비율(ratio)×(추출물-용매)/추출물]+[유기농 용매/추출물]}×100

• 물은 용매로 계산하지 않는다.
• 신선한 원물로 복원하기 위해서는 중량에 아래 일정 비율을 곱해야 한다.
- 나무, 껍질, 씨앗, 견과류, 뿌리 1:2.5
- 잎, 꽃, 지상부 1:4.5
- 과일(예 살구, 포도) 1:5
- 물이 많은 과일(예 오렌지, 파인애플) 1:8

→ (50x2.5)/(850-700)=0.8
{[0.8x(850-700)/850]+[700/850]x100}=96.4

054

답 ④

해 • 비수용성 추출물 원료의 경우

> 유기농 함량 비율(%)=(신선 또는 건조 유기농 원물+사용하는 유기농 용매)/(신선 또는 건조 원물+사용하는 총 용매)×100

→ [(50+750)/(50+850)]x100=88.8

055

답 ㉠ 3년, ㉡ 3천만 원, ㉢ 3년, ㉣ 200만 원, ㉤ 90

056

답 ㉠ 로션제, ㉡ 침적마스크, ㉢ 겔제

057

답 ㉠ 에어로졸, ㉡ 3, ㉢ 밀폐된 장소

058

답 ㉠ 차광, ㉡ 기밀

059

답 ⑤

해 내용량이 50mL(g) 이하인 화장품의 경우 표시·기재의 면적이 부족할 경우 착향제 구성 성분 중 알레르기 유발성분 표시의 생략이 가능하다. 단, 해당정보는 홈페이지 등에서 확인할 수 있도록 해야 한다. 다만 속눈썹용 퍼머넌트웨이브 제품과 외음부 세정제는 용량과 상관없이 화장품법 제10조에서 규정하는 모든 사항을 기재하여야 한다.

060

답 ㉠ 20, ㉡ 실온, ㉢ 100

061

답 ㉠ 5, ㉡ 6.5, ㉢ 약알칼리성

062

답 ㉠ 액제, ㉡ 균질화, ㉢ 반고형

063

답 ②

해 원료의 품질성적서는 GHS가 포함된다.

064

답 ㉠ GHS, ㉡ COA

065

답 ②

해 정해진 용법과 용량을 준수하는 것은 공통사항에 해당되지 않는다.

066

답 ④

해 개별 표시 기재 사항

① **팩**: 눈 주위를 피하여 사용할 것.

② **체취 방지용제품**: 털을 제거한 직후에는 사용하지 말 것.

③ **헤어퍼머넌트웨이브 제품 및 헤어스트레이트너 제품**:

㉠ 두피·얼굴·눈·목·손 등에 약액이 묻지 않도록 유의하고, 얼굴 등에 약액이 묻었을 때에는 즉시 물로 씻어낼 것.

㉡ 특이체질, 생리 또는 출산 전후이거나 질환이 있는 사람 등은 사용을 피할 것.

㉢ 머리카락의 손상 등을 피하기 위하여 용법·용량을 지켜야 하며, 가능하면 일부에 시험적으로 사용하여 볼 것.

㉣ 섭씨 15도 이하의 어두운 장소에 보존하고, 색이 변하거나 침전된 경우에는 사용하지 말 것.

㉤ 개봉한 제품은 7일 이내에 사용할 것.(에어로졸 제품이나 사용 중 공기유입이 차단되는 용기는 표시하지 아니 한다.)

㉥ 제2단계 퍼머액 중 그 주성분이 과산화수소인 제품은 검은 머리카락이 갈색으로 변할 수 있으므로 유의하여 사용할 것.

④ 외음부 세정제
㉠ 정해진 용법과 용량을 잘 지켜 사용할 것.
㉡ 3세 이하 어린이에게는 사용하지 말 것.
㉢ 임신 중에는 사용하지 않는 것이 바람직하며, 분만 직전의 외음부 주위에는 사용하지 말 것.
㉣ 프로필렌 글리콜(Propylene glycol)을 함유하고 있으므로 이 성분에 과민하거나 알레르기 병력이 있는 사람은 신중히 사용할 것(프로필렌 글리콜 함유제품만 표시한다.)

⑤ • **두발용, 두발염색용 및 눈 화장용 제품류** : 눈에 들어갔을 때에는 즉시 씻어낼 것.
• 손·발의 피부연화 제품(요소제제의 핸드크림 및 풋크림)
㉠ 눈, 코 또는 입 등에 닿지 않도록 주의하여 사용할 것.
㉡ 프로필렌 글리콜(Propylene glycol)을 함유하고 있으므로 이 성분에 과민하거나 알레르기 병력이 있는 사람은 신중히 사용할 것.(프로필렌 글리콜 함유제품만 표시한다.)

067

답 ③

해 • 니트로메탄, 히드로퀴논, 글리사이클아미드, 천수국꽃추출물, 목향뿌리오일, 디클로로펜은 사용금지 원료이다.
• 엠디엠하이단토인(0.2%), 클로로펜(0.05%)은 사용상의 제한이 필요한 보존제이다.

068

답 ③

해 쿼터늄-15의 사용한도는 0.2%이다.

069

답 ③

해 소듐라우로일사코시네이트는 사용상의 제한이 필요한 원료 중 보존제이다. 사용한도는 없으나 사용 후 씻어내는 제품에만 허용된다(기타 제품에는 사용금지).

070

답 ②

해 페릴알데하이드는 사용상의 제한이 필요한 원료 중 기타성분으로 사용한도는 0.1%이다.

071

답 ③

해 비타민E는 사용상 제한이 있는 원료 중 기타성분으로 사용한도는 20%이다. 포타슘소르베이트는 소르빅애씨드의 염류이며 사용상 제한이 있는 원료 중 보존제로 사용한도가 0.6%이다.

072

답 ①

해 ①은 사용상 제한이 있는 원료 중 보존제로서 사용한도가 프로피오닉애씨드로서 0.9%이다.
Tip 붕산은 배합금지 원료이지만 붕사는 배합 가능한 원료이다.

073

답 ①

해 영유아용 제품류 또는 13세 이하 어린이가 사용할 수 있음을 특정하여 표시한 제품에는 사용금지이나 샴푸는 제외이다.

074

답 ㉠ 3%, ㉡ 2%

075

답 ⑤

해 ① 건강틴크와 고추틴크를 합하여 1%까지 사용가능하다.
② 땅콩오일 및 추출물 중 땅콩단백질 최대농도는 0.5ppm을 초과하지 않아야 한다.
③ 만수국꽃 오일은 자외선차단제품 또는 자외선을 이용한 태닝 제품에는 사용금지이다.
④ 머스크자일렌 성분을 함유한 향수의 경우, 향료원액을 8% 초과 함유 제품은 1.0%, 향료원액 8% 이하로 함유한 제품 0.4%, 기타제품에 0.03%의 사용한도가 있다.

076

답 0.1%, 0.01%, 0.01%, 0.1%

해 만수국아재비꽃 추출물 또는 오일의 사용한도는 사용 후 씻어내는 제품에는 0.1%, 씻어내지 않는 제품에는 0.01%이다.

077

답 ②

해 메칠클로로이소치아졸리논과 메칠이소치아졸리논 혼합물은 사용 후 씻어내는 제품의 보존제로서 메칠이소치아졸리논과 병행 사용을 금지하고 있다.

078

답 ㉠ 양이온염, ㉡ 음이온염

079

답 메칠, 에칠, 프로필, 이소프로필, 부틸, 이소부틸, 페닐 중 2가지

080

답 ㉠ 15, ㉡ 10, ㉢ 3.0, ㉣ 5.0, ㉤ 7.5

081

답 ㉠ 티로시나아제, ㉡ 멜라닌

082

답 ⑤

해
- **수용성 미백 기능성 성분**: 닥나무추출물, 알부틴, 에칠아스코빌에텔, 아스코빌글루코사이드, 마그네슘아스코필포스페이트, 나이아신아마이드
- **지용성 미백 기능성 성분**: 유용성 감초추출물, 알파비사보롤, 아스코빌테트라이소팔미테이트
- **수용성 주름 기능성 성분**: 아데노신
- **지용성 주름 기능성 성분**: 레티놀, 레티닐팔미테이트, 폴리에톡실레이티드레틴아마이드

083

답 ⑤

해 사용 후 씻어내는 두발용 제품류에 2%의 사용한도가 있다.

084

답 ①

해 "인체 세포 · 조직 배양액"은 인체에서 유래된 세포 또는 조직을 배양한 후 세포와 조직을 제거하고 남은 액을 말한다.

085

답 ㄴ, ㅁ

해 ㄴ. 누구든지 공여자에 관한 정보를 제공하거나 광고 등을 통해 특정인의 세포 또는 조직을 사용하였다는 내용의 광고를 할 수 없다.
ㅁ. 화장품 제조업자가 아닌 화장품 책임판매업자이다.

086

답 알부틴

087

답 ③

해 배양액 제조에 사용하는 세포·조직에 대한 품질 및 안전성 확보를 위해 필요한 정보를 확인할 수 있도록 다음의 내용을 포함한 '인체 세포·조직 배양액'의 기록서를 작성·보존하여야 한다.
(1) 채취(보관을 포함한다)한 기관명칭
(2) 채취 연월일
(3) 검사 등의 결과
(4) 세포 또는 조직의 처리 취급 과정
(5) 공여자 식별 번호
(6) 사람에게 감염성 및 병원성을 나타낼 가능성이 있는 바이러스 존재 유무 확인 결과

088

답 ④

해 인체 세포 조직 배양액 제조 배양시설(청정등급 1B (Class 10,000) 이상)
① **Filter required** : HEPA
② **Temperature range** : 74 ± 8 F(18.8 ~ 27.7℃)
③ **Humidity range** : 55 ± 20%
④ **Pressure (inches of water)** : 0.05(= 1.27 mmH5O, 12Pa)
⑤ **Air changes per hour** : 20 ~ 30
(**출처** : 화장품 안전기준 등에 관한 규정 해설서)

089

답 ②

해 **향료의 양** : 250 × (0.2/100) = 0.5

알러지 성분	함량	계산식
파네솔	10%	0.5 × (10/100) = 0.05g(향료에 대한 파네솔 양g) 0.05 ÷ 250 × 100 = 0.02%(수렴화장수 전체 양에 대한 파네솔 백분율 함량)
아니스알코올	5%	0.5 × (5/100) = 0.025g(향료에 대한 아니스알코올 양g) 0.025 ÷ 250 × 100 = 0.01%(수렴화장수 전체 양에 대한 아니스알코올 백분율 함량)
유제놀	0.5%	0.5 × (0.5/100) = 0.0025g(향료에 대한 유제놀 양g) 0.0025 ÷ 250 × 100 = 0.001%(수렴화장수 전체 양에 대한 유제놀 백분율 함량)
아밀신남알	0.2%	0.5 × (0.2/100) = 0.001g(향료에 대한 아밀신남알 양g) 0.001 ÷ 250 × 100 = 0.0004%(수렴화장수 전체 양에 대한 아밀신남알 백분율 함량)
시트랄	0.1%	0.5 × (0.1/100) = 0.0005g(향료에 대한 시트랄 양g) 0.0005 ÷ 250 × 100 = 0.0002%(수렴화장수 전체 양에 대한 시트랄 백분율 함량)

사용 후 씻어내는 제품(샴푸, 린스, 바디클렌저 등)에는 0.01% 초과, 사용 후 씻어내지 않는 제품(토너, 로션, 크림 등)에는 0.001% 초과 함유하는 경우에 알레르기 성분명을 전성분명에 표시해야 한다.

090

답 ④

해 머스크케톤은 알레르기 유발성분에 해당되지 않는다.

091

답 ㄴ. 벤질알코올, ㄹ. 하이드록시시트로넬알, ㅁ. 벤질살리실레이트

092

답 ①

해 관련분야 전문의사, 연구소 또는 병원 기타 관련기관에서 5년 이상 해당 시험 경력을 가진 자의 지도 및 감독 하에 수행·평가되어야 한다.

093

답 ⑤

094

답 효력시험자료

095

답 ㉠ 착향제, ㉡ 보존제

096

답 ④, ⑤

해 유용성감초추출물은 티로시나아제의 활성을 억제하며 나이아신아마이드는 멜라닌의 이동을 억제하며 최대함량은 2.0~5.0%이다.

097

답 ⑤

해 식품의약품안전처장이 고시한 자외선차단성분을 함유한 화장품은 자외선차단지수 및 자외선차단등급 설정의 근거자료도 제출해야 한다.

098

답 ③

해 산성도(pH)에 관한 기준은 제외한다.

099

답 ㉠ 착향제, ㉡ 보존제

100

답 10

101

답 ⑤

해 효능효과를 나타내는 성분 및 함량은 고시되었지만 기준 및 시험방법은 고시되지 않았다.

102

답 SPF(Sun Protection Factor)

103

답 ㉠ -20, ㉡ SPF50+, ㉢ 19, ㉣ 23

104

답 ㉠ 320~400, ㉡ 290~320

105

답 ④

해 피부색이 황색, 검정색에 가까울수록 MED 값이 증가한다. 즉, 피부색이 어두울수록 UVB을 많이 조사해야 홍반이 나타난다.

106

답 ⑤

해 디갈로일트리올리에이트의 최대함량은 5.0%이다.

107

답 ③

해 아데노신은 주름개선에 도움을 주는 성분이며 최대함량은 0.04%. 톨루엔-2.5-디아민의 최대 함량은 2.0%, 아스코빌글루코사이드의 최대 함량은 2.0%, 치오글리콜산 80%는 체모를 제거하는 기능을 가진 성분이다.

108

답 ③

해 액제, 로션제, 크림제 타입의 씻어내는 화장품만 해당되며 기초화장품류의 토너, 로션, 크림 등은 해당되지 않는다.

- 여드름성 피부를 완화하는데 도움을 주는 제품의 성분 및 함량
  - **제형**: 액제, 로션제, 크림제(부직포에 침적된 상태는 제외)
  - **효능 효과**: 여드름성 피부를 완화하는데 도움을 준다.
  - **용법 용량**: 본품 적당량을 취해 피부에 사용한 후 물로 바로 깨끗이 씻어낸다.
  - 살리실릭애씨드의 최대함량은 0.5%
  - 질병예방 및 치료를 위한 의약품이 아님 문구 표기
  - 영유아용 제품류 또는 13세 이하 어린이가 사용할 수 있음을 특정하여 표시하는 제품에는 사용금지(다만, 샴푸는 제외)

109

답 ③

해 ① SPF는 UVB를 차단하는 제품의 차단효과를 나타내는 지수이다.

② SPF 1은 약 10~15분 정도의 자외선 차단 효과가 있다.

④ SPF 50 이상은 "SPF50+"로 표시한다.

⑤ 자외선차단지수(SPF)는 자외선차단제품을 도포하여 얻은 최소홍반량을 자외선차단제품을 도포하지 않고 얻은 최소홍반량으로 나눈 값이다.

110

답 ㄱ, ㄴ, ㄹ, ㅂ

해 기능성화장품의 효능, 효과를 나타내는 성분 및 함량을 고시한 경우 기원 및 개발경위에 관한 자료, 안전성에 관한 자료, 유효성 또는 기능에 관한 자료는 생략된다 고시된 함량보다 적거나 많은 경우에는 자료제출이 생략되지 않는다.

ㄱ. 아스코빌글루코사이드의 고시된 자료제출이 생략되는 함량은 2%며 함량이 초과된 경우에는 자료제출이 생략되지 않는다.

ㄴ. 자료제출이 생략되는 레티닐팔미테이트 함량은 10,000IU/g으로 함량이 부족하므로 자료제출이 생략되지 않는다.

ㄷ. 자료제출이 생략되는 벤조페논-3의 고시된 함량은 5%이므로 생략이 된다.

ㄹ. 자료제출이 생략되는 p-페닐렌디아민의 고시 함량은 2%이지만 산화염모제의 경우 유효성에 관한 자료 중 염모효력시험자료를 제출해야 한다.

ㅁ. 자료제출이 생략되는 알파-비사보롤의 고시 함량은 0.5%이므로 자료제출이 생략된다.

ㅂ. 자료제출이 생략되는 마그네슘아스코빌포스페이트의 고시 함량은 3.0%이므로 함량이 부족하여 자료제출을 해야 한다.

111

답 ④

해 체모를 제거하는 기능을 가진 크림은 "질병의 예방 및 치료를 위한 의약품이 아님"이라는 문구를 반드시 표시해야 하는 기능성 제품에 해당되지 않는다.

112

답 ④

해 AHA성분이 10%를 초과하여 함유되어 있거나 산도가 3.5 미만인 제품만 표시

113

답 ㉠ 질병, ㉡ 치료, ㉢ 의약품

114

답 ㄷ, ㄹ

해
- 고압가스를 사용하는 에어로졸 제품[무스의 경우 가)부터 라)까지의 사항은 제외한다.]
- **고압가스를 사용하지 않는 분무형 자외선 차단제**: 얼굴에 직접 분사하지 말고 손에 덜어 얼굴에 바를 것.

115

답 ②

해 섭씨 15도 이하의 어두운 장소에 보존하며, 과산화수소인 제품은 검은 머리카락이 갈색으로 변할 수 있으므로 유의하여 사용할 것.

116

답 ②

해 3세 이하 영유아에게는 사용하지 말 것.

117

답 염모제

118

답 ③

해 알부틴 2% 이상 함유제품에 해당되며, 포름알데하이드 성분에 과민한 사람은 신중히 사용할 것.

119

답 ④

해 AHA성분이 10% 초과 또는 산도가 3.5 미만인 경우 "고농도의 AHA 성분이 들어 있어 부작용이 발생할 우려가 있으므로 전문의 등에게 상담할 것"을 표기한다.

TIP 시험에서는 다양한 아하성분으로 표시할수 있으므로 반드시 아하성분을 기억하자!

- **과일산(AHA)**: 시트릭애씨드(구연산, citric acid, 감귤류), 글라이콜릭애씨드(글리콜산, glycolic acid, 사탕수수), 말릭애씨드(말산, malic acid, 사과산), 락틱애씨드(젖산, lactic acid, 쉰우유), 만델릭애씨드(만델릭산, mandelic acid, 아몬드), 타타릭애씨드(주석산, tartaric acid, 적포도주)

120

답 ㄱ, ㄴ, ㄹ, ㅁ, ㅇ

해 ㄷ. 땀발생억제제(Antiperspirant), 향수, 수렴로션(Astringent Lotion)은 제품 사용 후 24시간 후에 사용할 것.

ㅂ. 눈에 들어가지 않도록 하며 눈 또는 점막에 닿았을 경우 미지근한 물로 씻어내고 붕산수(농도 약 2%)로 헹굴 것.

ㅅ. 제품을 10분 이상 피부에 방치하거나 피부에서 건조하지 말 것.

121

답 ㄱ, ㄹ

해 ㄱ. 사용금지가 아닌, 사용 전 의사 또는 약사와 상의해야 한다. "특이체질, 신장질환, 혈액질환 등의 병력이 있는 분은 피부과 전문의와 상의하여 사용하십시오.", "이 제품에 첨가제로 함유된 프로필렌글리콜에 의하여 알레르기를 일으킬 수 있으므로 이 성분에 과민하거나 알레르기 반응을 보였던 적이 있는 분은 사용 전에 의사 또는 약사와 상의하여 주십시오."

ㄹ. 미열, 권태감, 두근거림, 호흡곤란의 증상, 코피 등의 출혈이 잦고 생리, 그 밖의 출혈이 멈추기 어려운 증상이 있는 사람이 사용하지 말라는 주의사항이 표시될 제품은 염모제이다.

122

답 ②

해 실버나이트레이트 함유제품 - 눈에 접촉을 피하고 눈에 들어갔을 때는 즉시 씻어낼 것

123

답 ①, ②

해
- **체취 방지용 제품**: 털을 제거한 직후에는 사용하지 말 것
- **알루미늄 및 그 염류 함유 제품(체취방지용 제품류에 한함)**: 신장 질환이 있는 사람은 사용 전에 의사, 약사, 한의사와 상의할 것

124

답 ㉠ 부틸파라벤, ㉡ 프로필파라벤, ㉢ 이소부틸파라벤, ㉣ 이소프로필파라벤

해 부틸,이소부틸/프로필,이소프로필 형태로 짝을 지어 외워봅시다.

125

답 ①

해

구분	주의사항
스테아린산아연 함유 제품(기초화장용 제품류 중 파우더 제품에 한함)	사용 시 흡입되지 않도록 주의할 것
살리실릭애씨드 및 그 염류 함유 제품(샴푸 등 사용 후 바로 씻어내는 제품 제외)	3세 이하 영유아에게는 사용하지 말 것
알루미늄 또는 그 염류 함유 제품(체취방지용 제품류에 한함)	신장질환이 있는 사람은 사용 전에 의사, 약사, 한의사와 상의할 것
알부틴 2% 이상 함유 제품	알부틴은 「인체적용시험자료」에서 구진과 경미한 가려움이 보고된 예가 있음
카민 함유 제품	카민 성분에 과민하거나 알레르기가 있는 사람은 신중히 사용할 것
코치닐추출물 함유 제품	코치닐추출물 성분에 과민하거나 알레르기가 있는 사람은 신중히 사용할 것

126

답 ㉠ 위험성 확인, ㉡ 위험성 결정, ㉢ 노출평가, ㉣ 위해도 결정

127

답 ㉠ 5일, ㉡ 15일, ㉢ 30일

128

답 ③

해 위험성 다등급에 해당하는 경우 일반일간신문에의 게재를 생략할 수 있다.

① 안전용기·포장 등에 위반되는 화장품 - 나등급
② 유통화장품 안전관리 기준(내용량 제외)에 적합하지 아니한 화장품 - 나등급
③ 이물이 혼입되었거나 부착되어 보건 위생상 위해를 발생할 우려가 있는 화장품 - 다등급
④ 식품의약품안전처장이 화장품의 제조 등에 사용할 수 없는 원료를 지정하여 고시한 원료를 사용한 화장품 - 가등급
⑤ 식품의약품 안전처에서 사용기준이 지정·고시된 원료(보존제, 색소, 자외선차단제 등)이외의 원료를 사용한 화장품 - 가등급

129

답 ①, ②, ④, ⑤, ⑥, ⑧

해 회수를 시작한 날부터 30일 이내 회수되어야 하는 경우는 위험성 나, 다등급에 해당한다.

③ 사용기준이 지정·고시된 원료 외의 보존제, 색소, 자외선차단제 등을 사용한 화장품 - 가등급
⑤ 유통화장품 안전관리 기준에 적합하지 아니한 화장품(내용량 미달, 기능성성분의 함량미달 제외) - 나등급
⑦ 사용할 수 없는 원료를 사용하여 제조한 화장품 - 가등급

130

답 ㄷ, ㄹ

해 공표에 사용된 비용, 공표대상품목 제조번호는 통보사항에 해당되지 않는다. 공표를 한 영업자는 다음 각 호의 사항이 포함된 공표 결과를 지방식품의약품안전청장에게 통보하여야 한다.

1. 공표일
2. 공표매체
3. 공표횟수
4. 공표문 사본 또는 내용

131

답 ①

해

위해화장품 회수

가. 회수제품명:
나. 제조번호:
다. 사용기한 또는 개봉 후 사용기간(병행 표기된 제조연월일을 포함한다):
라. 회수 사유:
마. 회수 방법:
바. 회수 영업자:
사. 영업자 주소:
아. 연락처:
자. 그 밖의 사항: 위해화장품 회수 관련 협조 요청
1) 해당 회수화장품을 보관하고 있는 판매자는 판매를 중지하고 회수 영업자에게 반품하여 주시기 바랍니다.
2) 해당 제품을 구입한 소비자께서는 그 구입한 업소에 되돌려 주시는 등 위해화장품 회수에 적극 협조하여 주시기 바랍니다.

132

답 ㉠ 생략, ㉡ 2년

133

답 ㄱ, ㄷ

해 ㄱ. 나등급은 회수를 시작한 날부터 30일 이내 회수종료를 해야 한다.
ㄷ. 회수계획량의 3분의 1 이상을 회수한 경우 등록취소인 경우에는 업무정지 2개월 이상 6개월 이하의 범위에서 처분

134

답 ②

해 ① 맞춤형화장품조제관리사는 회수 의무자에 해당되지 않는다.
③ 회수의무자는 판매자에게 회수 계획을 통보해야 하며 통보 사실을 입증할 수 있는 자료를 회수 종료일부터 2년간 보관해야한다.
④ 회수계획을 통보받은 자는 회수 대상 화장품을 회수 의무자에게 반품하고 회수확인서를 작성하여 회수의무자에게 송부하여야 한다.
⑤ 회수대상화장품이라는 사실을 안 날부터 5일 이내에 회수계획서를 지방식품의약품안전청장에게 제출하여야 한다.

135

답 ㉠ 독성, ㉡ 위해성, ㉢ 통합위해성평가

136

답 ㉠ 위해지수, ㉡ 안전역

137

답 ②

해 위원회의 위원장은 식품의약품안전평가원장이 하며, 위원은 식품의약품안전처장이 위촉하거나 지명한다.

138

답 ④

해 천수국꽃 추출물 또는 오일은 사용금지 원료에 해당된다.

139

답 ③

해 위험에 대한 충분한 정보가 부족한 경우에는 위해평가가 필요하지 않다. 위험성이 알려지거나 이미 위험하지만 위험의 정도 또는 사용기준 등을 정하기 위해 실시된다.
위해성평가의 대상은 다음과 같다.
1. 국제기구 또는 외국정부가 인체의 건강을 해칠 우려가 있다고 인정하여 판매하거나 판매할 목적으로 생산·판매 등을 금지한 인체적용제품
2. 새로운 원료 또는 성분을 사용하거나 새로운 기술을 적용한 것으로서 안전성에 대한 기준 및 규격이 정해지지 아니한 인체적용제품
3. 그 밖에 인체의 건강을 해칠 우려가 있다고 인정되는 인체적용제품

140

답 ㄴ, ㄹ, ㅁ

해 엘라스타제 활성 억제 시험과 세포 내 콜라겐나제 활성 억제 시험은 피부 주름 개선에 도움을 주는 유효성 평가방법이다.

141

답 ㉠ 100, ㉡ 10

142

답 식품의약품안전평가원

143

답 ④

해 ① 페루발삼추출물 0.4%까지 사용가능
② 네일폴리시, 네일 에나멜등은 용매제로 자일렌 0.01% 잔류 허용
③ 알부틴 사용시 히드로퀴논 1ppm까지 잔류 함유량 허용
④ 니트로메탄은 사용금지원료
⑤ 소듐나이트라이트 0.2% 사용한도

맞춤형화장품조제관리사

PART 03

유통 화장품 안전관리 정답 및 해설

유통 화장품 안전관리

001

답 ③

002

답 CGMP(우수화장품 제조 및 품질관리기준)

003

답 ㉠ 제조, ㉡ 품질보증

004

답 ㉠ 원자재, ㉡ 불만

005

답 ㉠ 회수, ㉡ 오염

006

답 ㉠ 청소, ㉡ 품질보증

007

답 유지관리

008

답 교정

009

답 제조번호(뱃치번호)

010

답 ㉠ 반제품, ㉡ 벌크제품

011

답 ㉠ 제조단위(뱃치), ㉡ 완제품

012

답 ㉠ 재작업, ㉡ 수탁자

013

답 내부감사

014

답 변경관리

015

답 ②

해 "감사"란 제조 및 품질과 관련한 결과가 계획된 사항과 일치하는지의 여부와 제조 및 품질관리가 효과적으로 실행되고 목적 달성에 적합한지 여부를 결정하기 위한 체계적이고 독립적인 조사를 말한다. "재작업"이란 적합 판정기준을 벗어난 완제품, 벌크제품 또는 반제품을 재처리하여 품질이 적합한 범위에 들어오도록 하는 작업을 말한다.

016

답 ③

해 "수탁자"는 직원, 회사 또는 조직을 대신하여 작업을 수행하는 사람, 회사 또는 외부 조직을 말한다. "감사"란 제조 및 품질과 관련한 결과가 계획된 사항과 일치하는지의 여부와 제조 및 품질관리가 효과적으로 실행되고 목적 달성에 적합한지 여부를 결정하기 위한 체계적이고 독립적인 조사를 말한다.

017

답 ②

018

답 ㉠ 포장재, ㉡ 적합 판정기준

019

답 ㉠ 소모품, ㉡ 관리

020

답 ㉠ 제조소, ㉡ 건물

021

답 ㉠ 위생관리, ㉡ 출하

022

답 ⑤

해 "제조소"란 화장품을 제조하기 위한 장소를 말한다.

023

답 ③

해 일탈이 있는 경우 이의 조사 및 기록, 불만처리와 제품 회수에 관한 사항의 주관

024

답 교육훈련

025

답 ⑤

026

답 ④

027

답 ①

해 작업복은 오염여부를 쉽게 확인할 수 있도록 하기 위해 밝은 색의 폴리에스터 재질이 권장된다.

028

답 ○

029

답 ①, ⑤

해 ② 바닥, 벽, 천장은 가능한 청소하기 쉽게 매끄러운 표면을 지니고 소독제 등의 부식성에 저항력이 있어야 한다.
③ 수세실과 화장실은 접근이 쉬워야 하나 생산구역과 분리되어 있어야 한다.
④ 외부와 연결된 창문은 가능한 열리지 않도록 해야 한다.

030

답 ⑤

해 ① 화장품 작업장은 환기는 잘 되어야 하지만, 외부와 연결된 창문은 가능한 열리지 않도록 해야 한다. 그 이유는 곤충, 해충, 쥐를 막기 위함이다.
② 화장품을 제조하는 작업장의 경우 화장품의 종류와 제형에 따라 적절히 구획 및 구분하여 교차오염의 우려가 없도록 해야 한다.
③ 화장품 작업장에서 수세실과 화장실은 접근이 쉬워야 하나 생산 구역과는 반드시 분리되어야 한다.
④ 사용하지 않는 연결 호스와 부속품이더라도 청소와 위생관리를 실시하여야 한다. 뿐만 아니라, 건조한 상태를 유지하여 다른 오염으로부터 보호하여야 한다.

031

답 ○

032

답 ④

해 천정 주위의 대들보, 파이프, 덕트 등은 가급적 노출되지 않도록 설계하고, 파이프는 받침대 등으로 고정하고 벽에 닿지 않게 하여 청소가 용이하도록 설계할 것.

033

답 ○

034

답 맞춤형화장품조제관리사

035

답 ㉠ 세척, ㉡ 소독

036

답 ⑤

해 청소는 위쪽에서 아래쪽으로 안쪽에서 바깥쪽으로 청소를 해야 한다.

037

답 ⑤

해 맞춤형 화장품 작업장의 위생 관리를 위해 방충과 방서에 대한 대책이 마련되고 정기적으로 방충(벌레)과 방서(쥐)를 점검하는 것이 권장된다.

038

답 ④

해 작업장의 위생관리를 위한 세제는 가격이 저렴해야 하며, 안전성이 높고, 세정력이 우수하며, 헹굼이 용이하고, 부식성이 없어야 하며 냄새가 남아있지 않아야 한다.

039

답 ①

해 탈갱의실→보관실→칭량실→조제실→충전실→포장실→보관실→세척실 순서이다.

040

답 ⑤

해 내용물 혹은 원료가 노출되는 지역은 청정도 등급이 2등급으로 낙하균 30개/hr 이하 또는 부유균 200개/㎥ 이하로 관리한다. 원료보관소는 내용물이 완전 폐색된 지역으로 청정도 등급이 4등급이며 관리기준이 없다.

041

답 ㄱ, ㅁ, ㅂ

해 ㄱ. Clean bench는 청정도 등급 1등급이므로 관리기준은 낙하균 : 10개/hr, 부유균 : 20개/㎥ 이다. 따라서 해당 보기 문항은 옳다.

Tip 낙하균, 부유균 헷갈림 주의

ㄴ. 미생물시험실은 청정도 등급 2등급이므로 청정공기 순환 : 10회/hr 이상 또는 차압관리가 맞는 기준이다.

ㄷ. 완제품보관소는 청정도 등급 4등급이므로 환기장치로 관리 하면 된다.

ㄹ. 내용물보관소의 관리 기준은 낙하균 : 30개/hr, 부유균 : 200개/㎥이므로 해당 보기문항은 옳지 않다.

ㅁ. 일반실험실은 청정도 등급 4등급이므로 환기장치로 관리 하면 된다.

ㅂ. 포장실은 청정도 등급 3등급이므로 차압관리하면 된다.

042

답 ㉠ 문서화, ㉡ 문서

043

답 ①

해 피부 외상 혹은 질병이 있는 직원은 소분, 혼합 작업을 하지 않아야 한다.

044

답 ④

해 선풍기는 분진시설이 아니다.

045

답 ㉠ 5분, ㉡ 99.9

046

답 ③

해 화장품 제조를 위해 제조 설비의 세척과 소독은 문서화된 절차에 따라 수행한다.

047

답 ㄱ, ㅁ, ㅂ, ㅅ

해 ㄴ. 설비 세척 시 가능한 한 세제를 사용하지 않는다.
ㄷ. 세척력이 약한 양쪽성계면활성제는 세척세제로 사용하기 적합하지 않다.
ㄹ. 세척 후에는 반드시 "판정"한다.

048

답 ①

해 ② 청소상태에 대한 "책임"을 명확하게 한다.
③ 세제를 사용한다면 사용하는 세제명을 기록한다.
④ 사용한 기구, 세제, 날짜, 시간, 담당자명 등의 기록을 남긴다.
⑤ "청소결과"를 표시한다.

049

답 ㄹ, ㅅ

해 ㄹ. 에톡실화 계면활성제는 상기 조건에 추가하여 다음 조건을 만족하여야 한다.
- 전체 계면활성제의 50% 이하일 것
- 에톡실화가 8번 이하일 것
- 유기농 화장품에 혼합되지 않을 것

050

답 ⑤

해 천연 함량 비율(%) = 물 비율 + 천연 원료 비율 + 천연 유래 원료 비율

051

답 생산

052

답 ④

해 ㄹ. 모든 제조 관련 설비는 승인된 자만이 접근·사용하여야 한다.
ㅂ. 유지관리 작업이 제품의 품질에 영향을 주어서는 아니 된다.

053

답 ①

054

답 ④

해 자외선램프에 노출이 잘 되도록 도구를 적당한 간격을 두고 배치하여 사용한다.

055

답 ④

해 맞춤형화장품조제관리사는 보존제를 혼합할 수 없다.

056

답 ①

해 제조업자는 원자재 공급자에 대한 관리감독을 적절히 수행하여 입고 관리가 철저히 이루어지도록 해야 한다.

057

답 ②

해 원자재 용기 및 시험기록서에 필수적으로 기재할 사항은 수령일자, 원자재 공급자가 정한 제품명, 원자재 공급자명, 공급자가 부여한 제조번호 또는 관리 번호이다.

058

답 ④

해 모든 원료와 포장재는 사용 전에 관리되어야 한다.또한, 모든 원료와 포장재는 화장품 제조업자가 정한 기준에 따라서 품질을 입증할 수 있는 검증 자료를 공급자로부터 공급받아야 한다. 이러한 보증의 검증은 주기적으로 관리되어야 한다.

059

답 ③

060

답 ③

해 ① 출고 관리는 오직 승인된 자만이 원료 및 포장재의 불출 절차를 수행할 수 있다.
② 뱃치에서 취한 검체가 모든 합격 기준에 부합할 때 뱃치가 불출될 수 있다.
④ 재고품은 오래된 것이 먼저 사용되도록 보증해야 한다.
⑤ 사용기한이 임박한 경우 먼저 입고된 물품보다 빨리 출고할 수 있다.

061

답 ③

해 모든 원료 및 부자재는 관리번호를 부여하여 보관한다.

062

답 ③

해 원자재, 시험 중인 제품 및 부적합품은 각각 구획된 장소에서 보관하여야 한다.

063

답 ㄷ, ㄹ

해 ㄱ. 원료와 포장재는 특성에 따라 보관조건을 달리해야 한다. (예 냉장, 냉동보관)
ㄴ. 원료와 포장재가 재포장될 때, 새로운 용기에는 원래와 동일한 라벨링이 있어야 한다.
ㅁ. 특별한 경우를 제외하고, 가장 오래된 재고가 제일 먼저 출하되도록 선입선출 한다.
ㅂ. 원료와 포장재의 용기는 밀폐되어, 청소와 검사가 용이하도록 충분한 간격으로, 바닥과 떨어진 곳에 보관되어야 한다.

064

답 ②

065

답 ④

해 여러 번 사용하게 될 벌크 제품의 경우 개봉 시마다 변질 및 오염이 발생한 가능성이 있기 때문에 여러 번 재보관하여 재사용을 반복하는 것을 피한다. 따라서, 여러 번 사용하는 벌크제품의 경우 소량씩 나누어서 보관하고 재보관의 횟수를 줄인다.

066

답 ②

해 완제품은 시험결과 적합으로 판정되면 품질보증부서 책임자가 출고 승인한 것만을 출고한다.

067

답 ③

해 시장 출하 전 모든 완제품은 설정된 시험 방법에 따라 관리되어야 한다.

068

답 ②

069

답 ④

해 제품회수 및 폐기처분수행을 하는 업무의 수행은 책임판매관리자가 한다.

070

답 ⑤

해 완제품 보관소에 필요한 조건은 채광이 아니라 차광이다.

- **차광**: 햇빛이나 불빛이 밖으로 새거나 들어오지 않도록 가리개로 막아서 가리는 것이다.
- **채광**: 창으로 햇빛을 실내에 들어오게 하는 것을 말한다.

071

답 ③

해 **폴리스티렌(PS)**: 딱딱하고 투명하고 광택이 있으며 내약품성이 나쁘다 콤팩드 용기로 사용된다.

072

답 ⑤

073

답 ㉠ 제조번호

074

답 보관용 검체 또는 검체

075

답 ⑤

해 사용기한 경과 후 1년간 또는 개봉 후 사용 기간을 기재하는 경우에는 제조일로부터 3년간 보관한다.

076

답 ㄱ, ㄹ, ㅁ, ㄴ, ㅅ, ㅂ, ㄷ

해 포장공정 - 시험 중 라벨 부착 - 입고대기구역보관(임시보관) - 완제품시험 합격 - 합격라벨 부착 - 보관 - 출하

077

답 ⑤

해 정해진 보관 기간이 경과된 원자재 및 반제품은 재평가하여 품질기준에 적합한 경우 제조에 사용할 수 있다.

078

답 ⑤

해 역가, 제조자의 성명 또는 서명(직접 제조한 경우에 한함)

079

답 ⑤

해 완제품의 보관용 검체는 사용기한 경과 후 1년간 또는 개봉 후 사용기간을 기재하는 경우에는 제조일로부터 3년간 보관한다.

080

답 ⑤

081

답 ④

해 검체는 제조실이 아닌 실험실로 운반한다.

082

답 ③

해 ① 품질보증책임자에 의해 폐기 및 재작업여부는 결정된다

③, ④ 재작업은 그 대상이 다음 각 호를 모두 만족한 경우에 할 수 있다.

㉠ 변질 · 변패 또는 병원미생물에 오염되지 아니한 경우

㉡ 제조일로부터 1년이 경과하지 않았거나 사용기한이 1년 이상 남아있는 경우

⑤ 재입고 할 수 없는 제품의 폐기처리규정을 작성하여야 하며 폐기 대상은 따로 보관하고 규정에 따라 신속하게 폐기하여야 한다.

083

답 ③

해 재작업 처리의 실시는 품질보증책임자가 결정해야 한다. 재작업이란 뱃치 전체 또는 일부에 추가처리를 하여 부적합품을 적합품으로 다시 가공하는 일이다.

084

답 ㉠ 기준일탈

085

답 ③

해 재작업 처리 실시의 결정은 품질보증 책임자가 실시한다.

086

답 ㉠ 일탈, ㉡ 기준일탈

해 • 일탈은 원료가 전혀 다른 것이 사용되거나, 청소상태가 불량한 것 등을 의미한다.
• 기준일탈은 ph, 점도 등 표준서에 정해져 있는 숫자를 벗어난 경우를 의미한다. 품질보증책임자가 벌크의 부적합 판정 시 기준일탈제품이 되며 또한 재작업이 가능하다. 모든 재작업은 제조기록서에 문서로 기록하여야 한다.

087

답 ①

088

답 ④

해 품질에 영향을 미치지 않는 것은 중대하지 않은 일탈에 속한다.

089

답 ③

해 품질관리부서에 의한 내용의 조사·승인이나 진척 상황의 확인이 필요하다.

090

답 ㄱ-ㄷ-ㄴ-ㅁ-ㄹ

해 일탈의 발견 및 초기평가-즉각적인 수정조치-SOP에 따른 조사, 원인분석 및 예방조치-후속조치/종결-문서작성/문서추적 및 경향분석

091

답 ⑤

해 다른 제조번호의 제품에도 영향이 없는지 점검해야 한다.

092

답 ①

해 전체 회수과정에 대해 화장품책임판매업자와 의논하여 역할을 조정하여야 한다.

093

답 ②

094

답 ㉠ 내부감사, ㉡ 외부감사, ㉢ 사전감사, ㉣ 사후감사

095

답 ③

해 작성된 문서에는 권한을 가진 사람의 서명과 승인 연월일이 있어야 한다.

096

답 미생물 한도 시험

097

답 ⑤

해 메탄올 0.2(v/v)% 이하 (물휴지는 0.002(v/v)% 이하)

098

답 ⑤

해 포름알데하이드 : 2000㎍/g 이하, 물휴지는 20㎍/g 이하

099

답 ④

해 ㄱ. 클렌징로션은 물로 씻어내는 제품이므로 pH기준이 적용되지 않는다. 따라서 판매해도 된다.

- **pH 기준** : 영·유아용 제품류(영·유아용 샴푸, 영·유아용 린스, 영·유아 인체 세정용 제품, 영·유아 목욕용 제품 제외), 눈 화장용 제품류, 색조 화장용 제품류, 두발용 제품류(샴푸, 린스 제외), 면도용 제품류(셰이빙 크림, 셰이빙 폼 제외), 기초화장용 제품류(클렌징 워터, 클렌징 오일, 클렌징 로션, 클렌징 크림 등 메이크업 리무버 제품 제외) 중 액, 로션, 크림 및 이와 유사한 제형의 액상제품은 pH 기준이 3.0 ~ 9.0이어야 한다. 다만, 물을 포함하지 않는 제품과 사용한 후 곧바로 물로 씻어 내는 제품은 제외한다.

ㄴ. 리퀴드 파운데이션은 색조화장품 제품류로서 니켈의 검출 허용한도는 30㎍/g 이하이다. 따라서 검출허용한도를 넘었으므로 이를 판매할 수 없다.

ㄷ. 안티몬이 7㎍/g 검출된 로션제A와 5㎍/g 검출된 로션제B가 반반씩 섞여진 화장품의 안티몬 검출량은 6㎍/g이다. 안티몬의 허용 한도는 10㎍/g이므로 판매 가능하다.

ㄹ. 화장 비누에 한하여 유리알칼리 성분이 0.1% 이하여야 한다. 한도를 넘지 않았으므로 판매하여도 된다.

ㅁ. 아이브로펜슬은 눈 화장용 제품류로서 총호기성 생균수가 500개/g(mL) 이하여야 한다. 따라서 총호기성 생균수의 한도를 넘었으므로 판매하면 안 된다.

100

답 ㉠ 500개, ㉡ 100개, ㉢ 1000개

101

답 불검출되어야 한다.

102

답 ④

해 대장균, 녹농균, 황색포도상구균은 불검출되어야 한다.

103

답 ③

해 미생물 한도 시험시 액제, 로션제, 크림제, 오일제 제품은 10배로 희석한 후 검사한다.(식품의약품안전처 고시「화장품 안전기준 등에 관한 규정」[별표 4](유통화장품 안전관리 시험방법)의 미생물 한도 시험 참조)

104

답 ③

해 제품 3개를 가지고 시험할 때 그 평균 내용량이 표기량에 대하여 97% 이상이어야 한다.

105

답 ④

해 • 화장품법에서는 내용량을 기재표시할 때 1차 포장 또는 2차 포장의 무게가 포함되지 않은 중량을 기재·표시하도록 되어 있다. 다만, 이때 화장 비누의 경우에는 수분을 포함한 중량과 건조중량을 내용량으로 하며 이 두 가지 사항을 함께 기재·표시해야 한다.
• 「화장품 안전기준 등에 관한 규정」의 유통화장품 안전관리 기준에 따르면 제품 3개를 가지고 시험할 때 그 평균 내용량이 표기량에 대하여 97% 이상이어야 한다. 다만, 이때 화장 비누의 경우에는 건조중량을 내용량으로 한다.

106

답 ㄷ, ㅂ, ㅅ, ㅇ

해 pH기준에 해당되지 않는 제품은 물을 포함하지 않거나 사용 후 씻어내는 제품이다.

107

답 ㄴ, ㄷ, ㄹ

해 영·유아용 제품류(영·유아용 샴푸, 영·유아용 린스, 영·유아 인체 세정용 제품, 영·유아 목욕용 제품 제외), 눈 화장용 제품류, 색조 화장용 제품류, 두발용 제품류(샴푸, 린스 제외), 면도용 제품류(셰이빙 크림, 셰이빙 폼 제외), 기초화장용 제품류(클렌징 워터, 클렌징 오일, 클렌징 로션, 클렌징 크림 등 메이크업 리무버 제품 제외) 중 액, 로션, 크림 및 이와 유사한 제형의 액상제품만 해당된다. 다만, 물을 포함하지 않는 제품과 사용한 후 곧바로 물로 씻어 내는 제품은 제외된다.

108

답 0.1

109

답 ③

해 씻어내는 제품은 해당되지 않는다.

110

답 ①

해 화장품의 공통시험항목에는 3가지로 미생물한도, 내용량, 비의도적 유래물질의 검출허용한도(납, 수은, 비소, 니켈, 안티몬, 카드뮴, 디옥산, 메탄올, 프롬알데히드, 프탈레이트류)가 있다. 유형별 추가 시험 항목에는 pH기준(수분 포함 제품), 주성분함량(기능성화장품), 유리알칼리 함량(화장비누)가 있다.

111

답 ③, ⑤

해 • 수분이 포함된 화장품만 pH 검사 가능
• 유리알칼리 성분은 화장비누만 해당된다.
• **비의도적 유래물질의 허용한도에서 납, 수은, 비소**: 기초화장품류 필수항목
• **안티몬, 카드뮴**: 색조화장품류 추가항목
• **디옥산**: 계면활성제 사용제품 추가항목
• **메탄올**: 알코올 함유제품 추가항목
• **포름알데하이드**: 보존제 사용제품 추가항목
• **프탈레이트류**: 손발톱용 제품, 향수, 두발용 제품 추가항목

112

답 ④

해 기초화장품은 납, 비소, 수은 함량을 반드시 검사 해야 한다.
• **안티몬/카드뮴**: 색조화장품류
• **디옥산**: PEG/POE 포함 계면활성제 사용 제품
• **메탄올**: 스킨, 로션, 토너, 향수, 헤어토닉과 같은 알코올 함유 제품
• **프롬알데하이드**: 보존제인 디아졸리디닐우레아/디엠디엠하이단토인/쿼터늄-15 사용제품

113

답 ①, ③

해 납, 니켈, 비소, 안티몬, 카드뮴에서 공통으로 사용하는 시험방법은 원자흡광광도법(AAS), 유도결합플라즈마분광기를 이용하는 방법(ICP), 유도결합플라즈마-질량분석기를 이용하는 방법(ICP-MS)이다.

114

답 ⑤

해 **포름알데하이드** : 액체크로마토그래프법의 절대검량선법

115

답 ②

116

답 ㉠ 2, ㉡ 30

117

답 ②

해 1. **총 호기성 세균수시험** : 변형레틴한천배지(Modified letheen agar), 대두카제인소화한천배지(Tryptic soy agar), 변형레틴액체배지 (Modified letheen broth)
2. **진균수시험** : 항생물질 첨가 포테이토 덱스트로즈 한천배지(Potato dextrose agar), 항생물질 첨가 사브로포도당한천배지(Sabouraud dextrose agar)
3. **대장균 시험** : 유당액체배지, 맥콘키한천배지, 에오신메칠렌블루한천배지(EMB한천배지)
4. **녹농균시험** : 카제인대두소화액체배지, 세트리미드한천배지(Cetrimide agar), 엔에이씨한천배지(NAC agar), 플루오레세인 검출용 녹농균 한천배지 F (Pseudomonas agar F for detection of fluorescein), 피오시아닌 검출용 녹농균 한천배지 P(Pseudomonas agar P for detection of pyocyanin)
5. **황색포도상구균시험** : 보겔존슨한천배지(Vogel-Johnson agar), 베어드파카한천배지(Baird-Parker agar)

118

답 ㄱ, ㄷ, ㅁ

해 대장균 - 유당액체배지, 맥콘키한천배지, 에오신메칠렌블루한천배지(EMB한천배지)

119

답 한천평판도말법

120

답 ㉠ 700, ㉡ 600, ㉢ 1300, 부적합

해 유통화장품의 안전관리 기준에 따라 기타화장품의 미생물한도는 1,000개/g(mL) 이하이다. 이 제품의 총 호기성세균수는 1300(CFU/g(ml))이다.따라서 부적합이다.

	각 배지에서 검출된 집락수		
	평판1	평판2	평균
세균용 배지	6	8	7
진균용 배지	8	4	6
세균수(CFU/g(ml))	{(6+8)÷2}×10÷0.1=700		
진균수(CFU/g(ml))	{(8+4)÷2}×10÷0.1=600		
총 호기성 생균수 (CFU/g(ml))	700+600=1300		

121

답 2300, 부적합

해 유통화장품의 안전관리 기준에 따라 기타 화장품의 미생물한도는 1,000개/g(mL) 이하이다. 이 제품의 총 호기성세균수는 2300(CFU/g(ml))이다.따라서 부적합이다.

표 2	3개의 배지에서 검출된 집락수	
	반복수1	반복수2
세균용 배지	5+3+4=12	5+4+7=16
진균용 배지	4+2+2=8	2+5+3=10
세균수(CFU/g(ml))	{(12+16)÷2}×100=1400	
진균수(CFU/g(ml))	{(8+10)÷2}×100=900	
총 호기성 생균수 (CFU/g(ml))	1400+900=2300	

122

답 880, 적합

해 유통화장품의 안전관리 기준에 따라 기타 화장품의 미생물한도는 1,000개/g(mL) 이하이다. 이 제품의 총 호기성세균수는 880(CFU/g(ml))이다. 따라서 적합이다.

	각 배지에서 검출된 집락수		
	평판1	평판2	평균
세균용 배지	66	58	62
진균용 배지	28	24	26
세균수(CFU/g(ml))	{(66+58)÷2}×10=620		
진균수(CFU/g(ml))	{(28+24)÷2}×10=260		
총 호기성 생균수 (CFU/g(ml))	620+260=880		

123

답 1550, 부적합

해 유통화장품의 안전관리 기준에 따라 기타 화장품의 미생물한도는 1,000개/g(mL) 이하이다. 이 제품의 총 호기성세균수는 1,550(CFU/g(ml))이다. 따라서 부적합이다.

	각 배지에서 검출된 집락수		
	평판1	평판2	평균
세균용 배지	8	11	9.5
진균용 배지	5	7	6
세균수(CFU/g(ml))	{(8+11)÷2}×100=950		
진균수(CFU/g(ml))	{(5+7)÷2}×100=600		
총 호기성 생균수 (CFU/g(ml))	950+600=1550		

124

답 ③

125

답 염화바륨법

126

답 보라색

127

답 ㉠ 에탄올법, ㉡ 분홍

128

답 페놀프탈레인

129

답 ㉠ 포장지시서, ㉡ 생산계획서

130

답 ①

해 • 폴리프로필렌(PP), PET는 내약품성이 우수한 반면, 폴리스티렌(PS)은 내약품성이 나쁘다.
• 스테인리스 스틸은 부식이 잘 되지 않는 반면, 철은 녹슬기 쉬우며 부식이 잘되는 편이다.
※ 부식이란 금속이 화학적 또는 전기 화학적 작용을 받아 용해나 녹 등에 의해서 변질, 소모되는 것을 말한다.

131

답 ④

해 포장재 입고 시 수행순서
1) 포장재 재고량을 파악한다.
2) 생산 계획을 검토하여 재고 분량 외에 추가로 필요한 수량을 파악한다.
3) 포장재별 납품에 필요한 기간을 파악한다.
4) 포장재별 입출고 일정을 인지한다.
5) 포장 작업 지시서를 근거로 최종 점검한다.

132

답 ③

133

답 ⑤

해 포장작업 완료 후, 제조부서책임자가 서명 및 날짜를 기입해야 한다.

134

답 ③

해 완제품에 부여된 특정 제조번호는 벌크제품의 제조번호와 동일할 필요는 없지만, 완제품에 사용된 벌크 뱃치 및 양을 명확히 확인할 수 있는 문서가 존재해야 한다.

135

답 ⑤

136

답 ⑤

137

답 ④

해 성분명을 제품 명칭의 일부로 사용한 경우 그 성분명과 함량(방향용은 포함하지 않음)

138

답 ①

해 10밀리리터 초과 50밀리리터 이하 또는 중량이 10그램 초과 50그램 이하 화장품의 포장인 경우에는 타르색소, 금박, 샴푸와 린스에 들어 있는 인산염의 종류, 과일산(AHA), 기능성화장품의 경우 그 효능·효과가 나타나게 하는 원료, 식품의약품안전처장이 사용기준을 고시한 화장품의 원료를 제외한 성분의 기재·표시를 생략할 수 있다.

139

답 ①

해 ①, ② 화장품의 기재사항은 총리령으로 정하는 바에 따라 한글로 기재표시해야 하며 한자 또는 외국어와 함께 적을 수 있다.

③ 내용량이 50mL[g] 이하인 경우 전성분 표시를 생략할 수 있다. 단, 속눈썹용 퍼머넌트웨이브 제품, 외음부 세정제는 제외

④ 견본품이나 비매품에는 화장품의 명칭, 화장품책임판매업자 또는 맞춤형화장품판매업자의 상호, 가격, 제조번호와 사용기한 또는 개봉 후 사용기간(개봉 후 사용기간을 기재할 경우에는 제조연월일을 병행 표기하여야 한다)만을 기재·표시할 수 있다. 따라서 전성분의 표시 생략이 가능하다.

- 다음 각 호에 해당하는 1차 포장 또는 2차 포장에는 화장품의 명칭, 화장품책임판매업자 또는 맞춤형화장품판매업자의 상호, 가격, 제조번호와 사용기한 또는 개봉 후 사용기간(개봉 후 사용기간을 기재할 경우에는 제조연월일을 병행 표기하여야 한다)만을 기재·표시할 수 있다. 다만, 제2호의 포장의 경우 가격이란 견본품이나 비매품 등의 표시를 말한다.
  1. 내용량이 10밀리리터 이하 또는 10그램 이하인 화장품의 포장
  2. 판매의 목적이 아닌 제품의 선택 등을 위하여 미리 소비자가 시험·사용하도록 제조 또는 수입된 화장품의 포장

140

답 ㉠ 타르색소, ㉡ 인산염

141

답 ㄷ, ㄹ

해 ㄷ. 내용량이 10밀리리터 초과 50밀리리터 이하 또는 중량이 10그램 초과 50그램 이하 화장품의 포장 기재사항 중 다음 각 목의 성분을 반드시 표기해야 하고 그 외 성분은 표기하지 않아도 된다. 단, 속눈썹용 퍼머넌트웨이브 제품, 외음부 세정제는 전성분 표시

가. 타르색소
나. 금박
다. 샴푸와 린스에 들어 있는 인산염의 종류
라. 과일산(AHA)
마. 기능성화장품의 경우 그 효능·효과가 나타나게 하는 원료
바. 식품의약품안전처장이 사용기준을 고시한 화장품의 원료

ㄹ. 맞춤형화장품 또한 내용량이 50g 또는 50mL 초과하면 전성분을 반드시 표시해야 한다.

142

답 세라마이드, 벤질알코올, 페녹시에탄올

143

답 ③

해
- 개봉 후 사용기간이 표시된 경우에는 개봉 후 사용기간을 문자로 표기하거나 그림으로 표기하며 또한 개봉 후 사용기간은 제조연월일과 병행 표기해야 한다.
- 맞춤형화장품은 혼합·소분일을 제조연월일로 표기한다.
- 맞춤형화장품의 사용기한은 원료와 내용물의 사용기한보다 짧게 결정해야 한다.

144

답 ㉠ 한글, ㉡ 표준화

145

답 ①

해 비중 = 질량 ÷ 부피, 질량 = 부피x비중

146

답 ③

해 가격의 표시 대상은 국내에서 제조되거나 수입되어 국내에서 판매되는 모든 화장품으로 한다.

147

답 ③, ④

해 가격표시의무자는 소비자에게 직접 판매하는 자이다.

148

답 ④

해 화장품책임판매업자, 화장품제조업자는 그 판매 가격을 표시하여서는 안 된다.

149

답 ④

해 화장품바코드 표시는 국내에서 화장품을 유통·판매하고자 하는 화장품책임판매업자가 한다.

150

답 ①

해 1% 이하로 사용된 성분, 착향제 또는 착색제는 순서에 상관없이 기재·표시할 수 있다.

151

답 ㉠ 1퍼센트 이하, ㉡ 향료, ㉢ 기타 성분

152

답 ㉠ 실증자료, ㉡ 인체적용시험, ㉢ 시험기관, ㉣ 시험계

153

답 ④

해 인체 적용시험용 화장품은 안전성이 충분히 확보되어야 한다.

154

답 ④

155

답 ⑤

156

답 ③

해 ㄴ. 항균(인체세정용 제품에 한함) - 인체 적용시험 자료 제출
ㄷ. 일시적 셀룰라이트 감소 - 인체 적용시험 자료 제출

157

답 ①, ②, ③

158

답 ⑤

해 • 종합제품으로서 복합합성수지재질·폴리비닐클로라이드재질 또는 합성섬유재질로 제조된 받침접시 또는 포장용 완충재를 사용한 제품의 포장공간비율은 20% 이하로 한다.
• 단위제품인 화장품의 내용물 보호 및 훼손 방지를 위해 2차 포장 외부에 덧붙인 필름(투명 필름류만 해당한다)은 포장횟수의 적용대상인 포장으로 보지 않는다.

제품의 종류		기준	
단위제품	품목	포장공간비율	포장횟수
	인체세정용	15% 이하	2차포장 이내
	두발세정용	15%	2차포장 이내
	그밖에 화장품 (방향용제품 포함, 향수 제외)	10% 이하	2차포장 이내
	향수	-	2차포장 이내
종합제품	전품목	25% 이하	2차포장 이내
종합제품 (완충받침대 사용)	전품목	20% 이하	2차포장 이내

159

답 ④

해 • "복합재질"이란 2개 이상의 소재·재질이 혼합되거나, 도포(코팅) 또는 첩합(라미네이션) 등의 방법으로 복합된 재질(종이 재질은 합성수지가 양면에 부착된 경우만 해당된다)을 말한다.
• "첩합(라미네이션)"이라 함은 지지체의 기능을 강화하거나 개선할 목적 또는 새로운 기능을 부가할 목적으로 2종류 이상의 필름 또는 지지체의 전부 또는 일부를 맞붙이는 것을 말한다.
• "도포(코팅)"이라 함은 금속, 직물, 종이 등의 편면 또는 양면을 공기·물·약품 등으로부터 보호하기 위하여 캘린더링·압출·담금(디핑)·분사(스프레이)·칠 등의 가공 방법에 의하여 물체의 표면을 도료, 피복하는 것을 말한다.

160

답 ①

해 환경부 고시(제2019 - 71호, 2019.4.17)에 따르면 유리병 포장제의 경우 몸체는 무색, 갈색, 녹색 색상/ 라벨은 미사용하거나, 종이재질, 절취선을 포함한 비접착식 합성수지재질/ 마개 및 잡자재는 뚜껑, 테 일체형 구조 또는 몸체와 분리 가능한 마개를 '재활용이 용이한 재질, 구조'로 규정한다.

161

답 할랄(Halal)

해 ① 할랄 - 이슬람 율법인 샤리아에 따라 허용한 것을 의미
② 코셔 - 유대교의 율법에 따른 것
③ 동물성분을 사용하지 않고 식물성 성분만 사용

162

답 ①

해 화장품광고는 의약품으로 오인되는 광고 및 저속하고 혐오감을 주는 표시 및 화장품에 사용할 수 없는 원료가 들어있지 않다는 표시 및 광고를 할 수 없다.

163

답 ①

164

답 ④

해 ① 니켈의 잔류는 10㎍/g 이하이고 눈 화장용 제품은 35㎍/g 이하, 색조 화장용 제품은 30㎍/g 이하가 합격이다. 따라서 이 경우 눈화장용 제품에 해당되므로 합격제품에 해당된다.

② 메탄올의 잔류는 0.2(v/v)% 이하, 물휴지는 0.002%(v/v) 이하가 합격이지만 변성제로 사용된 경우 5%까지 허용이 되고 있으며 그 외에 메탄올은 화장품에 사용할 수 없는 원료이다.

③ 물휴지는 0.002%(v/v) 이하의 메탄올 잔류를 허용하며, 세균 및 진균수는 각각 100개/g(mL) 이하인 경우만 합격제품이다.

④ 자외선차단성분이 화장품의 변색방지용으로 일부 사용되는 경우 0.5% 미만인 경우에는 자외선차단제품으로 인정하지 않으므로 0.5% 이상 사용해야만 된다.

⑤ 화장품의 ph기준은 25℃에서 3.0 ~ 9.0이지만 물이 포함되지 않은 오일류 제품이나 씻어내는 제품은 제외된다.

MEMO

맞춤형화장품조제관리사

PART 04

맞춤형 화장품의 이해 정답 및 해설

맞춤형 화장품의 이해

001

답 ①

해 ㄹ. 소비자용 완제품은 소분할 수 없다.
ㅁ. 식품의약품안전처장이 고시한 화장품에 사용할 수 없는 원료, 화장품에 사용상의 제한이 필요한 원료, 기능성화장품의 효능 효과를 나타내는 원료는 맞춤형화장품에 사용할 수 없다.
ㅂ. 화장 비누(고체 형태의 세안용 비누)를 단순 소분한 화장품은 맞춤형화장품에서 제외한다.

002

답 ②

해 맞춤형화장품 조제관리사가 직접 혼합·소분하여야 하므로 각 매장마다 두어야 한다.

003

답 ㉠ 반제품, ㉡ 벌크

004

답 ②, ⑥

해 원료와 원료를 혼합한 화장품은 제조에 해당되며, 소비자용 완제품은 소분하여 판매할 수 없다.

005

답 ④

006

답 ⑤

해 1) 화장품책임판매업자는 완제품에 다른 화장품의 내용물 혹은 성분을 혼합할 자격이 없다.
2) 2019년 12월 27일 화장품법 시행규칙이 입법 예고됨에 따라 화장비누의 단순 소분을 하는 것은 맞춤형화장품과 상관이 없다.
3) 아데노신은 0.04%가 식약처 고시 함량이기 때문에 맞춤형화장품조제관리사가 별도의 입증 자료 없이는 제품에 혼합할 수 없다.
4) 화장품책임판매업자는 벌크 제품에 다른 화장품의 내용물을 혼합할 수 없다.

007

답 ㄹ, ㅁ

해 ㄹ. 원료의 경우 개인 맞춤형으로 추가되는 색소, 향, 기능성 원료 등이 해당되며 이를 위한 원료의 조합(혼합 원료)도 허용한다. 기능성화장품의 효능·효과를 나타내는 원료는 내용물과 원료의 최종 혼합 제품을 기능성화장품으로 기 심사(또는 보고) 받은 경우에 한하여, 기 심사(또는 보고) 받은 조합·함량 범위 내에서만 사용 가능하다.
ㅁ. 원료의 품질유지를 위해 원료에 보존제가 포함된 경우에는 예외적으로 허용한다.
ㅂ. 소비자의 피부상태나 선호도 등을 확인하지 아니하고 맞춤형화장품을 미리 혼합·소분하여 보관하거나 판매하지 말 것.

008

답 ⑤

해 맞춤형화장품조제관리사의 파산선고는 결격사유에 해당되지 않는다.

009

답 ①

해 맞춤형화장품판매업자의 변경(법인대표자의 변경)
가. 양도·양수의 경우에는 이를 증명하는 서류
나. 맞춤형화장품판매업 변경신청서
다. 맞춤형화장품판매업 신고필증
라. 사업자등록증 및 법인등기부등본(법인에 한함)

010

답 ④

해
- 맞춤형화장품판매업소 소재지 지방식품의약품안전청장에게 제출
- 의약품안전나라 시스템(nedrug.mfds.go.kr) 전자민원, 방문 또는 우편
- 변경사유가 발생한 날로부터 30일(행정개편에 따른 소재지변경의 경우 90일) 이내
- 맞춤형화장품판매업자(법인포함)의 상호 및 소재지 변경은 판매업소 변경 신고 대상에 해당되지 아니함.
- 맞춤형화장품판매업 변경신고가 필요한 사항(처리기한 10일)
  - 맞춤형화장품판매업자의 변경(상호, 소재지 변경은 대상 아님)
  - 맞춤형화장품판매업소의 상호 또는 소재지 변경
  - 맞춤형화장품조제관리사의 변경(처리기한 7일)
  - 의약품안전나라시스템 전자민원, 방문 또는 우편

011

답 ④

해 신고필증 기재사항
1. 신고 번호 및 신고 연월일
2. 맞춤형화장품판매업을 신고한 자(이하 "맞춤형화장품판매업자"라 한다)의 성명 및 주민등록번호(법인인 경우에는 대표자의 성명 및 주민등록번호)
3. 맞춤형화장품판매업자의 상호 및 성명, 주민등록번호
4. 맞춤형화장품판매업소의 상호 및 소재지
5. 맞춤형화장품조제관리사의 성명, 주민등록번호 및 자격증 번호
6. 영업의 기간(한시적 영업의 경우)

012

답 ②

해 ㄴ. 맞춤형화장품판매업자의 상호 및 소재지 변경은 변경신고의 대상이 아니다.
ㄹ. 맞춤형화장품판매업소의 소재지 변경은 변경신고의 대상이다.
ㅁ. 신고필증에는 맞춤형화장품판매업자의 상호 및 소재지를 기재해야 한다.

013

답 ④

해 맞춤형화장품판매업자가 변경신고를 해야 하는 경우
1. 맞춤형화장품판매업자를 변경하는 경우
2. 맞춤형화장품판매업소의 상호 또는 소재지를 변경하는 경우
3. 맞춤형화장품조제관리사를 변경하는 경우
※ 맞춤형화장품판매업자의 상호 및 소재지 변경은 변경신고가 필요하지 않다.

014

답 ③

해 사유가 발생한 날로부터 30일 이내에 변경신고를 해야 한다.

015

답 ①

해 맞춤형화장품조제관리사가 변경된 것이 아니므로 조제사자격증은 필요가 없다.

016

답 ③

해 **맞춤형화장품 판매업소의 소재지 변경 미신고시 행정처분**:

- 1차 위반 시 판매업무정지 1개월
- 2차 위반 시 판매업무정지 2개월
- 3차 위반 시 판매업무정지 3개월
- 4차 위반 시 판매업무정지 4개월

017

답 ①, ③, ④, ⑥

해 맞춤형화장품조제관리사의 변경 시 제출 서류

가. 맞춤형화장품조제관리사 자격증
나. 맞춤형화장품판매업 변경신청서
다. 맞춤형화장품판매업 신고필증

018

답 ③

해 휴업 후 그 업을 재개하려는 경우 영업 재개 신고를 해야 한다.

019

답 ③

해 내용물 및 원료를 공급하는 화장품책임판매업자가 혼합 또는 소분의 범위를 검토하여 정하고 있는 경우 그 범위 내에서 혼합 또는 소분해야 한다.

020

답 ③

해 맞춤형화장품은 사용된 내용물과 원료, 사용 시 주의사항 등을 소비자에게 직접 설명하여야 한다.

021

답 ⑤

해 맞춤형화장품의 유해사례가 보고되면 즉시 식품의약품안전처장에게 보고해야 한다.

022

답 ②, ④

해 맞춤형화장품 판매 시 소비자에게 다음 사항을 설명하여야 한다.

가. 혼합·소분에 사용된 내용물·원료의 내용 및 특성
나. 맞춤형화장품 사용할 때의 주의사항

023

답 ③

해 **소비자에게 설명하지 않은 경우 행정처분**: 200만 원 이하의 벌금

- **1차위반**: 시정명령
- **2차위반**: 판매 또는 해당품목 판매업무정지 7일
- **3차위반**: 판매 또는 해당품목 판매업무정지 15일
- **4차이상위반**: 판매 또는 해당품목 판매업무정지 1개월

024

답 ④

해 맞춤형화장품판매업자의 안전관리기준 미준수시 행정처분

- **1차위반**: 판매 또는 해당품목판매업무정지 15일
- **2차위반**: 판매 또는 해당품목판매업무정지 1개월
- **3차위반**: 판매 또는 해당품목판매업무정지 3개월
- **4차이상위반**: 판매 또는 해당품목판매업무정지 6개월

※ 맞춤형화장품 관련 행정처분은 1차위반 정도는 반드시 숙지하는 것이 좋다.

025

답 ①

해 소비자의 피부상태나 선호도 등을 확인하지 아니하고 맞춤형화장품을 미리 혼합·소분하여 보관하거나 판매하면 안 된다.

026

답 ④

027

답 ①

해 판매내역서 작성 보관의 준수사항 위반시 행정처분

- **1차위반**: 시정명령
- **2차위반**: 판매 또는 해당품목 판매업무정지 1개월
- **3차위반**: 판매 또는 해당품목 판매업무정지 3개월
- **4차이상위반**: 판매 또는 해당품목 판매업무정지 6개월

028

답 제조번호

029

답 ④

해 제품의 1차, 2차 포장에 표기되어있으므로 별도의 문서제공은 하지 않아도 되며 소비자에게는 직접 설명을 해야 한다.

030

답 ②

해 작업장의 시설·기구는 정기적으로 점검하고 위생적으로 유지관리해야 한다.

031

답 ④

해 맞춤형화장품 사용과 관련된 부작용 발생사례에 대해서는 지체 없이 지방식품의약품안전청장에게 보고해야 한다.

※ 행정처분

- **1차위반** : 시정명령
- **2차위반** : 판매 또는 해당품목 판매업무정지 1개월
- **3차위반** : 판매 또는 해당품목 판매업무정지 3개월
- **4차이상위반** : 판매 또는 해당품목 판매업무정지 6개월

032

답 15일

해 회수계획서를 사실을 안날로부터 5일 이내, 회수종료는 15일 이내 완료하여야 한다.

033

답 ⑤

해 화장품의 혼합 및 소분은 맞춤형화장품조제관리사가 직접 해야 한다.

- 맞춤형화장품판매업자의 안전관리기준 준수사항

1. 맞춤형화장품 판매장 시설·기구를 정기적으로 점검하여 보건위생상 위해가 없도록 관리할 것.
2. 다음 각 목의 혼합·소분 안전관리기준을 준수할 것.
   가. 혼합·소분 전에 혼합·소분에 사용되는 내용물 또는 원료에 대한 품질성적서를 확인할 것.
   나. 혼합·소분 전에 손을 소독하거나 세정할 것. 다만, 혼합·소분 시 일회용 장갑을 착용하는 경우에는 그렇지 않다.
   다. 혼합·소분 전에 혼합·소분된 제품을 담을 포장용기의 오염 여부를 확인할 것.
   라. 혼합·소분에 사용되는 장비 또는 기구 등은 사용 전에 그 위생 상태를 점검하고, 사용 후에는 오염이 없도록 세척할 것.
   마. 그 밖에 가목부터 라목까지의 사항과 유사한 것으로서 혼합·소분의 안전을 위해 식품의약품안전처장이 정하여 고시하는 사항을 준수할 것.

034

답 ㉠ 품질관리, ㉡ 50

035

답 ③

036

답 ④

해
- **혼합기** : 균질기, 아지믹서, 디스퍼, 스파츌라, 호모믹서, 교반기 등
- **분말혼합기** : 헨셀믹서, 아토마이저, 리본믹서등

037

답 ⑤

해 화장품의 충진기에는 파우치방식, 피스톤방식, 파우더충진기, 카톤충진기, 액체충진기, 튜브 충진기가 있다. 카톤충진기는 박스에 테이프를 붙이는 기계이다.

038

답 ③

해
- **지용성 주름개선 성분** : 레티놀,레티닐팔미테이트, 폴리에톡실레이티드레틴아마이드
- **수용성 주름개선 성분** : 아데노신
- **지용성 미백성분** : 유용성감초추출물, 알파-비사보롤, 아스코빌테트라이소팔미테이트
- **수용성 미백성분** : 닥나무추출물, 알부틴, 에칠아스코빌에텔, 아스코빌글루코사이드, 마그네슘아스코빌포스페이트, 나이아신아마이드

039

답 ①

해 징크옥사이드, 티타늄디옥사이드는 백탁이 있는 자외선차단성분이다.

040

답 ⑤

해 전성분에는 "3세 이하 영유아에게는 사용하지 말 것"이라는 주의사항 표시문구를 사용할 성분이 전성분에 없다.

- 화장품의 함유 성분별 사용할 때의 주의사항 표시문구

대상제품	주의사항
살리실릭애씨드 및 그 염류 함유 제품(샴푸 등 사용 후 바로 씻어내는 제품 제외)	3세 이하 영유아에게는 사용하지 말 것
아이오도프로피닐부틸카바메이트(IPBC) 함유 제품(목욕용제품, 샴푸류 및 바디클렌저 제외)	3세 이하 영유아에게는 사용하지 말 것

041

답 ②

해 작업장의 시설·기구는 정기적으로 점검하고 위생적으로 유지관리해야 한다.

042

답 ⑤

해 1차 포장

1. 화장품의 명칭
2. 영업자(화장품제조업자, 화장품책임판매업자, 맞춤형화장품판매업자)의 상호
3. 제조번호
4. 사용기한 또는 개봉 후 사용기간(개봉 후 사용기간의 경우 제조연월일 병기)

043

답 소구

044

답 한공

045

답 진피

046

답 ㉠ 유극층, ㉡ 투명층

해 피부는 [각질층 - 투명층 - 과립층 - 유극층 - 기저층]으로 이루어져 있다.

047

답 ㉠ 각질층, ㉡ 투명층

048

답 각질형성세포(Keratinocyte) 또는 케라티노사이트

049

답 랑게르한스

050

답 ㉠ 멜라닌, ㉡ 머켈세포

051

답 천연보습인자(NMF)

052

답 ㉠ 지질, ㉡ 라멜라(lamella), ㉢ 세라마이드

053

답 교소체(데스모좀)

해 교소체는 각질형성세포를 각질층으로 올려보내는 역할을 한다.

054

답 ㉢, ㉥

해 ㉠ : 각질층에 대한 설명이다.
㉡ : 투명층에 대한 설명이다.
㉣, ㉤ : 과립층에 대한 설명이다.
㉢, ㉥ : 유극층에 대한 설명이다.

- **유극층** : 표피의 대부분을 차지하는 층으로 세포를 가시모양으로 서로 연결되어있어서 "가시층"이라고도 한다. 유극층은 세포분열이 활발하지는 않지만 표피를 다칠 경우 손상된 피부를 복구할 수 있다. 유극층의 세포에는 세포핵이 있어 세포를 만들어 낼 수 있으며 유극층과 기저층을 합쳐 말피기층(Stratum malpighi)이라고 한다. 말피기층은 각화과정의 시작과 진행에 큰 역할을 하며 유극층에는 랑게르한스 세포가 존재한다.

055

답 ②

해 엘라이딘은 투명층에 존재한다.
표피 중 가장 깊은 곳에 위치하고 있는 기저층은 단층으로 진피와 접하고 있으며 서로 물결 모양의 경계를 이루고 있다. 기저층의 세포는 타원형의 핵을 가진 살아 있는 세포로서 활발한 세포분열을 통하여 새로운 세포를 생성한다. 멜라닌형성세포에 있는 타원형의 납작한 멜라노좀(Melanosome)이라는 소기관에서 멜라닌 색소가 형성되고 피부의 색상을 결정한다. 케라틴을 만드는 각질형성세포는 기저층에서 생성되어 멜라노좀과 함께 각질층으로 이동하여 탈락된다.

- **머켈 세포(Merkel cell)** : 기저층에 위치하고 있으며 신경섬유의 말단과 연결되어 피부에서 촉각을 감지하는 역할을 하여 촉각세포라고 한다.
- **멜라닌형성세포(Melanocyte, 멜라노사이트)** : 멜라닌형성세포(melanocyte)는 기저층에서 형성되어 대부분의 표피에 존재하며 세포의 약 5%를 차지하고 있다. 멜라닌형성세포는 긴 수지상 돌기를 가진 가늘고 길쭉한 형태로, 각질형성세포 사이에 뻗어 있어, 멜라닌형성세포 내의 멜라노좀(melanosome)에서 만들어진 멜라닌이 세포돌기를 통하여 각질형성세포로 전달된다.

056

답 망상층

057

답 기질

058

답 섬유아세포

059

답 ㉠ 교원섬유(콜라겐), ㉡ 탄력섬유(엘라스틴)

060

답 ㉠ 멜라노사이트(멜라닌형성세포), ㉡ 멜라노좀

061

답 ②

해 유멜라닌(eumelanin)은 흑갈색을 띠고, 페오멜라닌(pheomelanin)은 붉은색이나 황색을 띈다.

062

답 ㉠ 헤모글로빈, ㉡카로틴(카로티노이드)

063

답 ③

해 교원섬유, 탄력섬유를 생산하는 섬유아세포는 진피의 망상층에 존재한다.

064

답 지방세포

065

답 ㉠ 비만세포, ㉡ 대식세포

066

답 ③

해 피부는 표피, 진피, 피하지방으로 구성됨.

067

답 ㉠ 소한선(에크린한선), ㉡ 대한선(아포크린한선)

068

답 ④

해
- **땀의 구성성분**: 물, 소금, 요소, 암모니아, 아미노산, 단백질, 젖산, 크레아틴
- **피지의 구성성분**: 크리글리세라이드, 왁스에스테르, 지방산, 스쿠알렌, 디글리세라이드, 콜레스테롤에스테르, 콜레스테롤

069

답 피지선

070

답 ⑤

해 크레아틴은 땀의 구성성분이다.

071

답 ③

해 몸 전체에 고루 퍼져서 체온을 조절하는 땀샘은 에크린한선(소한선)이며, 겨드랑이, 배꼽 주변, 사타구니, 젖꼭지 등 특정 부위에만 분포하는 아포크린 한선(대한선)은 사람의 체온 조절에 기여하는 바가 적다.

072

답 ③

해 ① **보호작용** : 피부의 가장 바깥층인 각질층과 지질은 외부 자극으로부터 내부를 보호하는 기능을 한다. 물리적자극, 화학적자극, 세균, 자외선 등에 대한 보호 기능을 한다.

② **분비/배설작용** : 피지와 땀을 배출하여 노폐물을 분비한다.

④ **체온조절작용** : 피부체온은 주로 모세혈관과 한선에 의해서 조절된다. 모세혈관을 수축 또는 확장하여 체온 조절을 하고, 한선에서 땀을 분비하여 체온 조절을 한다.

⑤ **각화(Keratinization)작용** : 28일 주기로 표피의 과립층에서 각화가 시작되어 각질층에서 탈피된다.

073

답 필라그린

074

답 ⑤

해 한선의 수가 감소하여 땀으로 인한 체온조절이 잘 되지 않아 일사병에 노출이 잘 된다.

075

답 ㉠ 조모, ㉡ 케라틴

076

답 ㉠ 초표피, ㉡ 헉슬리층, ㉢ 헨레층

077

답 ⑤

해 외근모초가 아닌 내근모초가 비듬이 된다.

078

답 ㉠ 모피질, ㉡ 모소피

079

답 ③

해 ① 모발의 모근부는 피부 속에 박혀 있는 부분으로 모낭으로 둘러싸여 있다.

② 모소피는 친유성의 성격이 강하다.

④ 연모에는 모수질이 존재하지 않는다.

⑤ 굵고 튼튼한 모발에는 모수질이 있다.

080

답 ㉠ 암모니아. ㉡ 과산화수소

해 모발관련 제품의 특징
- 암모니아는 모표피(모소피)의 시스틴을 손상시켜 염료와 과산화수소가 모피질 속으로 잘 스며들 수 있도록 하는 역할을 한다.
- 과산화수소는 모피질 속의 멜라닌 색소를 파괴하여 머리카락의 색을 없애주는 탈색의 역할을 한다.
- 염모제는 보호층인 모소피를 침투하여 멜라닌 색소를 탈색하고 다른 염료의 색상으로 염색한다. 염색약을 두발에 도포한 후 시간을 두는 것은 멜라닌 색소의 파괴와 다른 염료가 자리를 잡을 수 있는 충분한 시간을 주기 위해서 이다.

081

답 ④

해 ㄱ. 모피질에 멜라닌색소를 함유하고 있다.
ㄷ. 모표피(모소피)가 에피큐티클, 엑소큐티클, 엔도큐티클의 구조로 나뉜다.
ㄹ. 모근부의 내모근초는 내측의 두발 주머니로서 외피에 접하고 있는 표피의 각질층인 초표피와 과립층의 헉슬리층, 유극층의 헨레층으로 구성되어 된다.

082

답 휴지기

083

답 ③

해 모발의 성장 주기는 초기성장기, 성장기, 퇴행기, 휴지기로 구성된다.

084

답 5-알파환원효소

085

답 ④

해 두피에는 신체를 감싸는 다른 외피보다 혈관과 모낭이 많이 분포되어 있다.

086

답 ㉠ 외피, ㉡ 두개피, ㉢ 두개 피하조직

087

답 말라쎄지아

088

답 복합성 피부

089

답 ④

해 피지분비량이 많다는 것은 피지선의 기능이 왕성하다는 의미이다.

090

답 ②

해 피부의 측정 항목에는 피부수분, 피부탄력도, 피부유분, 피부표면, 피부색, 멜라닌, 홍반, 피부 pH, 피부 건조, 두피상태 등이 있다.

091

답 ⑤

해 멜라닌의 양을 측정한다.

092

답 ①

해 Replica 분석법은 피부주름분석을 위한 방법이다.

1) 피부 보습도 분석
- 각질 수분량 측정
- Transepidermal Water Loss(TEWL), 경피수분손실량 측정

2) 피부 주름 분석
- Replica 분석법
- 피부 표면 형태 측정

3) 피부 탄력 분석
- 탄력 측정기를 이용한 측정법

4) 피부 색소 침착 분석
- 피부 색소 측정기를 이용한 측정
- UV광을 이용한 측정

093

답 경피수분손실량(Transepidermal Water Loss ,TEWL)

094

답 ⑤

해 분석형은 표준품 및 제품규격서와 비교하여 합격품, 불량품을 객관적으로 판단하는 것을 말한다.

095

답 슬라이드 글라스

096

답 비맹검 사용시험

097

답 ①:O, ②:X, ③:X, ④:O, ⑤:O, ⑥:O, ⑦:O

해 ③ 15일 이내 보고해야 한다.

098

답 ㄴ, ㅁ, ㅂ

해 토코페롤아세테이트는 산화방지제, 아스코빌글루코사이드는 피부 미백에 도움을 주는 성분, 레티닐팔미테이트는 주름 개선에 도움을 주는 성분이다. 아세틱애씨드는 AHA성분으로 각질제거 효과가 있다.

Tip AHA-수용성 / BHA-지용성

099

답 ㄱ, ㄹ, ㅁ

해 덱스판테놀은 탈모 증상의 완화에 도움을 주며 살리실릭애씨드는 여드름성 피부 완화에, 시녹세이트는 피부를 곱게 태워주거나 자외선으로부터 피부를 보호하는데 도움을 주는 성분이다.

100

답 ②

해
- **지용성 주름개선 성분**: 레티놀,레티닐팔미테이트, 폴리에톡실레이티드레틴아마이드
- **수용성 주름개선 성분**: 아데노신
- **지용성 미백성분**: 유용성감초추출물, 알파-비사보롤, 아스코빌테트라이소팔미테이트
- **수용성 미백성분**: 닥나무추출물, 알부틴, 에칠아스코빌에털, 아스코빌글루코사이드, 마그네슘아스코빌포스페이트, 나이아신아마이드

101

답 ㉠ 36, ㉡ 징크옥사이드(산화아연), ㉢ 티타늄옥사이드

해 "자외선차단지수(Sun Protection Factor, SPF)"라 함은 UVB를 차단하는 제품의 차단효과를 나타내는 지수로서 자외선차단제품을 도포하여 얻은 최소홍반량을 자외선차단제품을 도포하지 않고 얻은 최소홍반량으로 나눈 값이다.
따라서 360분÷10분=36

102

답 96g

해 비중x부피=질량 → 100 x 0.96=96g

103

답 리오미터

104

답 변색분광측정계 또는 광택계

105

답 색채측정

106

답 광택계

MEMO

맞춤형화장품조제관리사

제1회 모의고사

정답 및 해설

제1회 모의고사

Ⅰ. 화장품 관련 법령 및 제도 등에 관한 사항

001

답 ⑤

해

위반 내용	의약품으로 잘못 인식할 우려가 있는 경우
1차 위반	해당품목 판매업무 정지 3개월(표시위반) 또는 해당품목 광고업무정지 3개월(광고위반)
2차 위반	해당품목 판매업무 정지 6개월(표시위반) 또는 해당품목 광고업무정지 6개월(광고위반)
3차 위반	해당품목 판매업무 정지 9개월(표시위반) 또는 해당품목 광고업무정지 9개월(광고위반)
4차 이상위반	

002

답 ③

해 ① 화장품제조업 또는 화장품 책임판매업을 하려는 자가 등록을 하지 않고 영업을 한 경우
- 3년 이하의 징역 또는 3천만 원 이하의 벌금

② 거짓이나 부정한 방법으로 천연화장품 및 유기농 화장품에 대해 인증 받은 경우
- 3년 이하의 징역 또는 3천만 원 이하의 벌금

③ 화장품의 생산실적 또는 수입실적 또는 화장품 원료의 목록 등을 보고하지 않은 경우
- 과태료 50만 원

④ 영유아 또는 어린이가 사용할 수 있는 화장품의 제품별 안전성 자료를 작성 및 보관하지 않은 경우
- 1년 이하의 징역 또는 1천만 원 이하의 벌금
- 행정처분

- **1차 위반**: 판매 또는 해당품목판매업무 정지 1개월
- **2차 위반**: 판매 또는 해당품목판매업무 정지 3개월
- **3차 위반**: 판매 또는 해당품목판매업무 정지 6개월
- **4차 이상위반**: 판매 또는 해당품목판매업무 정지 12개월

⑤ 화장품을 판매할 때에 어린이가 화장품을 잘못 사용하여 인체에 위해를 끼치는 사고가 발생하지 아니하도록 안전용기·포장을 사용하지 않은 경우
- 1년 이하의 징역 또는 1천만 원 이하의 벌금
- 행정처분

- **1차 위반**: 해당품목 판매업무정지 3개월
- **2차 위반**: 해당품목 판매업무정지 6개월
- **3차 위반**: 해당품목 판매업무정지 12개월

003

답 ①

해 흑채와 제모왁스는 일반화장품류에 해당된다.

004

답 ⑤

해 치약은 의약외품에 해당된다.

005

답 ③

해 다음 분들은 사용하지 마십시오. 사용 후 피부나 신체가 과민상태로 되거나 피부이상반응(부종, 염증 등)이 일어나거나, 현재의 증상이 악화될 가능성이 있습니다.

ⓐ 지금까지 이 제품에 배합되어 있는 '과황산염'이 함유된 탈색제로 몸이 부은 경험이 있는 경우, 사용 중 또는 사용 직후에 구역, 구토 등 속이 좋지 않았던 분(이 내용은 '과황산염'이 배합된 염모제에만 표시한다.)

ⓑ 지금까지 염모제를 사용할 때 피부이상반응(부종, 염증 등)이 있었거나, 염색 중 또는 염색 직후에 발진, 발적, 가려움 등이 있거나 구역, 구토 등 속이 좋지 않았던 경험이 있었던 분
ⓒ 피부시험(패치테스트, patch test)의 결과, 이상이 발생한 경험이 있는 분
ⓓ 두피, 얼굴, 목덜미에 부스럼, 상처, 피부병이 있는 분
ⓔ 생리 중, 임신 중 또는 임신할 가능성이 있는 분
ⓕ 출산 후, 병중, 병후의 회복 중인 분, 그 밖의 신체에 이상이 있는 분
ⓖ 특이체질, 신장질환, 혈액질환이 있는 분
ⓗ 미열, 권태감, 두근거림, 호흡곤란의 증상이 지속되거나 코피 등의 출혈이 잦고 생리, 그 밖에 출혈이 멈추기 어려운 증상이 있는 분
ⓘ 이 제품에 첨가제로 함유된 프로필렌글리콜에 의하여 알레르기를 일으킬 수 있으므로 이 성분에 과민하거나 알레르기 반응을 보였던 적이 있는 분은 사용 전에 의사 또는 약사와 상의하여 주십시오.(프로필렌글리콜 함유 제제에만 표시한다.)

006

답 ④

해 알파비사보롤 0.5%가 함유되어있다는 함량시험검사를 반드시 실시해야 한다.

007

답 ①

해 화장품제조업자의 대표만 해당된다.

Ⅱ. 화장품 제조 및 품질관리와 원료의 사용기준 등에 관한 사항

008

답 ③

해 포도씨유, 유동파라핀은 유성원료이면서 자연계 액상 형태이다.

009

답 ①

해 ①은 나등급, 그 외는 모두 다등급이다.

010

답 ④

해

구분	색소
눈 주위에 사용할 수 없음	등색 201호, 205호 황색 203호 적색 103호(1), 104호(1),(2), 218호, 223호
화장비누에만 사용	피그먼트 적색 5호, 피그먼트 자색 23호, 피그먼트 녹색 7호

011

답 ②

해 “레이크”라 함은 타르색소의 나트륨, 칼륨, 알루미늄, 바륨, 칼슘, 스트론튬 또는 지르코늄염을 기질에 흡착, 공침 또는 단순한 혼합이 아닌 화학적 결합에 의하여 확산시킨 색소를 말한다.

012

답 ⑤

해 무기 안료는 유기 안료에 비해 색상의 선명함이 떨어지지만 빛과 열에 강하고 유기 용매에 녹지 않아 화장품용 색소로 널리 사용된다. 립스틱의 선명한 색소는 유기 안료가 사용되며 무기 안료는 마스카라, 아이라이너의 색소로 주로 사용되고 있다.

013

답 ⑤

해 ① ㉠에 들어갈 말은 3세 이하이다.
② ㉡, ㉢에 들어갈 말은 3세, 인체세정용 제품이다.
③ 적색 102호는 영유아용 제품류 또는 13세 이하 어린이가 사용할 수 있음을 특정하여 표시하는 제품에 사용할 수 없다
④ pH기준은 물을 포함하지 않는 제품은 제외한다.

014

답 ③

해 ㄱ. 볼연지, 메이크업 픽서티브 : 색조 화장용 제품류
ㄴ. 헤어틴트 : 두발 염색용 제품류 / 헤어왁스 : 두발용 제품류
ㄷ. 아이섀도 : 눈 화장용 제품류 / 립글로스 : 색조 화장용 제품류
ㄹ. 헤어 크림, 샴푸 : 두발용 제품류
ㅁ. 수렴화장수, 클렌징 오일 : 기초화장용 제품류

015

답 ②

016

답 ②

해 ㄱ. 암모늄라우릴설페이트는 음이온계면활성제이다.
ㄷ. 베타인, 부틸렌글라이콜은 보습제 성분이다, 알부틴은 피부의 미백에 도움을 주는 기능성 화장품의 성분이고, 아데노신은 피부의 주름개선에 도움을 주는 기능성화장품의 성분이다.

017

답 ①

해 잔탄검은 미생물에서 추출한 원료이다.

018

답 ④

해 표시 및 광고의 위반은 해당품목에 대해서 행정처분을 받으며 1차 위반 시 표시위반의 경우는 해당품목만 판매업무정지 3개월, 광고위반의 경우는 해당품목만 광고업무정지 3개월의 행정처분을 받는다.

019

답 ②

해 ① 땀발생억제제(Antiperspirant), 향수, 수렴로션(Astringent Lotion)은 이 제품 사용 후 24시간 후에 사용하십시오.
② 부종, 홍반, 가려움, 피부염(발진, 알레르기), 광과민반응, 중증의 화상 및 수포 등의 증상이 나타날 수 있으므로 이러한 경우 이 제품의 사용을 즉각 중지하고 의사 또는 약사와 상의하십시오.
③ 사용 중 따가운 느낌, 불쾌감, 자극이 발생할 경우 즉시 닦아내어 제거하고 찬물로 씻으며, 불쾌감이나 자극이 지속될 경우 의사 또는 약사와 상의하십시오.
④ 눈에 들어가지 않도록 하며 눈 또는 점막에 닿았을 경우 미지근한 물로 씻어내고 붕산수(농도 약 2%)로 헹구어 내십시오.
⑤ 제모 제품을 10분 이상 피부에 방치하거나 피부에서 건조시키지 마십시오.

020

답 ⑤

해

원료명	사용한도	비고
벤질알코올	1% (다만, 염모용제품류에 용제로 사용할 경우에는 10%)	-
벤조익애씨드, 그 염류 및 에스텔류	산으로서 0.5% (다만, 벤조익애씨드 및 그 소듐염은 사용 후 씻어내는 제품에는 산으로서 2.5%)	-
소르빅애씨드 및 그 염류	소르빅애씨드로서 0.6%	-
벤잘코늄클로라이드, 브로마이드 및 사카리네이트	• 사용 후 씻어내는 제품에 벤잘코늄클로라이드로서 0.1% • 기타 제품에 벤잘코늄클로라이드로서 0.05%	-
살리실릭애씨드 및 그 염류	살리실릭애씨드로서 0.5%	3세 이하 어린이 사용금지 (다만, 샴푸는 제외)

021

답 ③

해 BHA, BHT : 산화방지제

022

답 ③

해 덱스판테놀 - 비타민B_5

023

답 ①

해 ②~⑤는 모두 사용한도가 있는 보존제이다.

024

답 ⑤

해 소듐벤조에이트는 벤조익에씨드의 염류이며, 포타슘솔베이트는 소르빅애씨드의 염류이므로 사용가능한 보존제이다. 징크피리치온은 탈모 관련 기능성 성분이다.

025

답 ②

해 물은 천연함량비율에 포함되며 유기농함량비율에 포함되지 않는다. 미네랄 및 미네랄유래원료는 유기농화장품에 사용이 가능하지만 유기농함량비율이 아닌 천연함량비율에 포함된다.

026

답 ⑤

해 앱솔루트, 콘크리트, 레지노이드는 천연화장품에만 5% 이내 사용이 가능하며 유기농 화장품에는 사용할 수 없다.

027

답 ①

028

답 ③

해 ① "원자재"란 화장품 원료 및 자재를 말한다.
② "불만"이란 제품이 규정된 적합판정기준을 충족시키지 못한다고 주장하는 외부 정보를 말한다.
④ "포장재"란 화장품의 포장에 사용되는 모든 재료를 말하며 운송을 위해 사용되는 외부 포장재는 제외한 것이다. 제품과 직접적으로 접촉하는지 여부에 따라 1차 또는 2차 포장재라고 말한다.
⑤ "공정관리"란 제조공정 중 적합판정기준의 충족을 보증하기 위하여 공정을 모니터링하거나 조정하는 모든 작업을 말한다.

029

답 ④

030

답 ③

해 ㄴ. 원본 문서는 품질보증부서에서 보관하여야 하며, 사본은 작업자가 접근하기 쉬운 장소에 비치·사용하여야 한다.
ㅁ. 화장품책임판매업자는 품질관리 업무 절차서에 따라 책임판매관리자에게 다음과 같이 회수 업무를 수행하도록 해야 한다.
1) 회수한 화장품은 구분하여 일정 기간 보관한 후 폐기 등 적정한 방법으로 처리할 것
2) 회수내용을 적은 기록을 작성하고 화장품책임판매업자에게 문서로 보고할 것

031

답 ②

해 배기구 및 흡기구에는 필터를 설치하고 폐수구에는 트랩을 설치한다.

032

답 ④

해 ① Clean bench - 관리기준 낙하균 : 10개/hr 또는 부유균 : 20개/㎥.
② 제조실 - 청정공기 순환 10회/hr 이상 또는 차압관리
③ 원료보관소 - 환기장치
⑤ 미생물시험실 - 청정공기 순환 10회/hr 이상 또는 차압관리

033

답 ①

해 ㄷ. 증기 세척은 좋은 방법이다.
ㄹ. 브러시 등으로 문질러 지우는 것을 고려한다.
ㅁ. 판정 후의 설비는 건조·밀폐해서 보존한다.

034

답 ①

해 포타슘카보네이트가 아닌 포타슘하이드록사이드이다. 또한 이소프로필알코올은 이소프로판올과 같은 말이다.

035

답 ⑤

해 유지관리 작업이 제품의 품질에 영향을 주어서는 안 된다.

036

답 ④

해 입고된 원자재는 "적합", "부적합", "검사 중" 등으로 상태를 표시하여야 한다. 다만, 동일 수준의 보증이 가능한 다른 시스템이 있다면 대체할 수 있다. 원자재 입고절차 중 육안확인 시 물품에 결함이 있을 경우 입고를 보류하고 격리보관 및 폐기하거나 원자재 공급업자에게 반송하여야 한다.

037

답 ⑤

해 정제수를 사용할 때에는 그 품질기준을 정해 놓고 사용할 때마다 품질을 측정해서 사용한다. 수돗물과 달리 정제수 중에는 염소이온 등의 살균성분이 들어 있지 않으므로 미생물이 번식하기 쉽다. 그러므로 한 번 사용한 정제수 용기의 물을 재사용하거나 장기간 보존한 정제수를 사용해서는 안 된다.

038

답 ③

해 시험결과 부적합품에 대한 처리방법은 원자재 관리에 관한 사항이다.

039

답 ④

해 사용기한 경과 후 1년간 또는 개봉 후 사용 기간을 기재하는 경우에는 제조일로부터 3년간 보관한다.

040

답 ③

해 정해진 보관 기간이 경과된 원자재 및 반제품은 재평가하여 품질기준에 적합한 경우 제조에 사용할 수 있다.

041

답 ④

해 **위·수탁제조의 절차**: 위·수탁제조는 수탁업체평가 → 기술 확립 → 계약 체결 → 기술이전 → CGMP체제 확립 → 제조 또는 시험 개시 → 위탁업체에 의한 수탁업체 평가 및 감사 순으로 진행해 가는 것이 일반적이다.

042

답 ①

043

답 ⑤

해 원본 문서는 품질보증부서에서 보관하여야 하며, 사본은 작업자가 접근하기 쉬운 장소에 비치·사용하여야 한다.

044

답 ⑤

045

답 ③

해 **녹농균 시험에서 사용되는 배지** : 카제인대두소화액체배지, 세트리미드한천배지, 엔에이씨한천배지, 플루오레세인 검출용 녹농균 한천배지 F(Pseudomonas agar F for detection of fluorescein), 피오시아닌 검출용 녹농균 한천배지 P(Pseudomonas agar P for detection of pyocyanin)

046

답 ④

047

답 ⑤

해 포장작업은 다음 각 호의 사항을 포함하고 있는 포장지시서에 의해 수행되어야 한다.
㉠ 제품명
㉡ 포장 설비명
㉢ 포장재 리스트
㉣ 상세한 포장공정
㉤ 포장생산수량

048

답 ②

해 완제품에 부여된 특정 제조번호는 벌크제품의 제조번호와 동일할 필요는 없다.

049

답 ⑤

해 포장공정 - 시험 중 라벨 부착 - 임시 보관 - 제품시험 합격 - 합격라벨 부착 - 보관 - 출하

050

답 ④

해 ㄱ. 광고의 경우 시험결과를 인체 적용시험 자료, 인체 외 시험 자료와 같은 수준 이상의 조사 자료를 합리적인 근거로 인정한다.

051

답 ④

해 시험자의 나이는 최종시험결과보고서에 반드시 포함되어야 할 사항이 아니다.

052

답 ①

해 심의위원의 임기는 3년으로 한다.

Ⅳ. 맞춤형화장품의 특성·내용 및 관리 등에 관한 사항

053

답 ⑤

해 • **화장품법 제24조(등록의 취소 등)** : 제3호 또는 제14호(광고 업무에 한정하여 정지를 명한 경우는 제외한다)에 해당하는 경우에는 등록을 취소하거나 영업소를 폐쇄하여야 한다.
• **제3호** :
1) 「정신건강증진 및 정신질환자 복지서비스 지원에 관한 법률」 제3조제1호에 따른 정신질환자. 다만, 전문의가 화장품제조업자(제3조제1항에 따라 화장품제조업을 등록한 자를 말한다. 이하 같다)로서 적합하다고 인정하는 사람은 제외한다.
2) 피성년후견인 또는 파산선고를 받고 복권되지 아니한 자
3) 「마약류 관리에 관한 법률」 제2조제1호에 따른 마약류의 중독자

4) 이 법 또는 「보건범죄 단속에 관한 특별조치법」을 위반하여 금고 이상의 형을 선고받고 그 집행이 끝나지 아니하거나 그 집행을 받지 아니하기로 확정되지 아니한 자
5) 제24조에 따라 등록이 취소되거나 영업소가 폐쇄(이 조 제1호부터 제3호까지의 어느 하나에 해당하여 등록이 취소되거나 영업소가 폐쇄된 경우는 제외한다)된 날부터 1년이 지나지 아니한 자
• **제14호**: 업무정지기간 중에 업무를 한 경우

054

답 ④

055

답 ④

해 • 소듐벤조에이트(벤조익애씨드의 염류), 벤질알코올이 보존제이다.

056

답 ⑤

해 정제수 78g + 유기농라벤더꽃수 10g + 유기농호호바오일 3g + 티타늄디옥사이드 5g + 유기농레시틴 1g + 유기농비즈왁스 2g

057

답 ⑤

해 ㄱ. 내용량이 15밀리리터 이하 또는 15그램 이하인 제품의 용기 또는 포장이나 견본품, 시공품 등 비매품에 대하여는 화장품바코드 표시를 생략할 수 있다.
ㄴ. 방향용 제품은 성분명을 제품 명칭의 일부로 사용하더라도 그 성분명과 함량을 기재·표시하지 않아도 된다.

구분	표시·기재 사항
1차 포장 또는 2차 포장	1. 화장품의 명칭 2. 영업자(화장품제조업자, 화장품책임판매업자, 맞춤형화장품판매업자)의 상호 및 주소 3. 해당 화장품 제조에 사용된 모든 성분(인체에 무해한 소량 함유 성분 등 총리령으로 정하는 성분은 제외) 4. 내용물의 용량 또는 중량 5. 제조번호 6. 사용기한 또는 개봉 후 사용기간(개봉 후 사용기간의 경우 제조연월일 병기) 7. 가격(맞춤형화장품 만 해당) 8. 기능성화장품의 경우 "기능성화장품"이라는 글자 또는 기능성화장품을 나타내는 도안으로서 식품의약품안전처장이 정하는 도안 9. 사용할 때의 주의사항 10. 그 밖에 총리령으로 정하는 사항 - 기능성화장품의 경우 심사받거나 보고한 효능·효과, 용법·용량 - 성분명을 제품 명칭의 일부로 사용한 경우 그 성분명과 함량(방향용 제품은 제외한다) - 인체 세포·조직 배양액이 들어있는 경우 그 함량 - 화장품에 천연 또는 유기농으로 표시·광고하려는 경우에는 원료의 함량 - 제2조 제8호부터 제11호까지에 해당하는 기능성화장품의 경우에는 "질병의 예방 및 치료를 위한 의약품이 아님"이라는 문구 - 다음 각 목의 어느 하나에 해당하는 경우 법 제8조제2항에 따라 사용기준이 지정·고시된 원료 중 보존제의 함량 가. 3세 이하의 영유아용 제품류인 경우 나. 4세 이상부터 13세 이하까지의 어린이가 사용할 수 있는 제품임을 특정하여 표시·광고하려는 경우

058

답 ③

해 의약품으로 오인될 수 있는 탈모, 여드름, 튼살, 피부 장벽 관련 제품은 기능성화장품에 해당된다.

059

답 ⑤

해 ㄴ. 말릭애씨드는 AHA성분으로서 반드시 표시해야 한다.

ㄷ. 글자의 크기는 5포인트 이상으로 한다.

ㄹ. 화장품 제조에 사용된 함량이 많은 것부터 기재·표시한다. 다만, 1퍼센트 이하로 사용된 성분, 착향제 또는 착색제는 순서에 상관없이 기재·표시할 수 있다.

060

답 ③

해 영유아용제품 및 기초화장용제품류 중 씻어내지 않는 제품만 해당된다.

061

답 ①

해 5세 미만의 어린이가 개봉하기 어려워야 한다.

062

답 ③

해 ㄱ. 반반씩 섞여진 화장품의 비소 검출량은 5.5㎍/g이다. 비소의 허용 한도는 10㎍/g이므로 판매 가능하다.

ㄴ. 유통화장품안전관리 기준에서 pH 기준은 클렌징 오일에 적용되지 않는다. 따라서 판매해도 된다.

ㄷ. 립밤은 색조화장품 제품류로서 니켈의 검출 허용 한도는 30㎍/g[ppm] 이하이다.

ㄹ. 화장 비누에 한하여 유리알칼리 성분이 0.1% 이하여야 한다.

ㅁ. 메이크업 베이스는 색조화장용 제품류로서 총호기성 생균수가 1,000개/g(mL) 이하여야 한다.

063

답 ①

해 • 기초화장품은 납, 비소, 수은 함량을 반드시 검사해야 한다.

• **안티몬/카드뮴**: 색조화장품류
• **디옥산**: 계면활성제를 사용한 제품
• **메탄올**: 알코올 함유 제품
• **프롬알데하이드**: 보존제인 디아졸리디닐우레아, 디엠디엠하이단토인, 쿼터늄-15 사용제품

064

답 ②

해 개봉할 수 없는 에어로졸 스프레이, 마스크팩과 같은 일회용 제품 등은 개봉 후 안정성시험을 실시하지 않는다.

065

답 ③

표시·광고 표현	실증자료
피부노화 완화	인체 적용시험 또는 인체 외 시험 자료 제출

066

답 ③

해 • A는 영유아용 제품류로 미생물한도는 500개/g(mL) 이하이다. 시험성적서의 총호기성 생균수는 810/g(mL)이므로 유통화장품 안전관리 기준에 부적합하다.
• B는 눈 화장용 제품류로 니켈의 검출 허용 한도는 35㎍/g 이하이고, 미생물한도는 500개/g(mL) 이하이다. 비의도적 유래물질의 검출 허용한도를 넘지 않으며 미생물한도를 넘지 않으므로 유통화장품 안전관리 기준에 적합하다.
• C는 파우더는 기초화장용 제품류로 니켈의 검출 허용 한도는 10㎍/g 이하이다. 니켈의 검출 허용한도를 넘으므로 유통화장품 안전관리 기준에 부적합하다.

067

답 ⑤

해 ㄱ. 이 제품에 함유된 기능성성분은 레티닐팔미테이트이며, 이는 지용성이다. 아스코빅애씨드는 기능성성분이 아니며 비타민C에 해당되는 일반원료에 해당된다.
ㄴ. 벤질알코올은 알레르기 유발성분이다.
ㄷ. 이 제품은 이중기능성제품이 아니다.
ㄹ. 레시틴은 천연화장품 또는 유기농화장품의 허용 기타원료이다.
ㅁ. 폴리소르베이트 계열은 비이온계면활성제이다.

068

답 ③

해 창문은 개방하면 안 된다.

069

답 ⑤

해 내용물 및 원료의 사용기한보다 적게 책정한다.

070

답 ⑤

해 ㄹ. 종합제품으로서 복합합성수지재질·폴리비닐클로라이드재질 또는 합성섬유재질로 제조된 받침접시 또는 포장용 완충재를 사용한 제품의 포장공간비율은 20% 이하로 한다.
ㅁ. 포장공간비율의 측정방법은 「산업표준화법」 제12조에 따른 한국산업표준(KS)인 상업포장(소비자포장)의 포장공간비율 측정방법(KS T 1303) 또는 환경부장관이 고시하는 간이측정방법에 따른다.

071

답 ④

해 엘라이딘은 투명층에 함유된 물질이며 피부를 투명하게 보이고 윤기 있게 해준다.

072

답 ③

해 **피부결** : 피부 소구와 소릉에 의해 형성된 그물 모양의 표면으로 소구와 소릉의 높이가 차이가 날수록 피부가 거친편에 속한다.

073

답 ③

해 멜라닌 세포의 수는 피부색에 관계없이 일정하며 멜라닌의 양에 의해서 피부색이 결정된다.

074

답 ③

해 도파의 산화를 억제해야 한다.

075

답 ④

076

답 ①

해 모세혈관이 분포하여 표피에 영양을 공급하는 층은 진피 유두층이다.

077

답 ③

해 ③ 모소피의 주요 성분은 케라틴이다.
⑤ 등전점은 양전하와 음전하의 수가 같아서 전하의 합이 0이 되어 전기장 내에서 이동하지 않는다. 전하를 갖지 않는 용매의 ph값을 등전점이라 하는데 금속염의 음이온인 산성염료가 양이온으로 하전하는 모발 등에 부착되어 염색된다.

078

답 ⑤

해 한선의 수가 감소하여 열에 대한 방어기능이 저하되어 일사병에 노출이 잘 된다.

079

답 ③

해 홍반-피부의 헤모글로빈 측정, ph-피부의 산성도 측정

080

답 ①

해 피부 홍반은 피부의 붉은기(헤모글로빈)을 측정하여 수치로 나타낸다.

V. 주관식

081

답 가, 나, 다

082

답 ㉠ 제조방법, ㉡ 안전성

083

답 ㉠ 3, ㉡ 1

084

답 윈도우 피리어드

085

답 ㉠ 위해요소, ㉡ 위해성 평가

086

답 최소홍반량

087

답 ㉠ 0.1, ㉡ 0.01, ㉢ 0.35

088

답 ㉠ 로션제, ㉡ 크림제

089

답 ㉠ 보존제, ㉡ 안전성 평가, ㉢ 효능·효과

090

답 자외선A차단등급

091

답 일체형 에어로졸제

092

답 ㉠ 나, ㉡ 아세톤, ㉢ 10% 이상, ㉣ 21센티스톡스, ㉤ 액체, ㉥ 5% 이상

093

답 출하

094

답 ㉠ 반제품, ㉡ 벌크

095

답 ㉠ 제조번호, ㉡ 개봉 후 사용기간, ㉢ 사용할 때의 주의사항

096

답 ㉠ 0.04%, ㉡ 2%, ㉢ 0.5%

097

답 관능평가

098

답 랑게르한스

099

답 ㉠ 유멜라닌, ㉡ 페오멜라닌

100

답 피하조직

MEMO

맞춤형화장품조제관리사

제2회 모의고사

정답 및 해설

제2회 모의고사

Ⅰ. 화장품 관련 법령 및 제도 등에 관한 사항

001

답 ③

해 청문을 해야 하는 경우
① 인증의 취소
② 인증기관 지정의 취소
③ 업무의 전부에 대한 정지
④ 등록의 취소, 영업소 폐쇄
⑤ 품목의 제조·수입 및 판매의 금지 또는 업무의 전부에 대한 정지
⑥ 맞춤형화장품조제관리사 자격의 취소

002

답 ②

해 ㄴ. "안전용기·포장"이란 5세 미만의 어린이가 개봉하기 어렵게 설계·고안된 용기나 포장을 말한다. 이 경우 개봉하기 어려운 정도의 구체적인 기준 및 시험방법은 산업통상자원부장관이 정하여 고시하는 바에 따른다.
ㄷ. "사용기한"이란 화장품이 제조된 날부터 적절한 보관 상태에서 제품이 고유의 특성을 간직한 채 소비자가 안정적으로 사용할 수 있는 최소한의 기한을 말한다.
ㅁ. "표시"란 화장품의 용기·포장에 기재하는 문자·숫자·도형 또는 그림 등을 말한다.

003

답 ①

해 ① 3년 이하의 징역 또는 3천만 원 이하의 벌금
②~⑤ 1년 이하의 징역 또는 1천만 원 이하의 벌금

004

답 ②

해 ㉠ (가)화장품의 광고는 의약품으로 잘못 인식할 우려가 있는 표시·광고이다. 1차 위반한 경우 해당 품목 판매업무정지 3개월 또는 해당 품목 광고업무정지 3개월의 행정처분이 내려진다.
㉡ • 사실 유무와 관계없이 다른 제품을 비방하거나 비방한다고 의심이 되는 표시·광고를 하여 1차 위반한 경우 해당 품목 판매업무정지 3개월 또는 해당 품목 광고업무정지 3개월의 행정처분이 내려진다.
• 배타성을 띤 "최고" 또는 "최상" 등의 절대적 표현의 표시·광고를 하여 1차 위반한 경우 해당 품목 판매업무정지 2개월 또는 해당 품목 광고업무정지 2개월의 행정처분이 내려진다.
㉢ 의사·치과의사·한의사·약사·의료기관 또는 그 밖의 자(할랄화장품, 천연화장품 또는 유기농화장품 등을 인증·보증하는 기관으로서 식품의약품안전처장이 정하는 기관은 제외한다)가 이를 지정·공인·추천·지도·연구·개발 또는 사용하고 있다는 내용이나 이를 암시하는 등의 표시·광고를 하여 1차 위반한 경우 해당 품목 판매업무정지 2개월 또는 해당 품목 광고업무정지 2개월의 행정처분이 내려진다.

005

답 ③

해 품질관리에 관한 기록 및 화장품제조업자의 관리에 관한 기록을 작성하고 이를 해당 제품의 제조일(수입의 경우 수입일을 말한다)부터 3년간 보관한다.

006

답 ⑤

해 ① 책임판매관리자를 두지 않고 판매한 화장품은 위해성 등급에 해당되지 않는다.
② 회수계획서 첨부서류
1) 해당품목의 제조·수입기록서 사본
2) 판매처별 판매량·판매일 등의 기록(맞춤형화장품의 경우 판매내역서)
3) 회수 사유를 적은 서류
③ 병원미생물(대장균, 녹농균, 황색포도상구균)에 오염된 화장품은 다등급에 해당한다.
④ 회수계획량의 4분의 1 이상 3분의 1 미만을 회수했을 때, 행정처분이 업무정지 또는 품목의 제조·수입·판매 업무정지인 경우에는 정지처분기간의 2분의 1 이하의 범위에서 경감한다.

007

답 ③

해 ① 개인정보처리자는 정보주체에게 재화나 서비스를 홍보하거나 판매를 권유하기 위하여 개인정보의 처리에 대한 동의를 받으려는 때에는 정보주체가 이를 명확하게 인지할 수 있도록 알리고 동의를 받아야 한다.
③ 글씨의 크기는 최소한 9포인트 이상으로서 다른 내용보다 20퍼센트 이상 크게 하여 알아보기 쉽게 해야 한다.

II. 화장품 제조 및 품질관리와 원료의 사용기준 등에 관한 사항

008

답 ⑤

해
- 베헨트라이모늄클로라이드 - 양이온계면활성제
- 코카미도프로필베타인 - 양쪽성계면활성제
- PEG-100캐스터오일 - 비이온계면활성제
- 소듐라우릴설페이트 - 음이온계면활성제
- 암모늄라우릴설페이트 - 음이온계면활성제

009

답 ②

해 칸데리라왁스는 녹는점이 70도 이상인 왁스 종류로 화장품의 경화제로 사용된다. 광택이 있는 립스틱, 광택제등에 주로 사용된다.

010

답 ④

해

구분	색소
사용제한이 없음	자색 201호 청색 1호, 2호, 201호, 204호, 205호 녹색 3호, 201호, 202호 황색 4호, 5호, 201호, 202호의(1) 적색 40호, 201호, 202호, 220호, 226호, 227호, 228호, 230호
눈 주위에 사용할 수 없음	등색 201호, 205호 황색 203호 적색 103호의(1), 104호의(1),(2), 218호, 223호

011

답 ①

해 ㄱ. 적색2호와 102호는 영유아 및 13세 이하 어린이 제품에 사용이 불가능하다.
ㄴ. 적색104호는 눈 주위에 사용할 수 없다.

012

답 ⑤

해 ① 알부틴 2% 이상 함유 제품 - 알부틴은 「인체적용시험자료」에서 구진과 경미한 가려움이 보고된 예가 있음.
② 카민 함유 제품 - 카민 성분에 과민하거나 알레르기가 있는 사람은 신중히 사용할 것.
③ 코치닐추출물 함유 제품 - 코치닐추출물 성분에 과민하거나 알레르기가 있는 사람은 신중히 사용할 것.
④ 폴리에톡실레이티드레틴아마이드 0.2% 이상 함유 제품 - 폴리에톡실레이티드레틴아마이드는 「인체적용시험자료」에서 경미한 발적, 피부건조, 화끈감, 가려움, 구진이 보고된 예가 있음.
⑤ 토코페롤 - 0.5퍼센트 이상 함유하는 제품의 경우에는 해당품목의 안정성시험 자료를 최종 제조된 제품의 사용기한이 만료되는 날부터 1년간 보존할 것. 20% 사용한도.

013

답 ④

해 실버나이트레이트 - 속눈썹 및 눈썹 착색용도의 제품에 4%

014

답 ①

해 베헤닐알코올은 에멀젼의 유화안정제로 사용되는 고급알코올이다.

015

답 ②

해 • 페녹시에탄올은 규정된 알레르기 유발성분이 아니다.
• 사용 후 씻어내는 제품(샴푸, 린스, 바디클렌저 등)에는 0.01% 초과, 사용 후 씻어내지 않는 제품(토너, 로션, 크림 등)에는 0.001% 초과 함유하는 경우에 알레르기 성분명을 전성분명에 표시해야 한다.

알러지 성분	함량	계산식
시트로넬올	6%	{(0.3×0.06)÷500}×100=0.0036
유제놀	4%	{(0.3×0.04)÷500}×100=0.0024
시트랄	2%	{(0.3×0.02)÷500}×100=0.0012
제라니올	1%	{(0.3×0.01)÷500}×100=0.0006

016

답 ④

해 ① 적색405호는 눈 주위 및 입술에 사용할 수 없다.
②, ③, ⑤화장품에 사용할 수 없는 원료, 화장품에 사용상의 제한이 필요한 원료, 기능성원료는 맞춤형 화장품에 사용할 수 없다.

017

답 ③

해

분류	사용제한
식물성 폴리머 - 하이드록시프로필트리모늄클로라이드	두발/수염에 사용하는 제품에 한함
디알킬디모늄클로라이드	두발/수염에 사용하는 제품에 한함
알킬디모늄하이드록시프로필하이드로라이즈드식물성단백질	두발/수염에 사용하는 제품에 한함

018

답 ④

해 ㄱ. 천연 함량 비율(%) = 물 비율 + 천연 원료 비율 + 천연유래 원료 비율
ㄷ. 동결건조, 여과, 멸균은 허용된 물리적 공정이지만 오존분해는 허용된 화학적·생물학적 공정이다.

019

답 ②

해 ① "유기농 원료"란 친환경농어업 육성 및 유기식품 등의 관리·지원에 관한 법률」에 따른 유기농수산물 또는 이를 이 고시에서 허용하는 물리적 공정에 따라 가공한 것이다.
③ "동물에서 생산된 원료(동물성 원료)"란 동물 그 자체(세포, 조직, 장기)는 제외하고, 동물로부터 자연적으로 생산되는 것으로서 가공하지 않거나, 이 동물로부터 자연적으로 생산되는 것을 가지고 이 고시에서 허용하는 물리적 공정에 따라 가공한 계란, 우유, 우유단백질 등의 화장품 원료를 말한다.
④ 미네랄 원료는 천연원료이다.
⑤ "유기농유래 원료"란 유기농 원료를 이 고시에서 허용하는 화학적 또는 생물학적 공정에 따라 가공한 원료를 말한다.

020

답 ③

해 ㄱ. 기능성화장품의 심사를 위하여 제출하여야 하는 자료 중 안전성에 관한 자료에는 유전독성시험자료를 포함하지 않는다.
ㄴ. 안전성에 관한 자료는 식품의약품안전처에서 고시한 「비임상시험관리기준」에 따라 시험한 자료여야 한다.
ㄹ. 안전성에 관한 자료에는 시험방법 및 평가기준 등이 과학적·합리적으로 타당성이 인정되거나 경제협력개발기구(OECD) 또는 식품의약품안전처가 인정하는 동물대체시험법인 경우에는 규정된 시험법을 적용하지 아니할 수 있다.

021

답 ④

해 ㄴ. 유효성 또는 기능에 관한 자료 중 효력시험 자료는 국내·외 대학 또는 전문 연구기관에서 시험한 것으로서 당해 기관의 장이 발급한 자료일 수 있으며, 이 경우 시험시설 개요, 주요 설비, 연구인력의 구성, 시험자의 연구경력에 관한 사항이 포함되어야 한다.
ㄷ. 유효성 또는 기능에 관한 자료 중 인체적용시험자료는 다음 ⓐ 및 ⓑ에 해당한다.
ⓐ 국내·외 대학 또는 전문 연구기관에서 시험한 것으로서 당해 기관의 장이 발급한 자료(시험시설 개요, 주요설비, 연구인력의 구성, 시험자의 연구경력에 관한 사항이 포함될 것)
ⓑ 당해 기능성화장품이 개발국 정부에 제출되어 평가된 모든 효력시험자료로서 개발국 정부(허가 또는 등록기관)가 제출 받았거나 승인하였음을 확인한 것 또는 이를 증명한 자료
ㄹ. 유효성 또는 기능에 관한 자료 중 인체적용시험자료는 사람에게 적용 시 효능·효과 등 기능을 입증할 수 있는 자료로서, 관련분야 전문의사, 연구소 또는 병원 기타 관련기관에서 5년 이상 해당 시험경력을 가진 자의 지도 및 감독 하에 수행·평가되어야 한다.

022

답 ②

해 원료에 대한 기준 및 시험방법 작성 시 원칙적으로 기재해야하는 항목에는 명칭, 분자식 및 분자량, 함량기준, 성상, 확인시험, 순도시험, 건조감량, 강열감량 또는 수분, 정량법이 있다.

023

답 ⑤

해 ① 피부를 곱게 태워주거나 자외선으로부터 피부를 보호하는데 도움을 주는 제품은 화장품의 유형 중 영·유아용 제품류 중 로션, 크림 및 오일, 기초화장용 제품류, 색조화장용 제품류에 한한다.

② 디갈로일트리올리에이트의 자료제출이 생략되는 최대함량은 5%이다.

③ 여드름성 피부를 완화하는데 도움을 주는 제품의 용법·용량은 "본품 적당량을 취해 피부에 사용한 후 물로 바로 깨끗이 씻어낸다."이다.

④ 여드름성 피부를 완화하는데 도움을 주는 제품의 자료제출이 생략되는 제형은 액제, 로션제, 크림제에 한한다(부직포 등에 침적된 상태는 제외함).

024

답 ①

해 아스코빌글루코사이드·아데노신-액제

025

답 ⑤

해 ① 밀봉용기란 일상의 취급 또는 보통의 보존상태에서 기체 또는 미생물이 침입할 염려가 없는 용기를 말한다. 밀폐용기란 일상의 취급 또는 보통 보존상태에서 외부로부터 고형의 이물이 들어가는 것을 방지하고 고형의 내용물이 손실되지 않도록 보호할 수 있는 용기를 말한다. 밀폐용기로 규정되어 있는 경우에는 기밀용기도 쓸 수 있다.

② 가온한용매(온용매)란 60~70℃로 가온한 것을 말한다. 가열한용매(열용매)란 그 용매의 비점 부근의 온도로 가열한 것이다

③ 표준온도는 20℃이다.

④ 약산성의 pH범위는 약 3~약 5이다.

026

답 ⑤

해 ㄴ. 테스트 부위의 관찰은 테스트액을 바른 후 30분 그리고 48시간 후 총 2회를 반드시 행하여 주십시오.

ㄹ. 만일, 눈에 들어갔을 때는 절대로 손으로 비비지 말고 바로 물 또는 미지근한 물로 15분 이상 잘 씻어 주시고 곧바로 안과 전문의의 진찰을 받으십시오.

ㅁ. 제모제의 포장에 기재·표시하여야 하는 사용할 때의 주의사항이다.

027

답 ⑤

해 ① 부틸메톡시디벤조일메탄 5%-벤조페논-3 5%

② 페닐벤즈이미다졸설포닉애씨드 4%-시녹세이트 5%

③ 디갈로일트리올리에이트 5%-멘틸안트라닐레이트 5%

④ 에칠헥실살리실레이트 5%-드로메트리졸트리실록산 15%

⑤ 디메치코디에칠벤잘말로네이트 10%-디에칠헥실부타미도트리아존 10%

III. 화장품 유통 및 안전관리 등에 관한 사항

028

답 ④

해 "회수"란 판매한 제품 가운데 품질 결함이나 안전성 문제 등으로 나타난 제조번호의 제품(필요시 여타 제조번호 포함)을 제조소로 거두어들이는 활동을 말한다.

029

답 ③

해 품질에 관련된 모든 문서와 절차의 검토 및 승인은 품질보증 책임자의 책임이다.

030

답 ⑤

해 제품의 품질에 영향을 주지 않는 소모품을 사용해야 한다.

031

답 ⑤

해 천정 주위의 대들보, 파이프, 덕트 등은 가급적 노출되지 않도록 설계해야 한다.

032

답 ④

해 실내압을 외부(실외)보다 높게 한다.

033

답 ①

해 수세실과 화장실의 접근이 쉬워야 하지만 생산구역 내에 있으면 안 되고 분리되어 있어야 한다.

034

답 ⑤

해 ㄱ. 내용물보관소는 청정공기 순환 10회/hr 이상 또는 차압관리해야 한다.
ㄴ. 포장실은 Pre-filter 사용, 온도조절해야 한다.
ㄹ. 원료보관소의 작업복장에 대한 기준은 없다.

035

답 ②

해 시험지시서는 품질관리기준서에 포함되어야 할 사항이다.

036

답 ④

해
- **품질보증**: 일탈, 변경관리, 내부감사, 문서관리, 위탁관리, 폐기물처리, 기준일탈 등이 있다.
- 위생관리는 제조위생관리팀에서 담당한다.

037

답 ①

해 파레트에 적재된 모든 재료(또는 기타 용기 형태)는 다음과 같이 표시되어야 한다.
② 명칭 또는 확인 코드
③ 제조번호
④ 제품의 품질을 유지하기 위해 필요할 경우, 보관조건
⑤ 불출상태

038

답 ③

해 ㄴ. 완제품의 보관용 검체는 적절한 보관조건 하에 지정된 구역 내에서 제조단위별로 사용기한 경과 후 1년간 보관하여야 한다. 다만, 개봉 후 사용기간을 기재하는 경우에는 제조일로부터 3년간 보관하여야 한다.
ㄹ. 기준일탈이 된 완제품 또는 벌크제품은 재작업 할 수 있다.

039

답 ②

해 • 정해진 보관 기간이 경과된 원자재 및 반제품은 재평가하여 품질기준에 적합한 경우 제조에 사용할 수 있다.
• 기준일탈이 된 경우는 규정에 따라 책임자에게 보고한 후 조사하여야 한다. 조사결과는 책임자에 의해 일탈, 부적합, 보류를 명확히 판정하여야 한다.

040

답 ①

해 품질보증 책임자가 규격에 부적합이 된 원인 조사를 지시한다.

041

답 ②

해 제조업무를 위탁하고자 하는 자는 제30조에 따라 식품의약품안전처장으로부터 우수화장품 제조 및 품질관리기준 적합판정을 받은 업소에 위탁제조하는 것을 권장한다.

042

답 ②

해 • **중대한 일탈**: ㄴ, ㄷ, ㅁ
• **중대하지 않은 일탈**: ㄱ, ㄹ

043

답 ②

해 일탈의 발견 및 초기평가 - 즉각적인 수정조치 - SOP에 따른 조사, 원인분석 및 예방조치 - 후속조치/종결 - 문서작성/문서추적 및 경향분석

044

답 ⑤

해 감사 결과는 기록되어 경영책임자 및 피감사 부서의 책임자에게 공유되어야 하고 감사 중에 발견된 결함에 대하여 시정조치 하여야 한다.

045

답 ④

해 화장품 제조를 위해 제조 설비의 세척과 소독은 문서화된 절차에 따라 수행한다.

046

답 ②

해 **(가) 물휴지**: 검출허용한도를 위반한 성분은 카드뮴(5㎍/g)이다.
***메탄올(0.2%, 물휴지0.002%)한도**: 0.02㎍ = 0.02ppm = 0.000002%(적합)
(다) 립스틱: 립스틱은 색조화장품이다. 검출허용한도를 위반한 성분은 니켈(30㎍/g)이다.

047

답 ⑤

해 ㄹ. 비누의 경우 건조중량을 내용량으로 한다.
ㅁ. 고형비누를 소분한 것은 맞춤형화장품이 아니다.

048

답 ①

해 ㄱ. "화장품코드"라 함은 개개의 화장품을 식별하기 위하여 고유하게 설정된 번호로써 국가식별코드, 제조업자 등의 식별코드, 품목코드 및 검증번호(Check Digit)를 포함한 12 또는 13자리의 숫자를 말한다.

ㄴ. 화장품바코드 표시대상품목은 국내에서 제조되거나 수입되어 국내에 유통되는 모든 화장품(기능성 화장품 포함)을 대상으로 한다.
ㄹ. 화장품바코드 표시는 국내에서 화장품을 유통·판매하고자 하는 화장품책임판매업자가 한다.

049

답 ⑤

해 조사는 피조사자가 조사목적을 모르는 가운데 진행되어야 한다.

050

답 ③

해 **길이로 표시된 제품** : 길이를 측정하고 연필류는 연필심지에 대하여 그 지름과 길이를 측정한다.

051

답 ①

해

검출성분	시험방법
비소	비색법, 원자흡광광도법(AAS), 유도결합플라즈마분광기를 이용하는 방법(ICP), 유도결합플라즈마-질량분석기를 이용하는 방법(ICP-MS)
니켈	원자흡광광도법(AAS), 유도결합플라즈마분광기를 이용하는 방법(ICP), 유도결합플라즈마-질량분석기를 이용하는 방법(ICP-MS)
납	디티존법, 원자흡광광도법(AAS), 유도결합플라즈마분광기를 이용하는 방법(ICP), 유도결합플라즈마-질량분석기를 이용하는 방법(ICP-MS)

052

답 ⑤

Ⅳ. 맞춤형화장품의 특성·내용 및 관리 등에 관한 사항

053

답 ④

054

답 ⑤

해
- 내용량이 10밀리리터 초과 50밀리리터 이하 또는 중량이 10그램 초과 50그램 이하 화장품의 포장인 경우에는 다음 각 목의 성분을 제외한 성분
  가. 타르색소
  나. 금박
  다. 샴푸와 린스에 들어 있는 인산염의 종류
  라. 과일산(AHA)
  마. 기능성화장품의 경우 그 효능·효과가 나타나게 하는 원료
  바. 식품의약품안전처장이 사용 한도를 고시한 화장품의 원료
- 15밀리리터 및 15그램 이하의 화장품, 비매품, 견본품은 바코드 표시를 생략할 수 있다.
- 10밀리리터 및 10그램 이하의 화장품, 비매품, 견본품은 화장품의 명칭, 영업자 상호, 가격, 제조번호, 사용기한 또는 개봉 후 사용기간만을 기재·표시할 수 있다.
- 3세 이하의 영유아용 제품류 및 4세 이상부터 13세 이하까지의 어린이가 사용할 수 있는 제품임을 특정하여 표시·광고하는 화장품의 경우 보존제의 사용함량을 표시해야 한다.

055

답 ②

해 3세 이하의 영유아에게는 사용하지 말 것.

056

답 ③

057

답 ①

해 맞춤형화장품은 맞춤형화장품조제관리사만이 조제할 수 있다.

058

답 ②

해 • 맞춤형화장품의 안전관리기준 미준수시 행정처분
- **1차 위반**: 판매 또는 해당품목 판매업무정지 15일
- **2차 위반**: 판매 또는 해당품목 판매업무정지 1개월
- **3차 위반**: 판매 또는 해당품목 판매업무정지 3개월
- **4차 이상위반**: 판매 또는 해당품목 판매업무정지 6개월

• 판매내역서 작성 보관 미준수시 행정처분
- **1차 위반**: 시정명령
- **2차 위반**: 판매 또는 해당품목 판매업무정지 1개월
- **3차 위반**: 판매 또는 해당품목 판매업무정지 3개월
- **4차 이상위반**: 판매 또는 해당품목 판매업무정지 6개월

• **혼합·소분에 사용된 내용물·원료의 내용 및 특성 및 맞춤형화장품 사용할 때의 주의사항을 소비자에게 설명하지 않은 경우 행정처분**: 200만 원 이하의 벌금
- **1차 위반**: 시정명령
- **2차 위반**: 판매 또는 해당품목 판매업무정지 7일
- **3차 위반**: 판매 또는 해당품목 판매업무정지 15일
- **4차 이상위반**: 판매 또는 해당품목 판매업무정지 1개월

• 맞춤형화장품 사용과 관련된 부작용 발생사례에 대해서 지체 없이 식품의약품안전처장에게 보고하지 않은 경우 행정처분
- **1차 위반**: 시정명령
- **2차 위반**: 판매 또는 해당품목 판매업무정지 1개월
- **3차 위반**: 판매 또는 해당품목 판매업무정지 3개월
- **4차 이상위반**: 판매 또는 해당품목 판매업무정지 6개월

059

답 ①

해 ㄱ. 아세톤을 함유하는 네일 에나멜 리무버 및 네일 폴리시 리무버는 안전용기·포장을 사용해야 한다.

ㄴ. 미네랄오일은 탄화수소류에 속한다. 또한 10000 ppm = 1%이므로 35000ppm = 3.5%이다. 따라서 ㄴ제품은 탄화수소류를 10% 미만 함유하므로 안전용기·포장을 사용할 필요가 없다.

ㄷ. 메틸 살리실레이트를 5% 이상 사용하였지만 크림은 액체상태가 아니므로 안전용기·포장을 사용할 필요가 없다.

ㄹ. 압축 분무용기 제품(에어로졸 제품 등)은 안전용기·포장 제외품목이다.

060

답 ③

해 ① 알파-비사보롤은 지용성 미백 기능성 성분으로 고시함량은 0.5%이다.

② 벤제토늄클로라이드는 사용한도 고시된 보존제 성분으로 점막에 사용되는 제품에는 사용금지 성분이다.

③ 코치닐추출물 함유 제품에는 "코치닐추출물 성분에 과민하거나 알레르기가 있는 사람은 신중히 사용할 것"이라는 주의사항을 표시해야 한다.

④ 화장품에는 "효과"라는 단어는 사용할수 없다.

⑤ 벌크에는 검출허용한도를 넘은 비의도적 유래물질이 없다.

061

답 ④

062

답 ③

해 책임판매관리자는 수집한 안전관리 정보의 검토 결과 조치가 필요하다고 판단될 경우 회수, 폐기, 판매정지 또는 첨부문서의 개정, 식품의약품안전처장에게 보고 등 안전확보 조치를 해야 한다.

063

답 ⑤

해 애프터셰이브로션은 면도용 제품류에 해당된다.

064

답 ⑤

해 ① 리모넨은 알레르기 유발성분이다.
② 디에칠헥실부타미도트리아존은 유기성분의 화학적 자외선차단 성분이다.
③ 징크옥사이드는 무기성분의 물리적 자외선차단 성분이다.
④ 사용할 때의 주의사항의 공통사항에 기재된 사항이다.
⑤ 사용할 때의 주의사항의 공통사항에 기재된 "상처가 있는 부위 등에는 사용을 자제할 것"은 자제함의 의미이지 금지의 의미가 아니다.

065

답 ⑤

해 (가) 소비자에게 판매시 가격을 표시하지 않은 화장품(다등급)
(나) 사용한도가 정해진 원료를 사용한도 이상으로 사용한 화장품(가등급) - 보존제인 메텐아민의 사용한도는 0.15%이다.
(다) 나이아신아마이드는 2~5% 함량기준이 고시된 성분으로 제제의 기능성화장품은 정량할 때 표시량의 90% 이상에 해당하는 나이아신아마이드를 함유해야 한다. 따라서 2%×0.90=1.8이므로 본 화장품은 나이아신아마이드를 1.8g 이상 함유하도록 해야 한다. 즉 기능성화장품의 기능성을 나타나게 하는 주원료 함량이 기준치에 적합한 화장품이므로 위해화장품이 아니다.
(라) 유통화장품 안전관리 기준에 적합하지 아니한 화장품(나등급) - 화장비누에 한해 유리알칼리의 성분을 0.1% 이하 함유해야 한다.
(마) 안전용기·포장 등에 위반되는 화장품(나등급)

066

답 ③

해 ① 클로로펜은 식품의약품안전처장이 사용 한도를 고시한 화장품의 원료이므로 내용량이 10밀리리터 초과 50밀리리터 이하 또는 중량이 10그램 초과 50그램 이하 화장품의 포장에 반드시 그 성분명을 기재해야 한다.
③ 혼합원료는 혼합된 개별 성분의 명칭을 모두 기재해야 한다.

067

답 ④

해 ④ 맞춤형화장품의 제조번호는 맞춤형화장품조제관리사가 부여해서 사용한다.

068

답 ④

해 과붕산나트륨과 과탄산나트륨은 농도 상한이 없다.

069

답 ③

해 폴리에톡실레이티드레틴아마이드의 최대함량은 0.2%이고 소르빅애씨드의 최대함량은 0.6%이다.

070

답 ①

해 **pH** : 4.5 ~ 9.3

071

답 ④

해 표피의 층구조는 기저층에서 유래한 각질형성세포가 유극층, 과립층, 기저층으로 분화하면서 죽은 각질세포로 분화하여 최종적으로 피부장벽을 형성한다.

072

답 ⑤

해 필라그린은 각질층 상층에 이르는 과정에서 아미노펩티데이스(aminopeptidase), 카복시펩티데이스(carboxypeptidase) 등의 활동에 의해서 최종적으로 아미노산으로 분해된다.

073

답 ⑤

해 각질층의 수분량은 나이가 들수록 낮아진다.

074

답 ⑤

해 멜라닌형성세포와 각질형성세포는 1 : 4 ~ 1 : 10의 비율로 각질형성세포가 훨씬 더 많이 존재한다.

075

답 ③

해 유멜라닌은 흑갈색을 띠며 페오멜라닌의 붉은색이나 황색을 띤다.

076

답 ②

해 두피는 다른 부분의 모낭보다 복잡하고 피지선이 많다.

077

답 ⑤

해 클림바졸의 사용한도는 0.5%이다.

078

답 ⑤

해 ㄱ. 모피질은 친수성의 성격이 강하다.
ㄷ. 모소피의 엑소큐티클은 연한 케라틴 층으로 시스틴이 많이 포함되어 있고, 헤어퍼머넌트웨이브와 같이 시스틴 결합을 절단하는 약품의 작용을 받기 쉬운 층이다.

079

답 ④

해

구분	관능용어	물리·화학적 평가법
물리적 요소	촉촉함/보송보송함 뽀드득함/매끄러움 보들보들함 부드러움/딱딱함 빠르게 스며듦/느리게 스며듦 가볍게 발림/빡빡하게 발림	마찰감 테스터, 점탄성 측정(리오미터)
	피부가 탄력이 있음 피부가 부드러워짐	유연성 측정
	끈적임/끈적이지 않음	핸디압축 시험법
광학적 요소	투명감이 있음/매트함 윤기가 있음/윤기가 없음	변색분광측정계(고니오스펙트럼포토미터), 클로스미터
	화장 지속력이 좋음/ 화장이 지워짐 균일하게 도포할 수 있음/ 뭉침, 번짐	색채측정(분광측색계를 통한 명도 측정), 확대비디오관찰(비디오마이크로스코프)
	번들거림/번들거리지 않음	광택계

080

답 ①

해 피부유분 - 카트리지필름, 흡묵지

V. 주관식

081

답 위해요소 저감화

082

답 ㉠ 100, ㉡ 50

083

답 ㉠ 1, ㉡ 3

해 (가) 법 제5조의2제1항(안전용기포장, 영업의금지, 판매등의 금지)을 위반하여 회수 대상 화장품을 회수하지 않거나 회수하는 데에 필요한 조치를 하지 않은 경우
- **1차위반**: 판매 또는 제조업무정지 1개월
- **2차위반**: 판매 또는 제조업무정지 3개월
- **3차위반**: 판매 또는 제조업무정지 6개월
- **4차이상위반**: 등록취소

(나) 법 제8조제1항에 따라 식품의약품안전처장이 고시한 화장품의 제조 등에 사용할 수 없는 원료를 사용한 화장품을 판매하거나 판매의 목적으로 제조·수입·보관 또는 진열한 경우
- **1차위반**: 제조 또는 판매업무 정지 3개월
- **2차위반**: 제조 또는 판매업무 정지 6개월
- **3차위반**: 제조 또는 판매업무 정지 12개월
- **4차이상위반**: 등록취소

084

답 ㉠ 10, ㉡ 착향제, ㉢ 보존제

085

답 실측치

086

답 세라마이드

087

답 ㉠ 크림제, ㉡ 3.0~4.5%

088

답 교차오염

089

답 ㉠ 15, ㉡ 30

090

답 ㉠ 가등급, 나등급, ㉡ 다등급

091

답 ㉠ 100만 원, ㉡ 등록취소

092

답 ㉠ 판매내역서, ㉡ 판매량

093

답 개인정보보호책임자

094

답 ㉠ 10%, ㉡ 5%, ㉢ 2%

095

답 ㉠ 1, ㉡ 품질관리

096

답 ㉠ 인체세정용 제품류, ㉡ 0.3

097

답 ㉠ 망상층, ㉡ 섬유아세포

098

답 엘라이딘

099

답 휴지기

100

답 필라그린

MEMO

전혜승

| 약력 및 경력

- 미시우먼코스메틱 대표
- 한국천연화장품협동조합 대표
- (사)평생교육진흥연구회 천연화장품 교육원장
- 계명문화대 사회교육원 교수역임
- 소상공인진흥원, 포스코, 현대중공업 외 다수 창업강의
- 중앙대학교 의약식품대학원 향장학 석사
- 맞춤형화장품조제관리사

2024 전혜승 맞춤형화장품조제관리사 700문항 찐 스포일러 필수문제집

발행일 2024년 2월 23일 **발행인** 조순자
저 자 전혜승 **디자인** 서시영
발행처 인성재단(지식오름) **팩 스** 031-942-1152

정 가 44,000원 **ISBN** 979-11-93686-23-2